Richard L. Gregory

Auge und Gehirn

Zur Psychophysiologie des Sehens

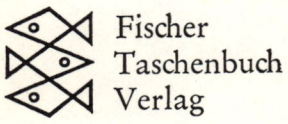 Fischer
Taschenbuch
Verlag

66 farbige Tafeln, Schaubilder und Diagramme
52 Schwarzweiß-Abbildungen

Fischer Taschenbuch Verlag
Juni 1972
Ungekürzte Ausgabe

Umschlagentwurf: Jan Buchholz/Reni Hinsch

Fischer Taschenbuch Verlag GmbH, Frankfurt am Main
Lizenzausgabe mit freundlicher Genehmigung
des Kindler Verlages GmbH, München
Die deutschsprachige Erstausgabe erschien innerhalb
der Reihe Kindlers Universitäts Bibliothek
© Kindler Verlag GmbH, München, 1966
Gesamtherstellung: Officine Grafiche Arnoldo Mondadori, Verona
Printed in Italy
ISBN 3 436 01525 3

Inhalt

1 | Sehen

Die Vertrautheit des Sehvorganges verbirgt zunächst seine Problematik. Bedenkt man jedoch, daß aus den kleinen entstellten umgekehrten Bildern in den Augen der objektgefüllte Raum wird und daß wir durch das Muster der Erregung auf der Retina die gesamte Umwelt wahrnehmen, dann grenzt das an ein Wunder.

Das Auge wird oft mit einer Kamera verglichen. Gerade die nicht-kameraähnlichen Besonderheiten der Wahrnehmung sind jedoch am interessantesten. Wie wird die Information vom Auge in neuronale Impulse, in die Sprache des Gehirns übertragen? Und wie entsteht hieraus die Erfahrung von umgebenden Objekten? Die Aufgabe des Auges und des Gehirns ist sehr verschieden von der einer Foto- oder Fernsehkamera, die lediglich Objekte in Bilder umwandelt. Man muß der Versuchung widerstehen zu sagen, daß auch die Augen Bilder im Gehirn hervorrufen. Ein Bild im Gehirn würde eine Art inneres Auge voraussetzen, um gesehen zu werden. Das »innere Auge« aber würde ein weiteres Auge benötigen, um sein Bild sichtbar zu machen, und so fort in einer endlosen Reihe von Augen und Bildern. Das ist absurd. Die Augen führen vielmehr dem Gehirn Information zu, die in neuronale Aktivität — d. h. Reihen elektrischer Impulse — verschlüsselt ist. Im Kode der neuronalen Impulse und in der Anordnung, dem »Muster« der Gehirnaktivität, sind dann die Objekte repräsentiert. Ein Analogon aus der Schriftsprache mag dies veranschaulichen: Die Buchstaben und Worte auf dieser Seite haben eine bestimmte Bedeutung für diejenigen, die die Sprache kennen. Sie wirken auf das Gehirn des Lesers in bestimmter Weise, sie sind aber keine Bilder. Wenn wir etwas betrachten, dann entspricht das Muster der neuronalen Aktivität dem Objekt und für das Gehirn *ist* es das Objekt. Kein inneres Bild ist daran beteiligt.

Die Gestaltpsychologen sprachen gern von Bildern innerhalb des Gehirns. Sie interpretierten die Wahrnehmung als eine Modifikation von elektrischen Feldern im Gehirn, wobei diese Felder die Form der wahrgenommenen Objekte kopieren sollen. Diese als Isomorphismus bekannte Lehre hat sich unglücklich auf die Wahrnehmungsforschung ausgewirkt. Denn seither bestand eine Tendenz, für diese hypothetischen Gehirnfelder Eigenschaften zu postulieren, die Sehtäuschungen und andere Phänomene »erklären« können. Es ist jedoch zu einfach, Dingen gerade die passenden Eigenschaften zuzuschreiben. Zumal da bisher kein unabhängiger

Beweis für die Existenz solcher Hirnfelder und damit kein unvoreinge-
nommener Weg zur Entdeckung ihrer Eigenschaften besteht. Wenn diese
Felder aber nicht bewiesen und ihre Eigenschaften nicht entdeckt werden
können, ist das äußerst verdächtig. Sinnvolle Erklärungen beruhen auf
Beobachtungen.

Dessen ungeachtet wiesen die Gestaltpsychologen jedoch auf verschiedene wichtige Phänomene hin. Sie sahen sehr klar, daß es schwierig ist zu
sagen, wie das Mosaik der Erregung auf der Netzhaut die Wahrnehmung
der Objekte ermöglicht. Und sie betonten die Tendenz des Wahrnehmungssystems, Dinge in einfache Einheiten zu gruppieren. Dies ist in
einer Anordnung von Punkten (Abb. 1) zu sehen. Die Punkte sind gleichmäßig über die Bildfläche verteilt. Wir neigen jedoch dazu, die Spalten
und Reihen zu organisieren und so zu sehen, als ob sie getrennte Objekte wären. Das ist weiterer Erwägung wert; denn an diesem Beispiel
zeigt sich das wesentliche Problem der Wahrnehmung. Wir können an uns
selbst das Vorwärtstasten bei der Organisation der sensorischen Daten zu
Objekten beobachten. Würde das Gehirn nicht fortgesetzt nach Objekten
ausschauen, so hätte der Karikaturist eine schwere Zeit. So aber braucht
er dem Auge nur einige Linien zu präsentieren, und wir sehen ein vollständiges, ausdrucksvolles Gesicht. Wenige Linien sind alles, was das
Auge benötigt — das Gehirn tut das übrige: es sucht entsprechende Objekte und findet sie, wenn immer möglich. Oft sehen wir Dinge, die gar
nicht existieren, wie Gesichter im Feuer oder den Mann im Mond.

Abb. 2 ist ein Scherzbild, das das Gesagte noch verdeutlicht. Zunächst
erscheint es als eine Anhäufung bedeutungsloser Linien. Es ist aber eine
Waschfrau mit ihrem Eimer dargestellt. Weiß man dies und betrachtet
das Bild erneut, so unterscheiden sich die Linien subtil voneinander und
werden zu Objekten.

Beim Sehen sind viele Informationsquellen beteiligt, nicht nur die, welche
vom Auge beim Betrachten eines Gegenstandes übermittelt werden. Im
allgemeinen enthält es die Kenntnis des Gegenstandes aus früheren Erfahrungen, und diese Erfahrungen sind nicht auf das Sehen allein beschränkt, sondern können andere Sinne mit einschließen: Berührung, Ge-
schmack, Geruch, Hören und vielleicht auch Wärme- oder Schmerzemp-
findung. Gegenstände sind weit mehr als einfache Reizmuster. Gegenstände haben Vergangenheit und Zukunft. Wenn wir ihre Vergangenheit

1 In dieser Anordnung gleichmäßig verteilter Punkte sehen wir
abwechselnd eine Gruppierung in Reihen oder Quadrate. Während man die
Abbildung betrachtet, spürt man die Wirkung aktiver
Organisationstendenzen des Sehsystems.

2 Eine Scherzfigur — was soll sie darstellen? Wenn man es weiß
und sie als Objekt und nicht nur als bedeutungslose Linien
betrachtet, erscheint sie plötzlich als ein Ganzes.

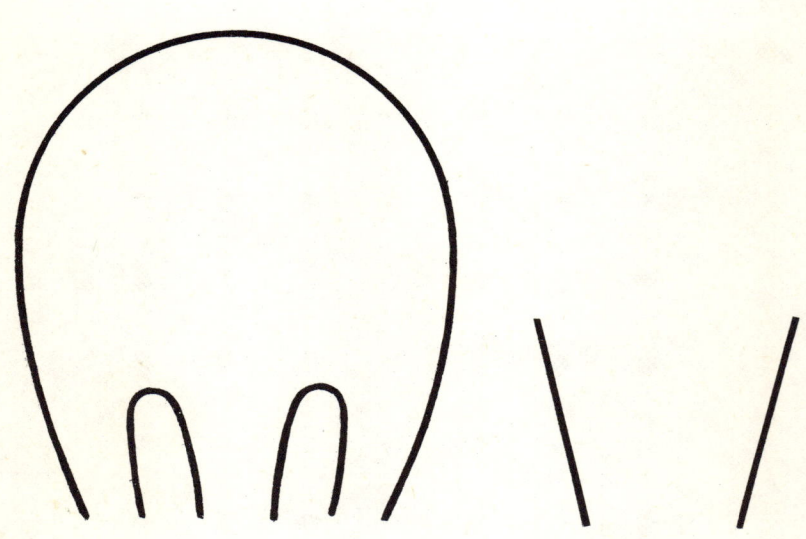

kennen oder ihre Zukunft abzuschätzen vermögen, transzendiert ein Gegenstand die Erfahrung und wird zur Verkörperung des Wissens und der
Erwartung, ohne welche das Leben auch in einfachster Form unmöglich
ist.

Uns interessiert die Frage, wie wir die Welt der Gegenstände sehen. Dazu
ist jedoch eine Betrachtung der Sinnesprozesse nötig, die zur Empfindung
führen. Wir müssen wissen, was sie sind, wie sie arbeiten und wann sie
versagen. Nur wenn wir diese grundlegenden Vorgänge verstehen, werden wir erfahren, wie wir Gegenstände wahrnehmen.

Es gibt viele bekannte sogenannte doppeldeutige Bilder, die deutlich zeigen, wie ein und dasselbe Erregungsmuster im Auge zu ganz verschiedenen Wahrnehmungen führen kann und wie die Wahrnehmung der Objekte über die bloße Empfindung hinausreicht. Bei den vertrautesten
Bildern dieser Art treten bei der einen Gruppe verschiedene Bildteile
abwechselnd als Gegenstand oder Hintergrund auf. Bei der anderen ändert sich spontan ihre Orientierung im Raum. Abb. 3 zeigt ein Beispiel,

3 Diese Figur wird abwechselnd als zwei Gesichter und dann wieder als eine weiße Vase (die von nichtssagenden braunen Gebieten — den Gesichtern — begrenzt wird) gesehen. Die vom Wahrnehmungssystem geforderte Entscheidung, was ist Bild (oder Objekt) und was ist Hintergrund, entspricht etwa der Unterscheidung des Ingenieurs zwischen »Signal« und »Störpegel«. Sie ist für jedes System, das Information verarbeitet, grundlegend.

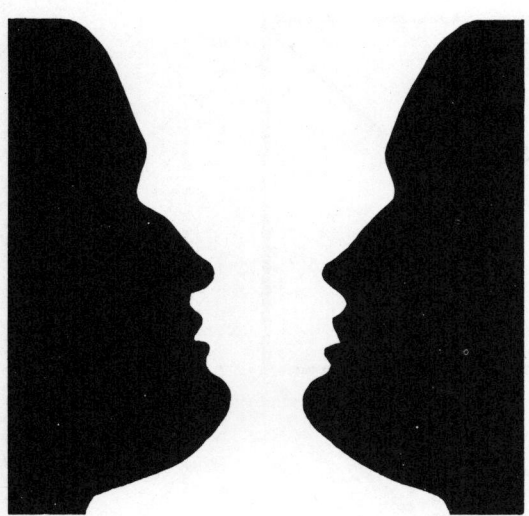

in dem Figur und Hintergrund austauschbar sind. Manchmal erscheint der schwarze Teil als ein Gesicht und der weiße als ein neutraler Hintergrund. Dann wieder wird das Schwarz zum Hintergrund und die weiße Umgebung beherrscht den Eindruck und scheint einen Gegenstand darzustellen. Der bekannte NECKER-Würfel (Abb. 4) zeigt ein Beispiel, bei dem die Tiefenwahrnehmung fortwährend umspringt. Manchmal erscheint die mit »O« markierte Fläche an der Front-, manchmal an der Rückseite des Würfels. Sie springt plötzlich von der einen Position in die andere. Die Wahrnehmung wird also nicht durch das Reizmuster allein bestimmt. Sie ist eher ein dynamisches Suchen nach der besten Interpretation der jeweils verfügbaren Daten. Als Daten werden die sensorische Information und die Kenntnis anderer Charakteristika der Objekte verwandt. Dabei ist gerade die Frage, wie weit die Erfahrung die Wahrnehmung beeinflußt und wie weit wir das Sehen erlernen müssen, schwer zu beantworten. Sie wird uns in diesem Buch noch beschäftigen. Es scheint aber klar, daß die Wahrnehmung über die unmittelbar gegebene Sinnesevidenz hinaus-

4 In diesem Bild kehrt sich die Tiefenanordnung fortwährend um: Die mit dem kleinen Kreis markierte Würfelfläche erscheint manchmal als Vorder-, manchmal als Rückseite des Würfels. Wir dürfen annehmen, daß es sich bei den verschiedenen Anordnungen, in der die Figur gesehen wird, um Wahrnehmungshypothesen handelt. Das visuelle System entwirft alternative Hypothesen und kommt zu keiner Lösung. Dieser Prozeß geht bei allen Wahrnehmungsvorgängen vor sich. In der Regel gibt es aber eine eindeutige Lösung.

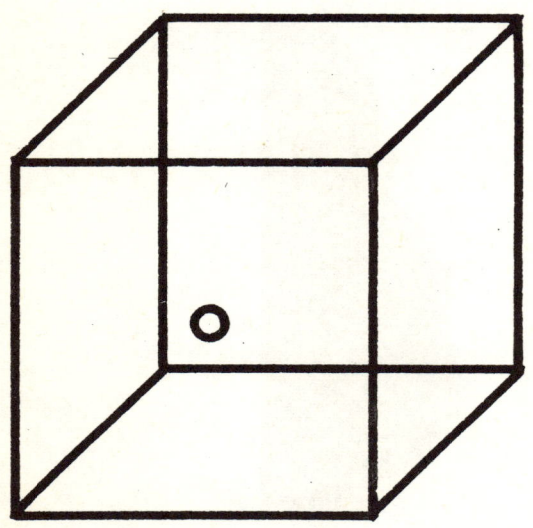

reicht. Diese Evidenz wird aufgrund anderer Informationen geprüft und abgeschätzt. Im allgemeinen wird dabei die beste Wahl getroffen, und wir sehen die Dinge mehr oder weniger korrekt. Die Sinne geben uns also kein direktes Bild der Welt. Sie stellen nur das Material bereit, mit dem wir unsere Hypothese über das, was vor uns liegt, prüfen. In der Tat, ein wahrgenommener Gegenstand *ist* eine Hypothese, die aufgrund sensorischer Daten aufgestellt und geprüft wurde. Der NECKER-Würfel ist ein Muster, das keinen Schlüssel enthält, welche von zwei alternativen Hypothesen korrekt ist: Das wahrnehmende System prüft zuerst die eine und dann die andere und kommt zu keinem Schluß, da keine eindeutige Antwort existiert. Zuweilen kommen Auge und Gehirn zu falschen Schlüssen, und wir erleiden Halluzinationen oder Illusionen. Wenn eine perzeptorische Hypothese — eine Wahrnehmung — falsch ist, werden wir ebenso irregeführt wie in der Wissenschaft durch eine falsche Theorie. Wahrnehmung und Denken sind nicht unabhängig voneinander.

2 | Licht

Sehen erfordert Licht. Dies erscheint so selbstverständlich, daß man es kaum erwähnen muß. Es war jedoch nicht immer so selbstverständlich. PLATO erklärte das Sehen durch korpuskulare Sehstrahlen, die von den Augen auf die Objekte geworfen würden, und nicht durch einfallendes Licht. Wir können uns heute schwer vorstellen, weshalb PLATO diese Frage nicht mit einigen einfachen Versuchen geklärt hat. Philosophen haben zwar von jeher gern über das Problem, wie wir sehen, spekuliert und theoretisiert. Aber erst in den letzten hundert Jahren wurde das Sehen systematisch experimentell untersucht. Dies erscheint seltsam, da alle wissenschaftlichen Beobachtungen von den menschlichen Sinnen und besonders vom Sehsinn abhängen.

In den letzten dreihundert Jahren gab es zwei rivalisierende Lichttheorien. Isaac NEWTON (1642—1737) behauptete, daß das Licht aus einer Reihe von Partikeln besteht. Christopher HUYGENS (1629—1695) dagegen hielt Licht für Impulswellen, die sich durch ein alles durchdringendes Medium, den Äther, ausbreiten. Die Impulse selbst führte er auf kleine elastische, gegenseitig in Kontakt stehende Kugelschalen zurück. Er nahm an, daß jede Störung sich durch die dichtgepackten Kugelschalen als eine Welle in alle Richtungen fortpflanzt. Diese Welle hielt er für das Licht.

Die Auseinandersetzung über die Natur des Lichtes ist eine der aufregendsten und interessantesten in der Geschichte der Wissenschaft. Eine entscheidende Frage in den ersten Stadien der Diskussion war die, ob sich das Licht mit einer endlichen oder unendlichen Geschwindigkeit ausbreitet. Sie wurde ganz unerwartet durch den dänischen Astronomen Olaf RÖMER (1644—1710) beantwortet. RÖMER beobachtete die Eklipsen der vier hellen Satelliten, die den Jupiter umkreisen. Er stellte dabei fest, daß sie nicht in regelmäßigen Abständen auftreten, sondern daß die zeitlichen Intervalle von der Entfernung des Jupiters von der Erde abhängig sind.

1675 kam RÖMER zu dem Schluß, daß dies durch die Zeit bedingt ist, die das Licht von den Jupitersatelliten benötigte, um auf die Erde zu gelangen. Diese Zeit nimmt zu, wenn die Entfernung der Erde vom Jupiter größer wird, da die Lichtgeschwindigkeit begrenzt ist. Die Entfernung des Jupiters variiert um etwa 297 Millionen Kilometer (das ist die doppelte Sonnenentfernung). Die größte Zeitdifferenz, die RÖMER gemessen hat,

betrug 16 Minuten und 36 Sekunden früher oder später als die errechnete Zeit der Satelliteneklipsen. Von dieser etwas falschen Schätzung der Sonnendistanz errechnete er eine Lichtgeschwindigkeit von 307 000 km pro Sek Mit unserer heutigen Kenntnis vom Durchmesser der Umlaufbahn der Erde errechnet sich die Lichtgeschwindigkeit auf etwa 300 000 km pro Sek. oder 3×10^{10} cm pro Sek. Seither ist die Lichtgeschwindigkeit sehr genau über kurze Entfernungen auf der Erde gemessen worden. Sie wird heute als eine der Grundkonstanten des Universums aufgefaßt.

Infolge der begrenzten Lichtgeschwindigkeit und der Verzögerung der neuronalen Information vom Auge zum Gehirn sehen wir immer die Vergangenheit. Die Wahrnehmung der Sonne ist über 8 Minuten verzögert, und was wir von den mit bloßem Auge gerade noch sichtbaren entferntesten Himmelskörpern (Andromedanebel) wissen, ist völlig überholt. Wir sehen es so, wie es vor Millionen Jahren war — bevor also Menschen die Erde bevölkerten.

Die Lichtgeschwindigkeit von 3×10^{10} cm/Sek. wird nur im Vakuum erreicht. Wenn Licht sich durch Wasser, Glas oder eine andere transparente Substanz ausbreitet, ist seine Ausbreitungsgeschwindigkeit verlangsamt. Die Verlangsamung hängt vom Brechungskoeffizienten (oder angenähert von der Dichte) des Mediums ab, durch welche das Licht projiziert wird. Die Verlangsamung der Ausbreitungsgeschwindigkeit ist äußerst wichtig. Denn sie ist die Ursache, daß Prismen das Licht brechen und Linsen Bilder entwerfen können. Das Prinzip der Refraktion (d. h. der Brechung des Lichtes durch Veränderung des Refraktionskoeffizienten) wurde zuerst von SNELL 1621 verstanden, einem Professor für Mathematik in Leyden. SNELL starb mit 35 Jahren und hinterließ seine Resultate unveröffentlicht. DESCARTES publizierte das Brechungsgesetz (Sinusgesetz) elf Jahre später. Es lautet: »Wenn Licht von einem Medium A in ein Medium B gelangt, steht der Sinus des Einfallswinkels zu dem Sinus des Ausfallswinkels in einem konstanten Verhältnis.«

In einem einfachen Diagramm (Abb. 7) ist dies veranschaulicht: Wenn AB ein Lichtstrahl ist, der von einem dichteren Medium in ein Vakuum (oder Luft) gelangt, wird der Strahl unter einem Winkel i gegen BD in die Luft austreten.

Das Gesetz besagt, daß $\frac{\sin r}{\sin i}$ konstant ist. Diese Konstante ist der Refraktionskoeffizient n.

NEWTON stellte sich vor, daß die Lichtteilchen von der Oberfläche des dichteren Mediums angezogen werden. HUYGENS erklärte dagegen die Brechung dadurch, daß sich das Licht in dem dichteren Medium langsamer ausbreitet. Dies war viele Jahre, bevor der französische Physiker FOUCAULT durch direkte Messungen zeigte, daß die Lichtgeschwindigkeit in einem dichteren Medium tatsächlich vermindert ist. Danach schien vorübergehend die NEWTONsche Korpuskulartheorie völlig abwegig. Licht wurde nur noch als Wellenserie, die sich durch ein Medium, den Äther, ausbreitet, beschrieben. Aber zu Beginn des gegenwärtigen Jahrhunderts wurde auf dramatische Weise deutlich, daß die Wellentheorie nicht alle Phänomene des Lichtes erklären kann. Und heute nehmen wir an, daß das Licht sowohl korpuskulare wie Welleneigenschaften besitzt.

Licht besteht aus Energiepaketen, sogenannten Quanten, die korpuskulare und Wellencharakteristika in sich vereinen. Licht kürzerer Wellenlänge hat mehr Wellen in jedem Bündel als Licht längerer Wellenlänge. Das bedeutet, daß die Energie eines einzelnen Quantums eine Funktion der Frequenz ist, das heißt, daß $E = \nu\, h$ ist. Die Energie ist dabei in erg/Sek. ausgedrückt, h ist eine kleine Konstante (die PLANCKsche Konstante), ν ist die Frequenz der Strahlung.

Wenn Licht durch ein Prisma gebrochen wird, so wird jede Frequenz um einen leicht unterschiedlichen Winkel abgelenkt. Der austretende Lichtstrahl erscheint dadurch als ein Lichtfächer, der aus den verschiedenen Spektralfarben gebildet wird. NEWTON entdeckte, daß weißes Licht aus allen Spektralfarben zusammengesetzt ist. Er teilte einen Sonnenstrahl mit einem Prisma in ein Spektrum auf. Mit einem zweiten gleichen, aber umgekehrt gehaltenen Prisma konnte er die Farben wieder in weißes Licht zurückverwandeln.

NEWTON benannte in seinem Spektrum sieben Farben: Rot, Orange, Gelb, Grün, Blau, Indigo und Violett. Indigo wird nicht als getrennte Farbe gesehen, und Orange ist zweifelhaft. Vermutlich liebte NEWTON die Zahl Sieben und fügte Orange und Indigo hinzu, um die magische Sieben zu erreichen!

Wir wissen heute (NEWTON war es unbekannt), daß jede Spektralfarbe oder jeder Farbton aus Licht einer bestimmten Wellenlänge besteht. Wir wissen ebenso, daß alle sogenannten elektromagnetischen Strahlungen grundsätzlich gleich sind. Die physikalischen Unterschiede zwischen

6   Sir Isaak NEWTON (1642—1727) von Charles JERVAS. Im Grunde glaubte NEWTON,
daß Licht aus Partikeln besteht. Aber er war sich der ganzen Problematik seiner Auffassung bewußt und hat dadurch die moderne dualistische Theorie vorweggenommen, nach
der das Licht die Eigenschaft von Korpuskeln *und* Wellen besitzt. Er ersann die ersten
Versuchsanordnungen, durch die gezeigt wurde, daß weißes Licht eine Mischung der
Spektralfarben ist, und ebnete den Weg für das Verständnis des Farbensehens.

7 Licht wird durch ein dichtes, transparentes Medium gebrochen. Das Verhältnis der Sinusse der Ein- und Ausfallwinkel des durch das dichte Medium gebrochenen Strahls ist bei einem gegebenen Brechungskoeffizienten des Mediums konstant. Darauf gründet sich die Bilderzeugung durch Linsen. (Der Ablenkwinkel ist außerdem eine Funktion der Wellenlänge des Lichts, so daß ein Lichtstrahl durch ein Prisma in seine Spektralfarben zerlegt wird.) Die Bedeutung der Buchstaben ist im Text erläutert.

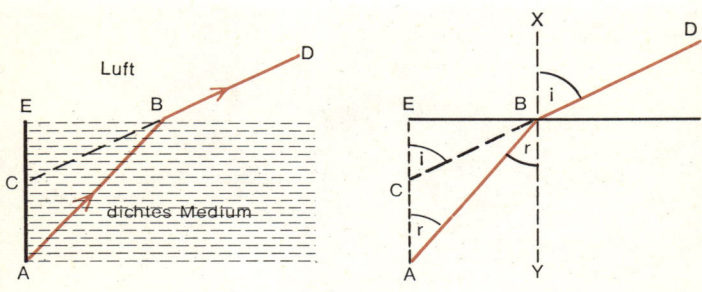

Radiowellen, Infrarot, ultraviolettem Licht und Röntgenstrahlen liegen in ihrer Frequenz. Nur ein sehr enges Band, weniger als eine Oktave, erregt das Auge und liegt dem Form- und Farbensehen zugrunde. Das Diagramm der Abb. 9 zeigt, wie sich dieses enge Fenster in der physikalischen Welt ausnimmt. So betrachtet sind wir fast blind.
Wenn wir die Lichtgeschwindigkeit und seine Frequenz kennen, ist es einfach, die Wellenlänge zu berechnen. Es ist jedoch schwierig, die Frequenz direkt zu messen. Die Wellenlänge des Lichtes ist einfacher zu bestimmen, was jedoch nicht für die niederfrequenten Radiowellen zutrifft. Man mißt die Wellenlänge des Lichtes, indem man das Licht anstatt durch ein Prisma durch ein Gitter aus feinen Linien wirft und dadurch ein sogenanntes Gitterspektrum erhält. (Zur Veranschaulichung halte man eine Langspielplatte schräg zu einer Lichtquelle. Man sieht dann das reflektierte Licht als klare Farben.) Die Wellenlänge des Lichtes kann ziemlich genau berechnet werden, wenn der Abstand der sehr sorgfältig gearbeiteten Linien des Gitters und der Winkel des Lichtes, der eine gegebene Farbe hervorruft, bekannt ist. Es zeigt sich, daß das blaue Licht eine Wellenlänge von etwa 400 mμ und das rote Licht eine von ungefähr 700 mμ (1 mμ = $\frac{1}{1000000}$ mm) hat. Die Wellenlänge des Lichtes ist wichtig, denn sie bestimmt die Auflösungsgrenze optischer Instrumente.
Mit bloßem Auge können wir keine einzelnen Lichtquanten sehen. Die Rezeptoren der Retina sind jedoch so empfindlich, daß sie durch ein

8   Eine Skizze NEWTONS von einem seiner Farbversuche.
Er spaltete zuerst das Licht (mit einem großen Prisma) in ein Spektrum auf.
Dann leitete er einfarbiges Licht durch das Loch eines Schirms
durch ein zweites Prisma. Dadurch werden keine neuen Farben
mehr erzeugt. Er erkannte außerdem, daß die Farben sich wieder
zu Weiß vereinigten, wenn das Farbspektrum durch ein zweites Prisma
geleitet wurde. Das weiße Licht ist demnach eine Mischung aller Spektralfarben.

einzelnes Quantum erregt werden können. Es sind allerdings mehrere
(fünf bis acht) erforderlich, um einen Lichtblitz wahrzunehmen. Die Rezeptoren der Retina sind so empfindlich, wie ein Lichtdetektor überhaupt
sein kann, da ein Quantum ja die kleinste mögliche Strahlungsenergie
darstellt. Leider verhindern die durchscheinenden Medien des Auges diese
Entwicklung zur absoluten Perfektion. Nur etwa 10 % des Lichtes, das
in das Auge fällt, gelangt zu den Rezeptoren. Der Rest geht durch Absorption und Streuung innerhalb des Auges verloren, bevor es die Retina
erreicht. Aber trotz dieses Verlustes ist es unter idealen Bedingungen
möglich, das Licht einer einzelnen Kerzenflamme noch aus 27 km Entfernung zu sehen.
Die Quantennatur des Lichtes hat wichtige Folgerungen für das Sehen.
Sie hat einige besonders elegante Experimente angeregt, die die Physik
des Lichtes und seine Wahrnehmung durch Auge und Gehirn verbinden.

Das erste Experiment über den Effekt des Lichtes vom Standpunkt der Quantentheorie wurde von drei Physiologen, HECHT, SHLAER und PIRENNE, 1942 durchgeführt. Ihre Arbeit ist heute klassisch. Unter der Erkenntnis, daß das Auge fast, wenn nicht ganz so empfindlich sein muß wie theoretisch überhaupt möglich, ersannen sie ein geniales Experiment, um zu erfahren, wieviel Quanten auf einen Rezeptor einwirken müssen, damit ein Lichtblitz gesehen werden kann. Ihre Beweisführung gründete sich auf eine statistische Funktion, die sogenannte »POISSON-Verteilung«. Sie gibt die zu erwartende Verteilung von Treffern auf einen Zielfleck wieder. Die drei gingen ferner davon aus, daß zumindest ein Teil der ständig variierenden Empfindlichkeit des Auges nicht auf Veränderungen des Auges oder Nervensystems zurückzuführen ist, sondern auf die von Augenblick zu Augenblick variierende Energie schwacher Lichtquellen. Man stelle sich einen ungeordneten Kugelregen vor: Die Zahl der eintreffenden Kugeln fluktuiert ständig und zeigt keine gleichmäßige Stärke. Ähnlich fluktuiert die Zahl der Lichtquanten innerhalb eines Lichtstrahles. Ein gegebener Lichtblitz kann eine kleine oder große Zahl an Quanten enthalten. Enthält er mehr Quanten als im Durchschnitt, so ist die Wahrscheinlichkeit, daß er erkannt wird, größer. Für helles Licht ist dieser Effekt unwichtig. Aber da das Auge bereits auf wenige Quanten reagiert, ist diese Fluktuation in der Nähe der geringsten Energie, die zur Lichterkennung erforderlich ist, von Bedeutung.

Die Quantennatur des Lichtes ist auch wichtig, wenn man die Fähigkeit des Auges bei der Erkennung feiner Details betrachtet. Im Mondlicht können wir beispielsweise nur die größten Zeitungsüberschriften lesen. Einer der Gründe ist, daß unter diesen Bedingungen eine zu kleine Anzahl Quanten auf die Retina fällt, um ein vollständiges Bild innerhalb der Zeitspanne aufzubauen, in der das Auge Energie integrieren kann (etwa $1/10$ Sek.). Das ist keineswegs die ganze Erklärung. Aber der rein physikalische Charakter der Quantennatur des Lichtes trägt zu dem vertrauten Sehphänomen, dem Verlust der Sehschärfe im Dämmerlicht, bei. Bis vor kurzem wurde dies als eine reine Eigenschaft des Auges aufgefaßt. Tatsächlich ist es oft schwierig zu entscheiden, ob ein Seheffekt zur Psychologie, Physiologie oder Physik gehört. Oft läßt sich keine klare Trennungslinie ziehen.

Wie werden Bilder hervorgerufen? Der einfachste Weg, eine Abbildung

9 Licht nimmt nur einen kleinen Teil des ganzen elektromagnetischen Spektrums ein, das auch Radiowellen, Infrarot, Ultraviolett und Röntgenstrahlen umfaßt. Der physikalische Unterschied ist lediglich die Wellenlänge der Strahlung, aber die Wirkungen dieser Strahlen sind sehr unterschiedlich. Innerhalb der Oktave, für die das Auge empfindlich ist, verursachen verschiedene Wellenlängen verschiedene Farben. Außerhalb des Lichtbandes kommt es zu sehr unterschiedlichen Effekten, wenn Strahlung auf Materie wirkt.

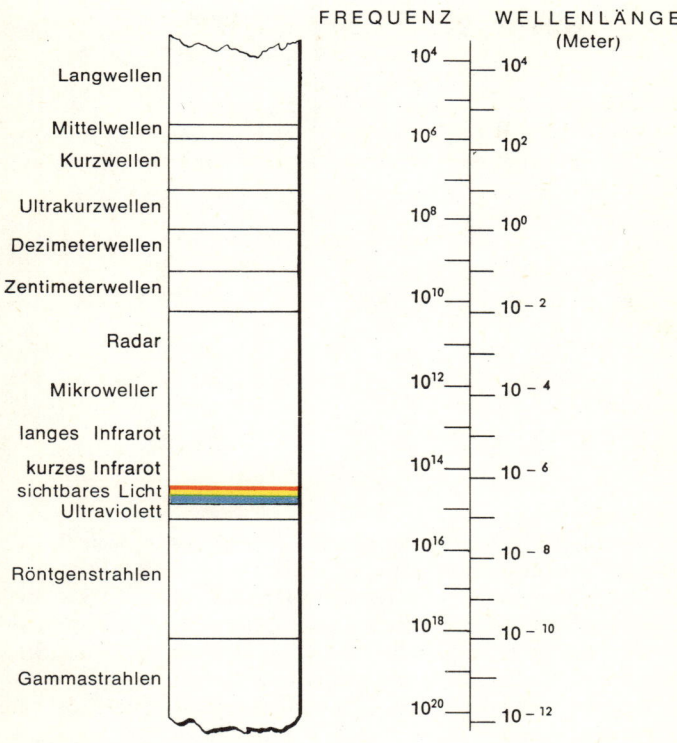

FREQUENZ   WELLENLÄNGE
(Meter)

	FREQUENZ	WELLENLÄNGE (Meter)
Langwellen	10^4	10^4
Mittelwellen	10^6	10^2
Kurzwellen		
Ultrakurzwellen	10^8	10^0
Dezimeterwellen		
Zentimeterwellen	10^{10}	10^{-2}
Radar		
Mikroweller	10^{12}	10^{-4}
langes Infrarot		
kurzes Infrarot	10^{14}	10^{-6}
sichtbares Licht		
Ultraviolett		
	10^{16}	10^{-8}
Röntgenstrahlen		
	10^{18}	10^{-10}
Gammastrahlen		
	10^{20}	10^{-12}

zu machen, ist mittels eines Nadelloches. Abb. 10 zeigt, wie dies zustande kommt. Ein Lichtstrahl von einem Teil des Objektes x kann nur einen Teil des Schirmes y erreichen, und zwar den Teil, der eine gerade Linie, die durch das Nadelloch geht, schneidet. Dieser Teil des beleuchteten Gegenstandes entspricht einem Teil des Schirmes, so daß ein umgekehrtes Bild des Objektes auf dem Schirm abgebildet wird. Das Nadellochbild ist ziemlich dunkel, denn das Loch muß klein genug sein, damit

10 Bilderzeugung durch ein Nadelloch. Ein Strahl aus einem
bestimmten Bereich der Lichtquelle erreicht nur einen ganz bestimmten
Bereich des Schirmes — dadurch, daß der Strahl durch das Loch tritt.
Auf diese Weise wird ein (umgekehrtes) Bild entworfen. Das Bild ist
unverzerrt, aber es ist schwach und unscharf. Ein sehr kleines Loch führt
infolge der Wellennatur des Lichts zu Beugungseffekten und damit
zu Bildunschärfen.

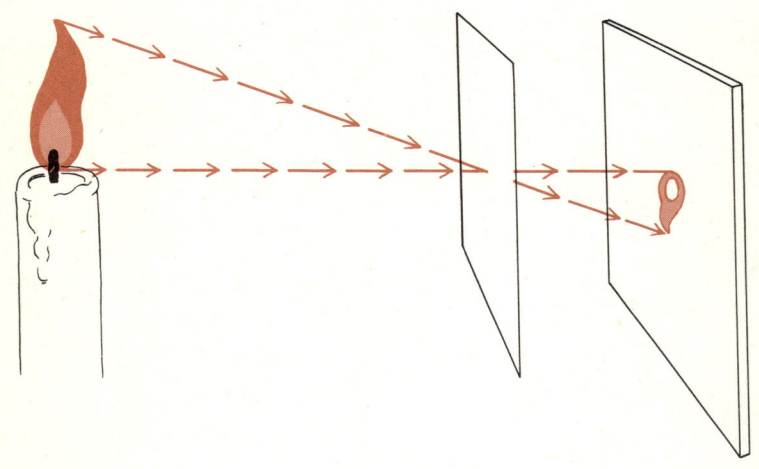

das Bild scharf bleibt. (Es darf wiederum nicht zu klein sein, weil es dann
infolge der Wellenstruktur des Lichtes unscharf wird.)
Eine Linse ist in Wirklichkeit ein Prismenpaar (Abb. 11). Sie vereinigt
eine Menge Licht von jedem Punkt des Objektes auf den korrespondierenden Punkt der Abbildungsfläche und ermöglicht so ein helles Bild.
Im Gegensatz zu Nadellöchern arbeiten Linsen jedoch nur dann gut,
wenn sie gut angepaßt und korrekt ausgeführt sind. Die Linse des
Auges kann für das Auge, in welchem sie sich befindet, ungeeignet, sie
kann aber auch fehlerhaft angelegt sein. Sie kann das Bild vor oder hinter
der Retina (anstatt auf ihr) in einem Brennpunkt vereinigen und so zur
Kurz- oder Weitsichtigkeit führen. Sie kann auch Krümmungsabweichun-
gen an ihrer Oberfläche haben und in diesem Fall Verzerrungen des Bildes oder in bestimmten Richtungen Unschärfen hervorrufen. Die Hornhaut
kann unregelmäßig oder vernarbt sein (beispielsweise durch Metallsplit-
ter beim Schleifen oder durch Staub beim Motorradfahren). Diese optischen Defekte können durch zusätzliche künstliche Linsen — Brillen —
korrigiert werden. Brillen korrigieren Akkommodationsfehler durch Ver-

11 Eine Linse kann als konvergierendes Prismenpaar aufgefaßt werden, das aus einem Strahlenbündel ein Bild formt. Solch ein Bild ist bedeutend heller als das durch ein Nadelloch entworfene, aber es ist im allgemeinen etwas verzerrt, und die Tiefenschärfe ist begrenzt.

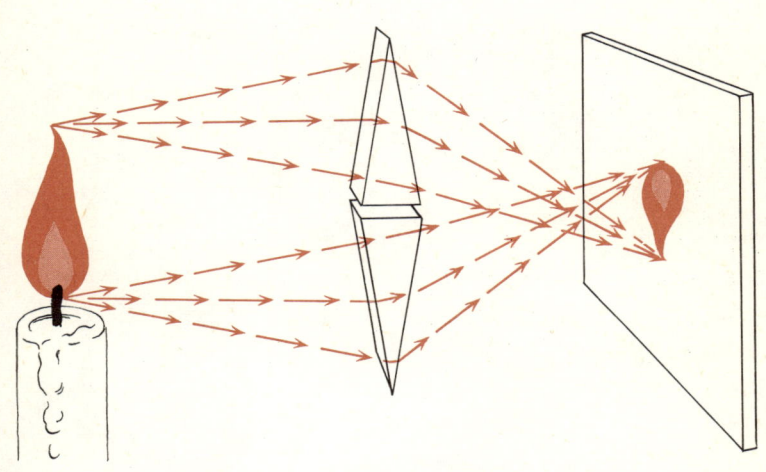

änderung der Brechkraft der Augenlinse; sie korrigieren Astigmatismus durch Hinzufügen nicht sphärischer Komponenten. Gewöhnliche Brillen können keine Oberflächenschäden der Hornhaut verbessern. Die neueren Kontaktschalen, die dem Auge direkt angepaßt werden, ermöglichen es jedoch, die Oberfläche der Hornhaut optisch auszugleichen.

Brillen verlängern unser aktives Leben. Mit ihrer Hilfe können wir lesen und Geschick erfordernde Tätigkeiten bis ins hohe Alter ausführen. Vor ihrer Erfindung waren Gelehrte und Handwerker durch einen Sehverlust hilflos, auch wenn sie geistig noch durchaus leistungsfähig waren.

12 Verschiedene primitive Augen von grundsätzlich gleicher Struktur: eine Linse, die auf einem Mosaik lichtempfindlicher Rezeptoren ein Bild erzeugt.

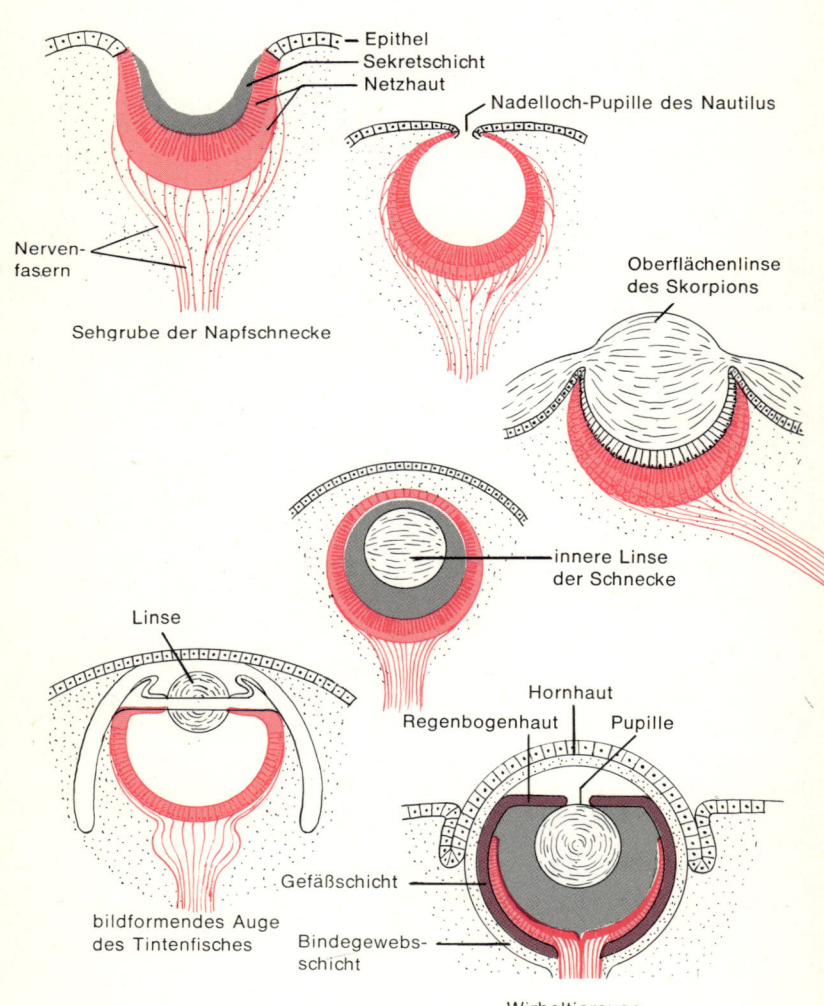

Epithel
Sekretschicht
Netzhaut

Nadelloch-Pupille des Nautilus

Nerven-fasern

Sehgrube der Napfschnecke

Oberflächenlinse des Skorpions

innere Linse der Schnecke

Linse

bildformendes Auge des Tintenfisches

Hornhaut
Regenbogenhaut   Pupille

Gefäßschicht

Bindegewebs-schicht

Wirbeltierauge

3 | Am Anfang...

Fast jedes Lebewesen ist lichtempfindlich. Auch Pflanzen verwerten die Lichtenergie, und manche richten ihre Position so aus, als ob sie mit ihren Blüten die Sonne sehen könnten. Tiere benutzen Licht, Schatten und Bilder, um Gefahren zu vermeiden und Beute zu jagen.

Die ersten primitiven »Augen« reagierten nur auf Licht und Veränderungen der Lichtintensität. Die Wahrnehmung von Form und Farben gelang erst nach der Entwicklung komplizierterer Augen mit der Fähigkeit, Abbildungen zu erzeugen. Außerdem mußte auch das Gehirn genügend differenziert sein, um die von den optischen Bildern auf der Retina ausgelösten Nervensignale verarbeiten zu können.

Die bilderzeugenden Augen entwickelten sich später aus lichtempfindlichen Flecken auf der Oberfläche einfacher Tiere. Wie diese Entwicklung im einzelnen vor sich ging, ist weitgehend rätselhaft. Lediglich einige Merkmale sind durch Fossilien, durch vergleichende Studien lebender Arten und durch Untersuchung der Entwicklung des Auges an Embryonen bekanntgeworden.

Das Entwicklungsproblem des Auges war durch die DARWINsche Theorie der natürlichen Auslese sehr schwer zu erklären. Beim Entwerfen eines neuen Instrumentes können wir mit vielen völlig nutzlosen Modellen experimentieren. Das ist bei der natürlichen Auslese nicht möglich. Hier muß jeder Entwicklungsschritt Vorteile bringen, um über Generationen hindurch ausgewählt und fortgepflanzt zu werden. Was für einen Nutzen hat jedoch eine halbfertige Linse? Was für einen Sinn hat eine bilderzeugende Linse, wenn das Nervensystem die Netzhautbilder nicht interpretieren kann? Wie soll sich das visuelle Nervensystem differenzieren, bevor ein Auge vorhanden ist, durch das es mit Informationen versorgt wird? Da es in der Entwicklung keinen Generalplan gibt, aufgrund dessen im Augenblick nutzlose Organe gebildet werden könnten, die erst später nach Ausbildung anderer Körperteile wichtig werden, müssen sich das menschliche Auge und Gehirn über eine lange Reihe enttäuschender Versuche und Irrtümer entwickelt haben.

Schon Einzeller zeigen Lichtreaktionen. Bei höheren Formen finden sich besonders angepaßte Zellen, die als lichtempfindliche Rezeptoren dienen. Diese können auf der Haut verteilt (wie beim Regenwurm) oder in Gruppen (meistens in einer Vertiefung oder Grube) angeordnet sein. Dies ist die erste Entwicklungsstufe zum wirklich bilderzeugenden Auge.

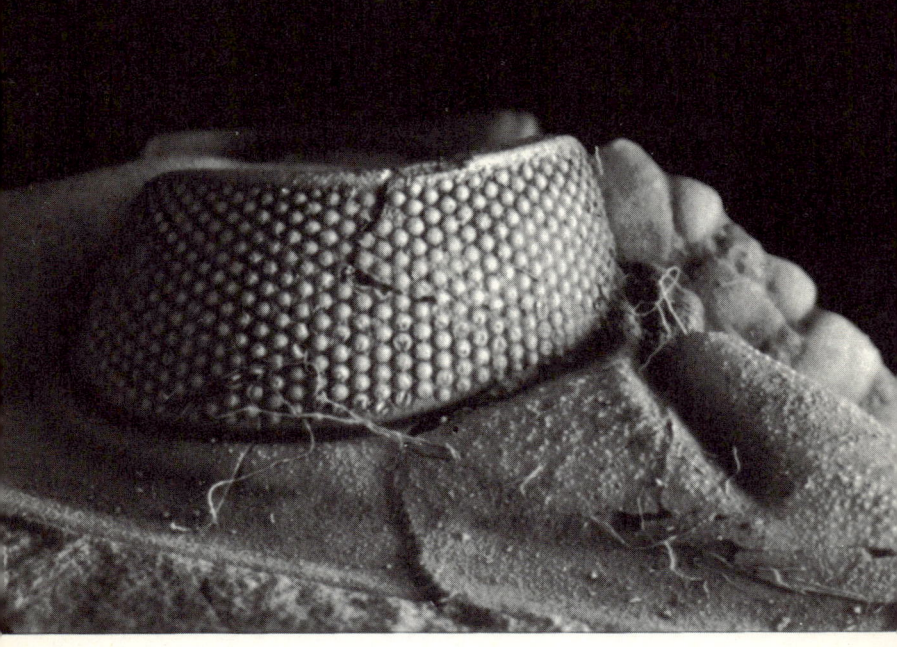

Wahrscheinlich wurden die Fotorezeptoren in kleinen Gruben angeordnet, um sie gegen diffuse Beleuchtung, welche die Wahrnehmung bewegter Schatten bei drohender Gefahr beeinträchtigt, abzuschirmen.
Aus dem gleichen Grund gruben sich griechische Astronomen Millionen
Jahre später tiefe Löcher in die Erde, von denen sie tagsüber die Sterne
beobachten konnten.

Die primitiven Augengruben waren leicht durch eindringende Fremdkör-
per zu blockieren. Später entwickelte sich zum Schutz gegen solche Partikel eine durchsichtige Membran über den Augengruben. Als die Membran durch eine Zufallsmutation im Zentrum dicker wurde, entstand
eine Art Linse. Die ersten Linsen dienten lediglich zur Intensitätsverstär-
kung. Erst lange danach waren sie imstande, verwertbare Bilder zu erzeugen. Bei der Napfschnecke findet sich noch jetzt ein Grubenauge. Und
der ebenfalls noch lebende Nautilus besitzt ein noch primitiveres Auge.
Anstelle einer Linse wird das Bild durch ein kleines Loch über der Sehgrube erzeugt. Das Innere des Nautilusauges wird vom Seewasser umspült, während die Linsenaugen mit einer besonders zusammengesetz-
ten Flüssigkeit gefüllt sind, die die optische Funktion des Seewassers er-

setzt. Die menschlichen Tränen sind ein Äquivalent des Ozeans, der die ersten Augen reinigte (Abb. 12).

In diesem Buch interessieren uns das menschliche Auge und der Sehvorgang. Unser Auge ist ein typisches Wirbeltierauge. Es gehört nicht zu den kompliziertesten und höchst entwickelten, obgleich das menschliche Gehirn das differenzierteste aller Gehirne ist. Komplizierte Augen kommen oft mit einfachen Gehirnen zusammen vor. Man findet äußerst komplizierte Augen bei wirbellosen Tieren mit winzigen Gehirnen. Die Komplexaugen der Arthropoden (einschließlich der Insekten) bestehen nicht aus einer einzigen Linse mit einer Retina von vielen Tausend oder Millionen Rezeptoren, sondern aus vielen Linsen. Jede einzelne Linse hat dabei ein eigenes Rezeptorelement. Das älteste bekannte Fossilienauge ist das der Trilobiten, welche vor 500 Millionen Jahren lebten. Die ältesten Fossilien dieser Arten wurden im kambrischen Gestein gefunden. Die Augen vieler Trilobitenarten waren hoch entwickelt. Ihre äußere Struktur kann vollständig erhalten sein (Abb. 13). Wir kennen ihren inneren Aufbau nicht und sind ganz auf die äußere Form angewiesen, wenn wir auf ihre Funktion schließen wollen. Danach waren es Komplexaugen, wie sie Insekten haben; einige hatten über 1000 Facetten.

Abb. 14 zeigt ein Insektenauge. Hinter jeder Facettenlinse (Hornhautlinse) liegt eine zweite Linse, der sogenannte Linsenzylinder, durch den das Licht zu den lichtempfindlichen Elementen gelangt. Dieses besteht gewöhnlich aus sieben doldenartig gruppierten Zellen. Jede vollständige Einheit eines Facettenauges wird als »Ommatidium« bezeichnet. Es wurde zunächst angenommen, daß jedes Ommatidium ein selbständiges Auge ist, die Insekten also Tausende von Bildern sehen. Heute ist es schwer zu verstehen, wie es zu dieser Annahme gekommen war, da kein Ommatidium eine eigene Netzhaut enthält, sondern nur eine einzelne Nervenfaser von jeder Rezeptorgruppe ausgeht. Wie sollte damit jedes Ommatidium ein vollständiges Bild signalisieren? Tatsache ist, daß jedes Ommatidium auf senkrecht einfallendes Licht anspricht und die Signale aller Ommatidien zentral zu einem Bild vereinigt werden.

Insektenaugen haben einen bemerkenswerten Mechanismus für die Hell- und Dunkeladaptation. Die einzelnen Ommatidien sind durch dunkle Pigmentkegel voneinander isoliert. Bei reduziertem Licht (oder auch auf Signale vom Gehirn) wandert das Pigment in Richtung der Rezeptoren.

14 Die Teile eines Komplexauges. Das primitive Trilobitenauge war diesem wahrscheinlich ähnlich, obgleich sein innerer Aufbau nicht erhalten geblieben ist. Das Facettenauge findet sich bei Arthropoden, einschließlich den Insekten, wie z. B. den Bienen und Libellen. Jede Hornhautlinse erzeugt ein getrenntes Bild für eine funktionelle Rezeptoreinheit (die oft aus sieben lichtempfindlichen Zellen besteht). Aber es besteht kein Grund anzunehmen, daß deshalb ein Mosaik gesehen wird. Das Komplexauge ist besonders zur Bewegungswahrnehmung geeignet.

Das Licht kann dann seitlich aus jedem Ommatidium austreten und Nachbarrezeptoren erreichen. Dies erhöht die Empfindlichkeit des Auges auf Kosten der Sehschärfe. Ein ähnlicher Vorgang, allerdings aus anderen Gründen, findet sich auch in den Wirbeltieraugen.

Die Linsenzylinder der Facettenaugen wirken weniger wie normale Linsen aufgrund der Form ihrer Oberflächen als durch Änderung des Refraktionskoeffizienten, der im Zentrum größer als am Rand ist. Das Licht wird dadurch ganz anders übertragen als bei den üblichen Linsen. Facettenaugen zeigen hauptsächlich Bewegungen an. Sie können unglaublich leistungsfähig sein, wie man bei Beobachtung von Libellen erkennt, die ihre Beute im Flug fangen.

Eines der merkwürdigsten Augen, welches wir kennen, ist das der stecknadelkopfgroßen *Copilia*, einer kaum bekannten Krebsart. Die weibliche *Copilia* (das Männchen ist weit weniger entwickelt) hat ein bilderzeugendes Augenpaar, das weder wie ein Vertebraten- noch wie ein Insektenauge, sondern eher wie eine Fernsehkamera arbeitet. Jedes Auge enthält zwei Linsen. Das Fotorezeptorensystem gleicht dem der Insektenaugen, jedoch sind die Hornhautlinse und der Linsenzylinder bei der *Copilia* sehr weit voneinander entfernt. Der größte Teil des Auges liegt tief im Inneren des Tierkörpers, der außergewöhnlich durchsichtig ist. Abb. 15 zeigt die *Copilia*. Das Geheimnis dieses Auges ergibt sich beim Beobachten lebender Tiere. 1881 berichtete EXNER, daß der Rezeptor (und der mit ihm verbundene Linsenzylinder) eine »ununterbrochene lebhafte Bewegung« macht. Sie schwingen um die Mittellinie des Tieres und tasten offensichtlich die Fokusebene der Hornhautlinse ab. Es scheint deshalb, daß das Erregungsmuster des Bildes nicht gleichzeitig von vielen Rezeptoren wie in anderen Augen, sondern nacheinander über den Sehnerv übertragen wird, ähnlich wie in einer einkanaligen Fernsehkamera. Es ist möglich, daß viele kleine Facettenaugen (z. B. der *Daphnia?*) ähnliche Abtastbewegungen ausführen, um die Auflösung und Kanalkapazität ihrer wenigen Elemente zu verbessern. Leitet sich das Facettenauge entwicklungsgeschichtlich vom *Copilia*auge ab? Wurden die Abtastbewegungen allgemein aufgegeben, weil eine einzelne neuronale Verbindung nicht genügend Information übertragen konnte? Ist es eine Vereinfachung der Facettenaugen, welche in den ältesten Fossilien gefunden wurde? Oder handelt es sich lediglich um ein irrtümliches Ex-

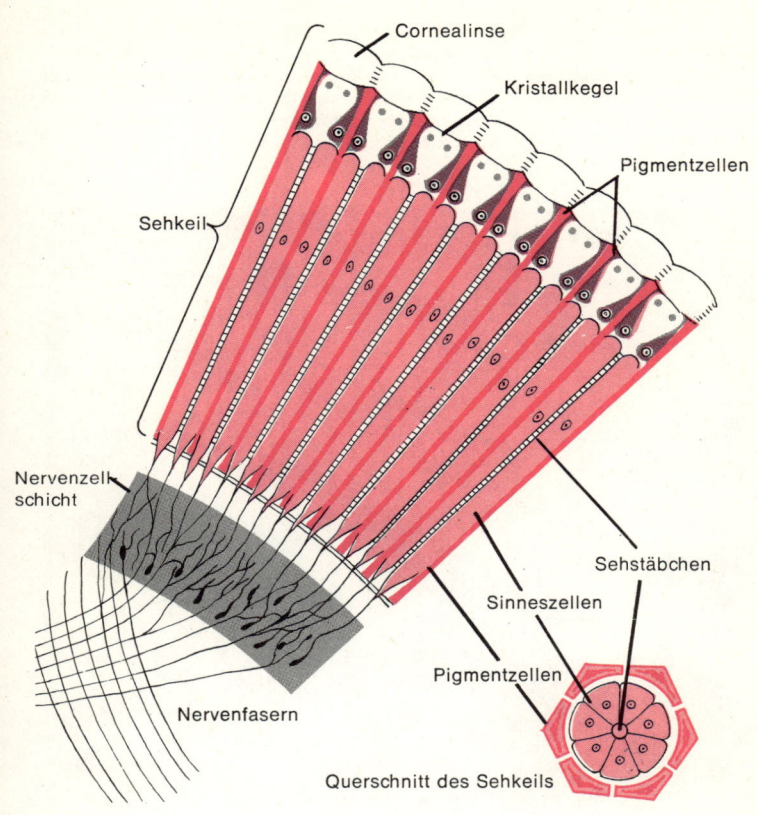

Cornealinse

Kristallkegel

Pigmentzellen

Sehkeil

Pigmentzellen

Nervenzell-
schicht

Sehstäbchen

Sinneszellen

Pigmentzellen

Nervenfasern

Querschnitt des Sehkeils

periment am Rand des Hauptstromes des entwicklungsgeschichtlichen
Geschehens? Wie dem auch sei, *Copilia* verdient mehr Aufmerksamkeit,
als sie bisher erhalten hat.

In den aufeinanderfolgenden Bildern einer Filmaufnahme (Abb. 16)
sind die Abtastbewegungen eines Linsenzylinders und der mit ihm verbundenen Fotorezeptoren zu sehen. Die Rezeptoren nähern und entfernen sich regelmäßig voneinander, bewegen sich aber nie unabhängig. Die
Abtastperiodik wechselt etwa zwischen 5 und 0,5 pro Sekunde.

Wir würden gern wissen, warum es das *Copilia*auge gibt und ob es das
überlebende Beispiel eines sehr frühen Augentyps ist. Wenn *Copilia* eine
entwicklungsgeschichtliche Sackgasse darstellt, verdient sie zumindest
ihrer Originalität wegen ausgezeichnet zu werden.

15 Ein lebender weiblicher Vertreter einer sehr kleinen Copepode, die *Copilia quadrata*. Jedes Auge hat zwei Linsen: eine große vordere und eine zweite kleinere Linse tief im Inneren des Körpers, die mit einem Fotorezeptor und einer einzelnen Sehnervenfaser zum zentralen Gehirn verbunden ist. Die zweite Linse und der Fotorezeptor bewegen sich dauernd in der Abbildungsebene der ersten Linse hin und her. Offenbar ein fortlaufend tastendes Rasterauge: eine mechanische Fernsehkamera.

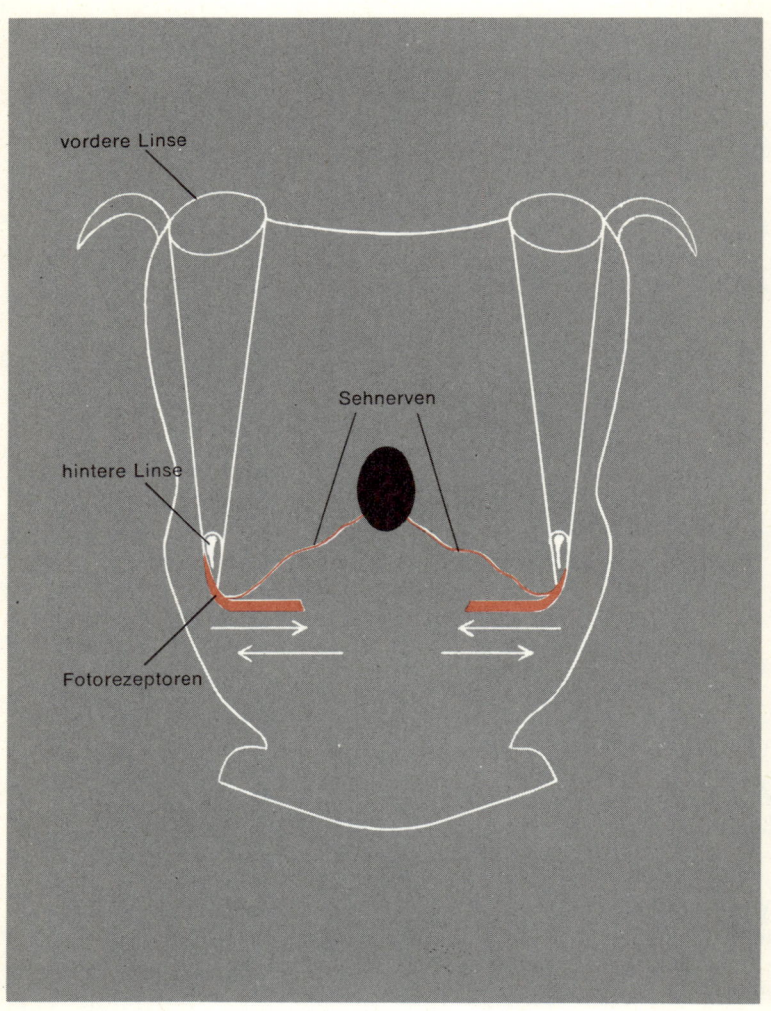

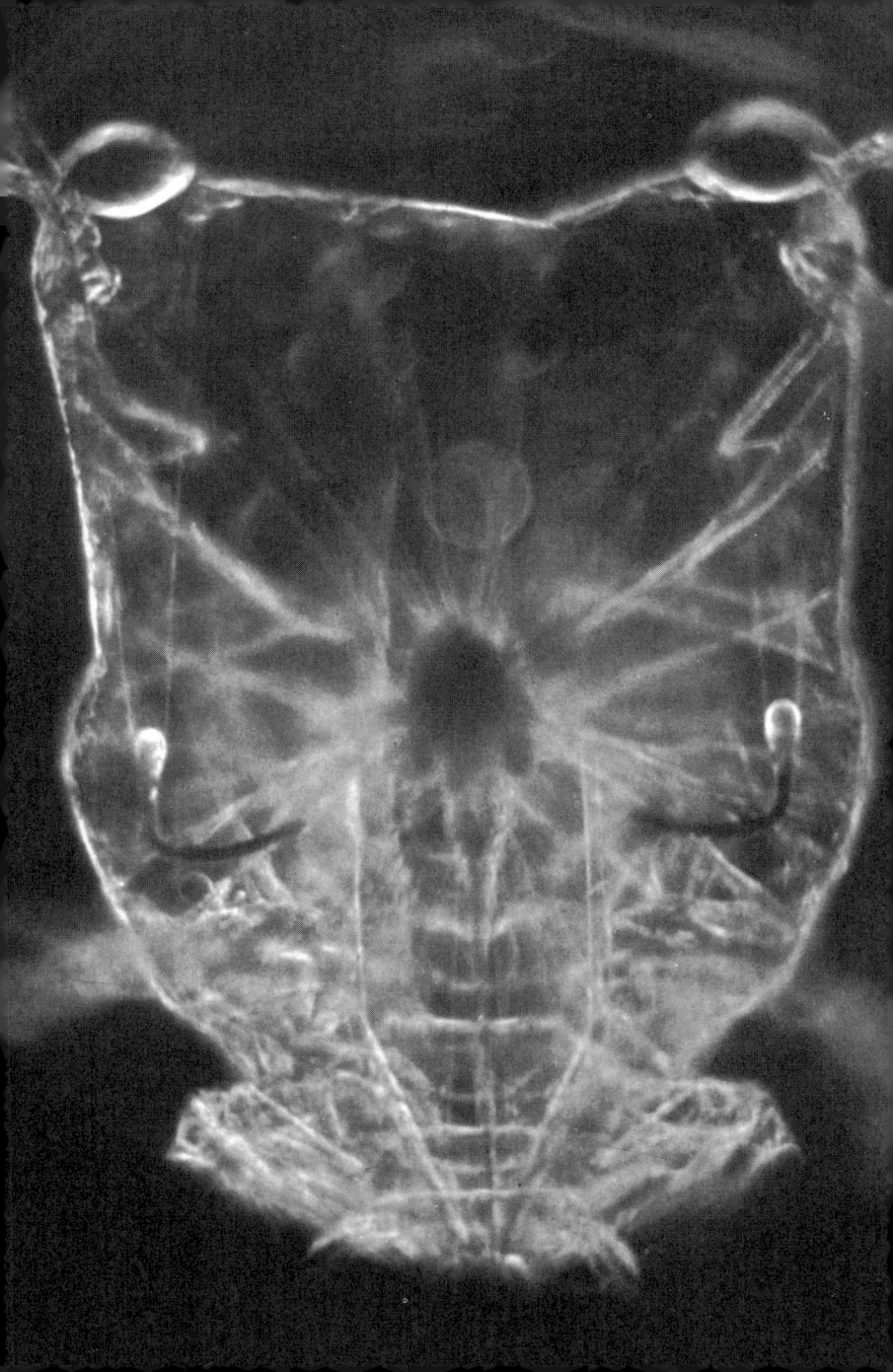

16   Die hintere Linse der *Copilia* mit den Fotorezeptoren (in Rot) während einer einzelnen Abtastbewegung. Die Abtastbewegung kann sich bis zu 5mal pro Sekunde wiederholen.

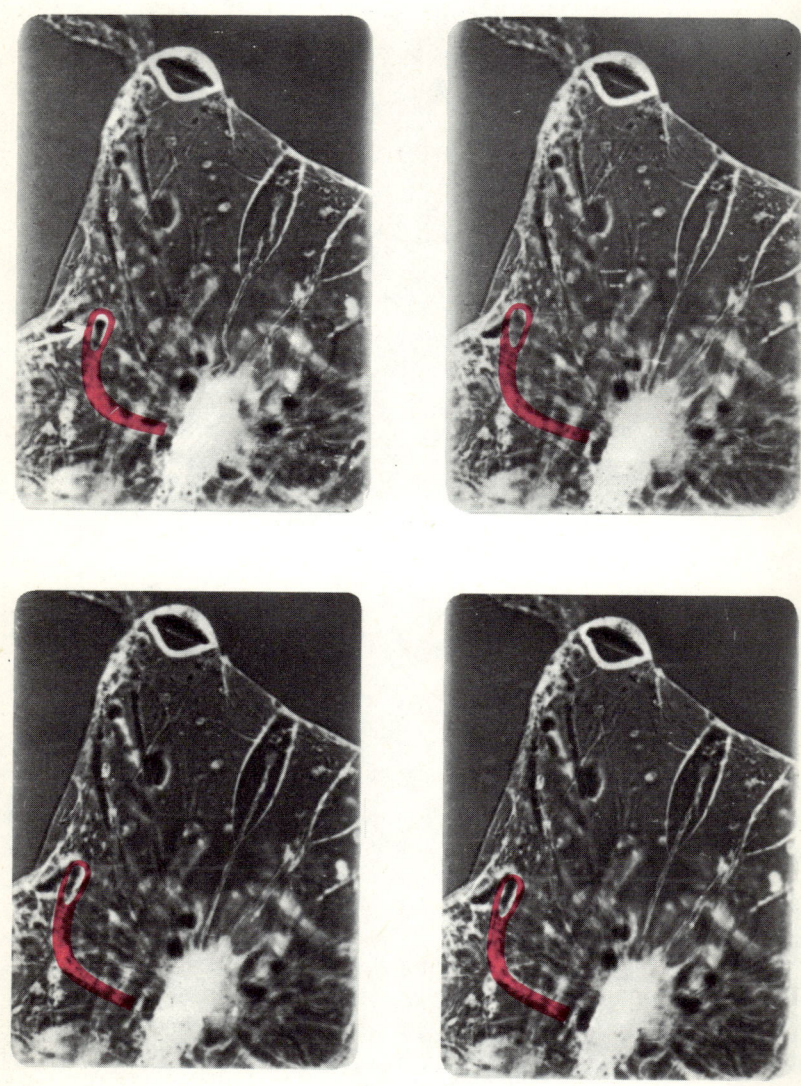

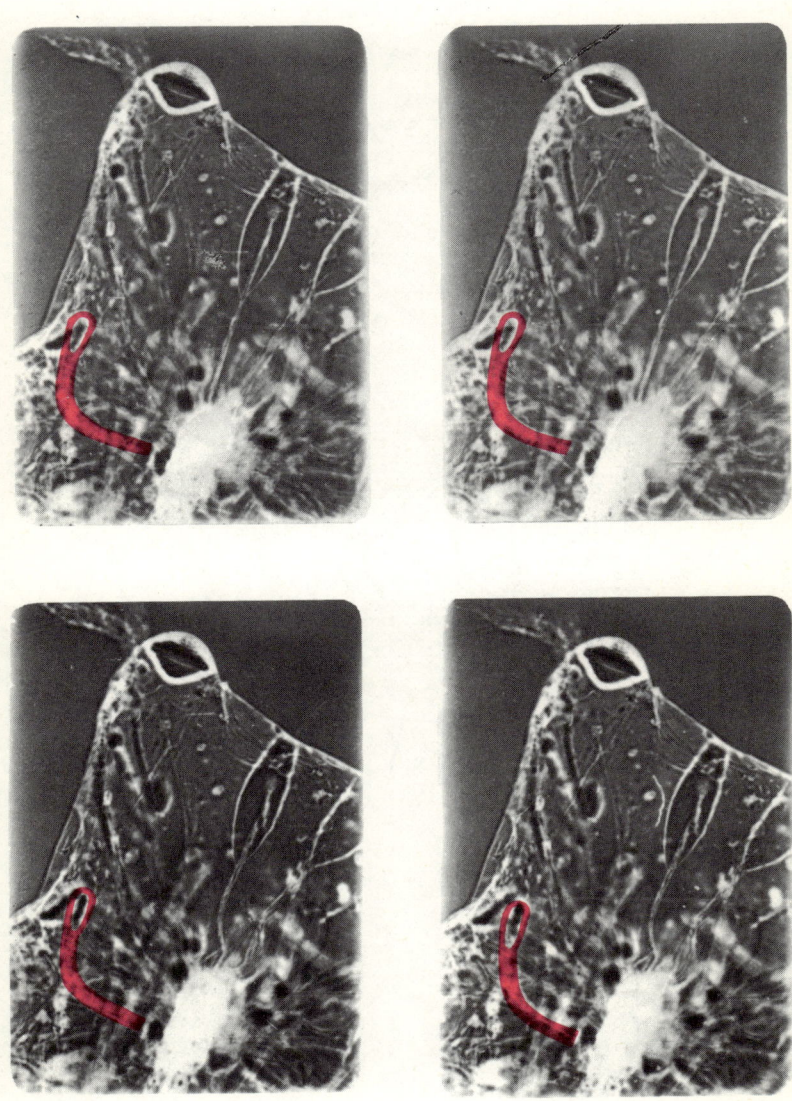

17 Das menschliche Auge: das wichtigste optische Instrument.
Hier sieht man die fokussierende Linse. Sie erzeugt ein sehr kleines
umgekehrtes Bild auf einem unglaublich dichten Mosaik
von Lichtrezeptoren, die die Verteilung der Muster von Lichtenergie
in eine Sprache umwandeln, die das Gehirn lesen kann,
nämlich in elektrische Impulsketten.

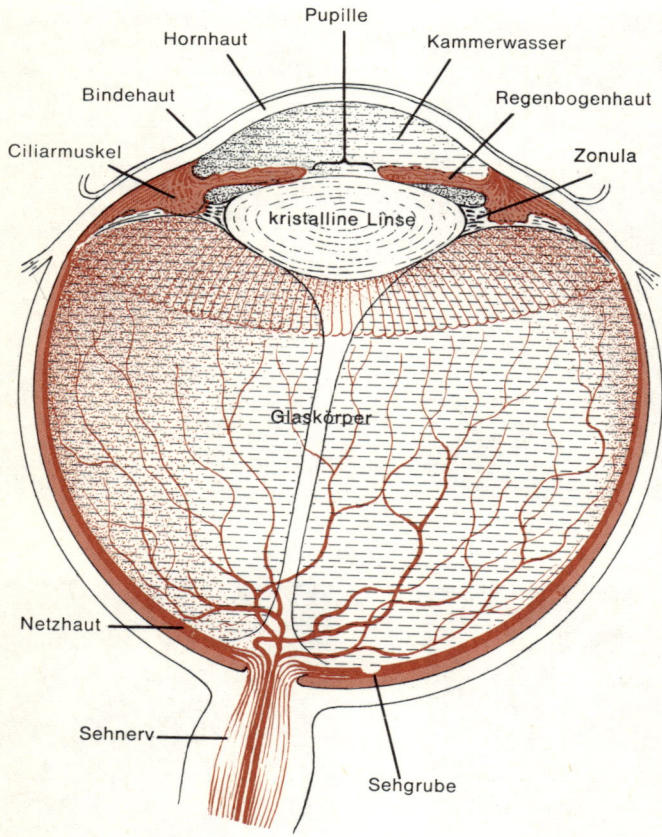

Pupille

Hornhaut

Kammerwasser

Bindehaut

Regenbogenhaut

Ciliarmuskel

Zonula

kristalline Linse

Glaskörper

Netzhaut

Sehnerv

Sehgrube

4 | Das Auge

Jeder Teil des Auges hat einen ganz speziellen Aufbau (Abb. 17). Die Perfektion des Auges als optisches Instrument zeigt die Bedeutung des Sehens im Kampf ums Dasein. Nicht nur die einzelnen Teile des Auges sind bewundernswert entworfen, auch ihre Gewebe sind speziell ausgebildet. Die Hornhaut beispielsweise besitzt keine Blutversorgung. Blutgefäße sind nicht erforderlich, da die Hornhaut durch das Kammerwasser ernährt wird. Die Hornhaut ist dadurch vom übrigen Körper gleichsam isoliert. Transplantationen von anderen Individuen bei Hornhautveränderungen sind deshalb möglich, da keine Antikörper die Hornhaut erreichen und zerstören wie bei den meisten anderen fremden Geweben.

Das System, eine entscheidende Struktur vom Blutstrom zu isolieren, findet sich nicht nur bei der Hornhaut. Es wird auch für die Linse verwandt. Auch hier würden Blutgefäße die optische Güte vermindern. Ebenso findet es sich, wenn auch aus anderen Gründen, in einem Teil des inneren Ohres. In der Schnecke, in der Schwingungen in neuronale Aktivität umgewandelt werden, ist eine bemerkenswerte Konstruktion: das Cortische Organ. Es besteht aus einer Reihe feiner Haare, die in Nervenzellen verankert sind, welche durch Schwingungen der Haare erregt werden. Auch das Cortische Organ hat keine Blutversorgung. Es wird durch die Flüssigkeit, mit der die Schnecke gefüllt ist, ernährt. Wären diese empfindlichen Zellen nicht vom Puls isoliert, würden wir taub. Die außerordentliche Empfindlichkeit des Ohres ist nur möglich, weil die entscheidenden Teile mit dem Blutstrom nicht in Berührung kommen. Dasselbe gilt für das Auge, allerdings aus anderer Ursache.

Durch fortwährende Sekretion und Absorption erneuert sich das Kammerwasser etwa alle vier Stunden einmal. Das sogenannte »Mückensehen« kann von Unreinheiten in der Augenflüssigkeit herrühren, die auf die Retina Schatten werfen und im Raum schwebend gesehen werden. (Es kann an »fliegende Untertassen« erinnern!)

Jeder Augapfel wird durch sechs äußere Muskeln in der Augenhöhle in der richtigen Position gehalten. Sie bewegen ihn beim Verfolgen bewegter Objekte und ermöglichen es, diese zu fixieren.

Beide Augen arbeiten zusammen, d. h., sie sind normalerweise auf das gleiche Objekt gerichtet. Beim Nahsehen müssen sie hierzu konvergieren. Neben den äußeren Augenmuskeln gibt es Muskeln innerhalb des Augapfels. Die Iris (Regenbogenhaut) ist ein ringförmiger Muskel, der die Pupille umgibt. Durch diese fällt das Licht auf die Linse, die direkt hinter der Pupille liegt. Der Irismuskel kontrahiert sich und verkleinert dadurch die Pupille bei hellem Licht, ebenso während der Konvergenz der Augen beim Nahsehen. Ein anderer Muskel kontrolliert die Fokaleinstellung der Linse. Wir werden später auf den Mechanismus und die Funktion von Linse und Iris näher eingehen. Beide bieten Überraschungen.

Die Linse. Es wird oft angenommen, die Linse diene dazu, die einfallenden Lichtstrahlen zu brechen, um ein Bild zu formen. Dies trifft zwar bei den Augen der Fische, nicht aber beim menschlichen Auge zu. Der Ort, an dem in unserem Auge das Licht zum Erzeugen eines Bildes am meisten gebrochen wird, ist nicht die Linse, sondern die Vorderfläche der Hornhaut. Der Grund dafür ist, daß die Brechkraft von Linsen durch die Differenz zwischen dem Refraktionskoeffizienten des umgebenden Mediums und dem des Linsenmaterials bestimmt wird. Der Refraktionskoeffizient des umgebenden Mediums der Luft ist niedrig, während der des Kammerwassers hinter der Hornhaut annähernd dem Refraktionskoeffizienten der Linse entspricht. Bei den Fischen wird die Hornhaut vom Wasser umspült. Das Licht tritt daher fast ungebrochen in das Auge ein. Fische haben eine sehr dichte und starre Linse. Sie ist kugelförmig und bewegt sich im Augapfel bei der Einstellung auf nahe und entfernte Objekte vor- bzw. rückwärts. Die Linse im menschlichen Auge ist ziemlich unwichtig für die Erzeugung eines Bildes, dagegen von großer Bedeutung für die Akkommodation. Diese wird nämlich nicht durch einen Positionswechsel der Linse (wie beim Fisch oder einer Kamera) verursacht, sondern durch eine Änderung der Linsenform. Der Krümmungsradius der Linse wird beim Nahsehen verkleinert und dadurch die Brechkraft der Linse und damit des gesamten optischen Systems einschließlich der Hornhaut erhöht. Die Linse besteht aus dünnen Lamellen wie eine Zwiebel und ist an einer Membran, der zonula, aufgespannt. Die Akkommodation erfolgt in einer sehr eigentümlichen Weise. Beim Nahsehen wird die Spannung der zonula vermindert, so daß die Linse eine mehr konvexe Form einnehmen kann. Die Spannung wird dabei durch Kontraktion des Strahlenkörpermuskels vermindert. Die Konvexität der Linse nimmt also beim Nahsehen durch Kontraktion und nicht durch Dilatation eines Muskels zu, was durchaus ungewöhnlich ist.

Die embryonale und spätere Entwicklung der Linse ist von besonderem Interesse. Sie hat im mittleren Lebensalter unerwünschte Folgen. Die Linse wird während des ganzen Lebens vom Zentrum her durch fortwährende Anlagerung neuer Zellen aufgebaut. Allerdings wird dieser Vorgang stetig langsamer. Das Zentrum ist also der älteste Teil. Seine Zellen werden immer weiter vom Blutkreislauf, der sie mit Sauerstoff und Nährstoffen versorgt, getrennt und gehen zugrunde. Die toten Zellen verlieren ihre Elastizität, und die Linse wird zu starr und kann ihre Form zur Akkommodation auf verschiedene Entfernungen nicht mehr verändern. In seinem großartigen Buch *The Vertebrate Eye* (Das Wirbeltierauge) äußert Gordon WALLS hierzu: »Die Linse ist deshalb einzigartig unter den Organen des Körpers, weil ihre Entwicklung niemals aufhört und ihre Vergreisung schon vor der Geburt beginnt.« Die Abb. 18 zeigt dies ganz klar. Man sieht, wie die Akkommodation im Alter nachläßt, wenn die Zellen in der Linse absterben und wir durch ihre Reste sehen.

Man kann die Änderung der Linsenform bei einem anderen Menschen beobachten, während er für verschiedene Entfernungen akkommodiert. Außer einer kleinen Lichtquelle, z. B. einer Taschenlampe, erfordert dies keinen besonderen Apparat. Hält man das Licht in einer geeigneten Position, dann sieht man dessen Spiegelbild im Auge. Man sieht jedoch nicht nur ein Bild, sondern drei Bilder. Denn das Licht wird nicht nur von der Hornhaut, sondern auch von der Vorder- und Rückseite der Linse reflektiert. Verändert sich die Linsenform, so ändern sich die Bildgrößen. Die vordere Linsenoberfläche gibt ein großes, ziemlich dunkles aufrechtes Bild, die hintere Oberfläche dagegen ein kleines, helles umgekehrtes Bild. Das Prinzip kann mit einem einfachen Löffel veranschaulicht werden. Von der hinteren, konvexen Oberfläche wird ein großes aufrechtes Bild reflektiert, von der inneren, konkaven Oberfläche ein kleines umgekehrtes Bild. Die Bildgröße ist verschieden bei einem großen Suppenlöffel und einem kleinen Teelöffel, was mit der Krümmung der Augenlinse beim Sehen in der Nähe und in der Ferne korrespondiert. Man nennt diese Bilder in den Augen PURKINJEsche Bilder. Sie werden zu experimentellen Studien der Akkommodation ausgenutzt.

Die Iris (Regenbogenhaut). Die Iris ist pigmentiert und zeigt eine reiche Farbskala. Doch an der Farbe der Augen eines Menschen sind eher

18 *(Oben)* Akkommodationsverlust der Linse mit zunehmendem Alter. Die Linse wird allmählich starr und kann ihre Form nicht mehr verändern. Bifokale Brillen können den Verlust der Akkommodation durch Wechsel der Brennweite ausgleichen.

19 *(Unten)* Auge *a* kann nicht in das Auge *b* sehen. Unser eigenes Auge gerät stets in den Weg des Lichtes und verhindert, daß dieses den Teil der Netzhaut erreicht, auf dem das Bild erzeugt werden könnte.

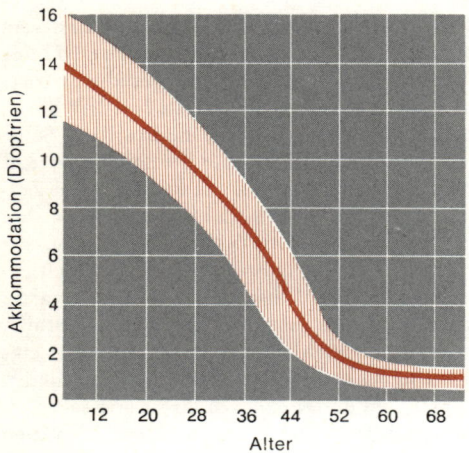

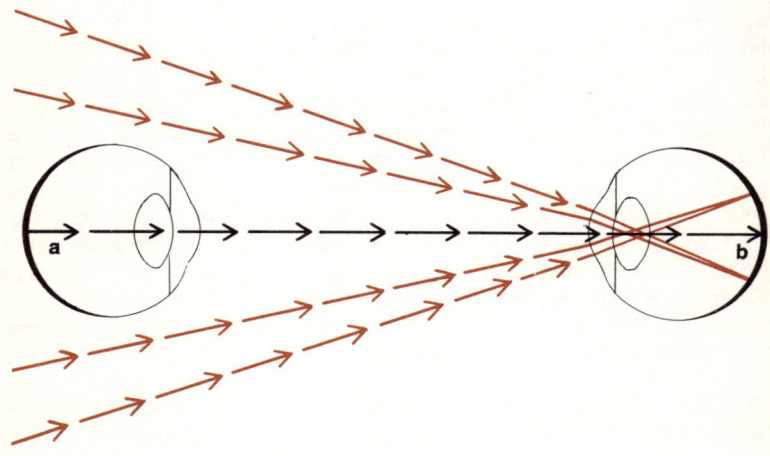

20 Irisoszillationen durch einen Lichtstrahl. Wenn sich die Iris etwas
erweitert, erreicht mehr Licht die Netzhaut, was wiederum das Signal
zu ihrer Verengerung auslöst. Doch wenn die Iris sich nun verengert,
erreicht weniger Licht die Netzhaut, wodurch eine erneute Irisöffnung
hervorgerufen wird. Die Iris oszilliert auf diese Weise. Aufgrund der
Frequenz und Schwingungsamplitude kann das Kontrollsystem der Iris
regeltechnisch beschrieben werden.

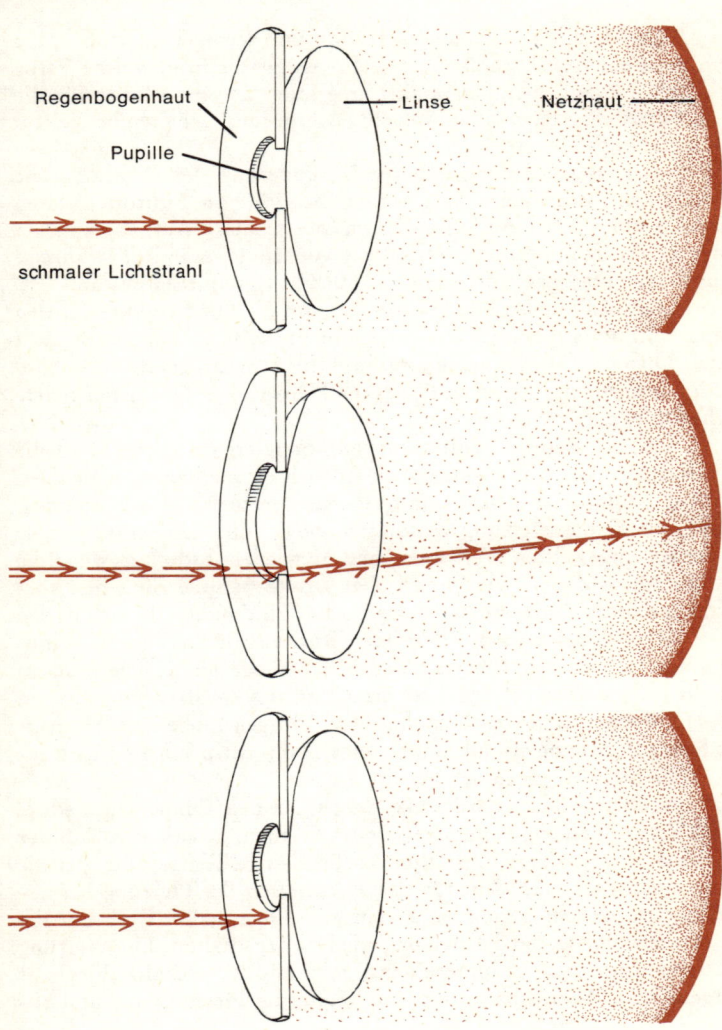

Regenbogenhaut

Pupille

Linse

Netzhaut

schmaler Lichtstrahl

Dichter, Liebende und Genetiker interessiert und weniger diejenigen, die die Funktion des Auges studieren. Hierfür ist gleichgültig, welche Farbe die Iris hat. Sie muß lediglich opak genug sein, um eine Blende für die Linse darzustellen. Augen ohne Pigment (Albinismus) arbeiten bei hellem Licht unzulänglich.

Zuweilen wird angenommen, daß die Veränderung der Pupillengröße dazu dient, daß das Auge einen weiten Bereich von Lichtintensitäten ausnützen kann. Dies kann jedoch kaum ihre primäre Aufgabe sein, da sich ihre Fläche nur in einem Verhältnis von 16:1 verändert, während das Auge einen Helligkeitsbereich von 100 000 : 1 zu nützen imstande ist. Es scheint, daß sich die Pupille kontrahiert, um die Lichtstrahlen auf den zentralen und optisch besten Teil der Linse zu beschränken, sofern nicht die ganze Öffnung für maximale Empfindlichkeit erforderlich ist. Ebenso wird die Linse für das Sehen in der Nähe kleiner, was die Tiefenschärfe für nahe Objekte erhöht.

Jedes System, das äußere Veränderungen korrigiert (in diesem Fall die Lichtintensität), läßt den Ingenieur an einen Regelmechanismus denken. Ein solcher ist uns vom Thermostaten der Zentralheizung her vertraut, der automatisch die Heizung einschaltet, wenn die Temperatur unter einen vorher eingestellten Wert sinkt, und sie wieder abschaltet, wenn die Temperatur über diesen Wert steigt. Das älteste Beispiel für einen vom Menschen gebauten Regelmechanismus ist die Windmühle, die sich in den Wind stellt und dessen sich ändernder Richtung mittels ihrer Windfahne folgt, welche das Oberteil der Mühle über ein Getriebe nachdreht. Ein raffinierteres Beispiel ist die automatische Steuerung, die ein Flugzeug auf dem korrekten Kurs und der richtigen Höhe hält. Sie registriert Kursabweichungen und nimmt selbständig entsprechende Korrekturen an den Steuerorganen der Maschine vor.

Um auf den Thermostaten zurückzukommen, der den Temperaturwechsel in einem Zentralheizungssystem registriert: Man stelle sich vor, daß der Unterschied zwischen dem Einstellpunkt für niedere Temperatur, der die Heizung einschaltet, und dem für das Ausschalten der Heizung bei höherer Temperatur sehr gering ist. Kaum daß eingeschaltet ist, steigt die Temperatur genügend, um die Heizung wieder abzuschalten. Die Heizung würde dann so lange schnell hintereinander ein- und ausgeschaltet, bis etwas kaputtgeht. Aus der Beobachtung, wie häufig die Heizung an- und ab-

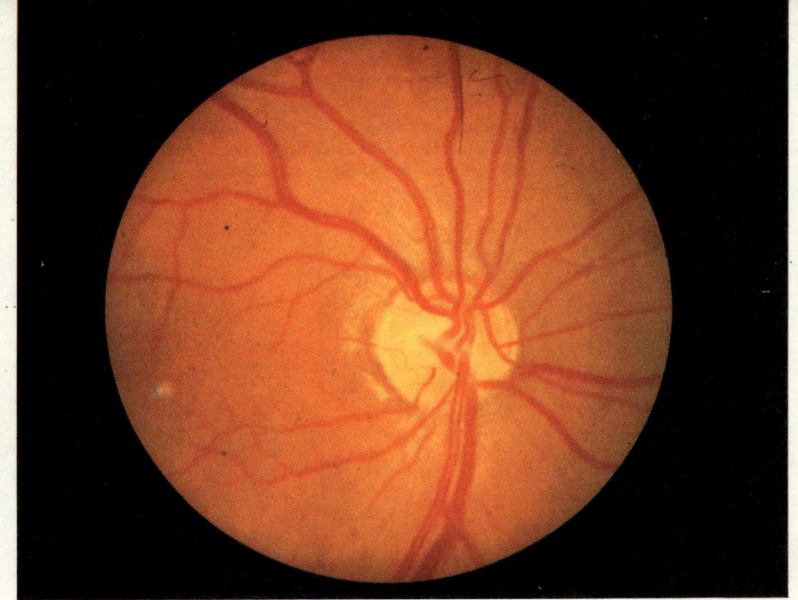

schaltet, und aus der Feststellung der Amplitude der Temperaturschwankung könnte ein Ingenieur sehr viel über die Arbeitsweise des Regelsystems folgern. Und unter solchen Gesichtspunkten wurden einige subtile Experimente ausgeführt, um zu erfahren, wie der Regelmechanismus der Iris arbeitet.

Die Iris kann in eine Art Schwingung versetzt werden, wenn man einen engen Lichtstrahl so in das Auge wirft, daß er gerade den Rand der Iris passiert (Abb. 20). Wenn sich daraufhin die Iris etwas schließt, wird der Strahl zum Teil ausgeschlossen, und die Retina erhält weniger Licht, was wieder zur Erweiterung der Iris führt. Sobald sie sich jedoch erweitert hat, fällt erneut mehr Licht auf die Retina, und die Iris beginnt sich zu schließen, bis das nächste Öffnungssignal kommt. Die Iris wird unter diesen Bedingungen also dauernd größer und kleiner. Durch Messung der Frequenz und Schwingungsamplitude der Iris kann über das kontrollierende neuronale Regelsystem viel gelernt werden.

Die Pupille. Diese ist natürlich kein Organ. Sie ist ein Loch, das durch die Iris gebildet wird und durch das das Licht zur dahinterliegenden Linse und von dort als Bild auf die Retina gelangt. Die menschliche Pupille ist rund. Es gibt jedoch eine große Vielfalt von Pupillenformen, und

22 Das Prinzip des von HELMHOLTZ erfundenen Augenspiegels (Ophthalmoskop). Durch Reflexion von einem halbversilberten Spiegel fällt das Licht in das beobachtete Auge, und der Beobachter sieht durch den halbdurchlässigen Spiegel in das Innere des Auges. (Tatsächlich sieht er heute meistens oberhalb eines Lichtstrahls entlang, der durch ein Prisma in das Auge geworfen wird. Dadurch wird der Lichtverlust an dem halbdurchlässigen Spiegel vermieden.)

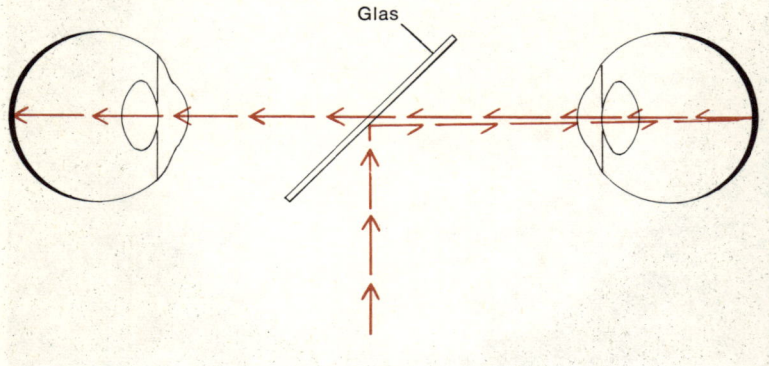

Glas

die runde ist ziemlich ungewöhnlich. Aus unbekannten Gründen haben die Augen von Nachttieren eine schlitzförmige Pupille, wie wir sie von den Katzen kennen.

Die Pupille erscheint schwarz. Wir können durch sie nicht in das Auge eines anderen Menschen sehen. Das erfordert eine Erklärung, denn die Retina ist nicht schwarz, sondern rötlich, und es ist in der Tat eigenartig, daß wir zwar aus der Pupille heraus, aber nicht durch sie in ein anderes Auge hineinsehen können. Der Grund dafür ist, daß die Linse im Auge einer anderen Person das Licht je nach Einfallsrichtung auf ganz bestimmte Gebiete der Retina fokussiert. Das Auge des Beobachters gerät deshalb stets in den Weg des Lichtes, welches auf den Teil der Retina fallen würde, der gesehen werden soll (Abb. 19). HELMHOLTZ ersann eine einfache Vorrichtung (Ophthalmoskop), mit der sich in ein anderes Auge sehen läßt. Der Trick dabei ist, einen Lichtstrahl so zu richten, daß er sich mit der Beobachtungsrichtung deckt (Abb. 22). Bei Anwendung dieser Vorrichtung sieht die Pupille nicht mehr schwarz aus. Man kann durch sie vielmehr die lebende Retina betrachten und auf deren Oberfläche die Blutgefäße wie einen großen roten Baum mit vielen Zweigen sehen.

23 Die Muskeln, die das Auge bewegen. Der Augapfel in der Augenhöhle wird durch sechs Muskeln gehalten. Sie bewegen das Auge beim Blicken in verschiedene Richtungen und ermöglichen auch die Konvergenz der beiden Augen bei der Tiefenwahrnehmung. Sie sind dauernd angespannt (tonisiert) und bilden ein sehr fein ausgewogenes System, welches bei Störungen Bewegungstäuschungen verursachen kann.

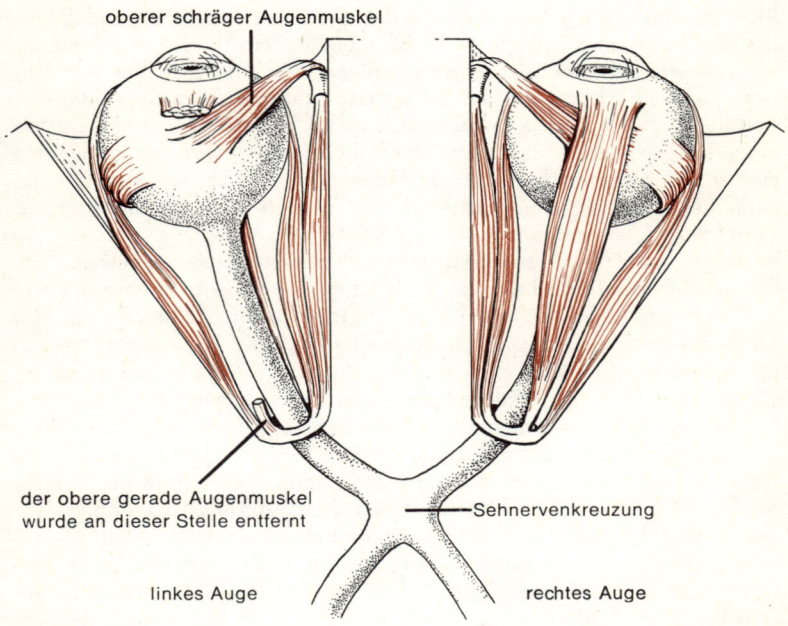

oberer schräger Augenmuskel

der obere gerade Augenmuskel
wurde an dieser Stelle entfernt

Sehnervenkreuzung

linkes Auge   rechtes Auge

Augenbewegungen

Jedes Auge wird von sechs Muskeln bewegt (Abb. 23). Die ungewöhnliche Anordnung des oberen schrägen Augenmuskels ist aus der Abbildung ersichtlich. Seine Sehne wird durch eine knöcherne Öse am Schädel umgelenkt, bevor sie am Augapfel angreift. Die Augen sind in steter Bewegung, und sie bewegen sich auf verschiedene Weise. Wenn die Augen bei der Objektsuche hin- und herblicken, bewegen sie sich ganz anders, als wenn sie einem bewegten Objekt folgen. Beim Suchen machen sie kleine ruckartige Bewegungen. Das Verfolgen eines Objektes geschieht gleichmäßig. Die Augenrucke werden als *saccades,* als sakkadierende Bewegungen bezeichnet (nach einem alten französischen Wort, das das

Flattern eines Segels bedeutet). Neben diesen beiden Bewegungsabläufen besteht ununterbrochen ein hochfrequenter feinschlägiger Tremor.

Augenbewegungen können in verschiedener Weise festgehalten werden: Man kann sie filmen, die durch sie verursachten kleinen Spannungsänderungen um die Augen aufzeichnen oder auch (besonders genau) mittels eines Spiegels, der an einer Kontaktschale befestigt ist, registrieren. Wird eine solche Kontaktschale auf die Hornhaut gebracht, so kann ein von dem Spiegel reflektierter Lichtstrahl auf einen kontinuierlich bewegten Film fotografiert werden.

Es zeigt sich, daß die unwillkürlichen tremorartigen Augenbewegungen für das Sehen erforderlich sind. Man kann nämlich ein Bild auf der Retina so fixieren, daß es sich bei jeder Augenbewegung mitbewegt und dadurch auf der gleichen Retinastelle projiziert bleibt. Ein derartig optisch stabilisiertes Bild (Abb. 24) verschwindet nach wenigen Sekunden. Es scheint also, daß die Funktion der Augenbewegungen zum Teil darin besteht, das Bild rasch über die Rezeptoren zu verschieben, damit diese nicht adaptieren und nicht aufhören, dem Gehirn das Bild zu signalisieren. Aber auch hier findet sich ein interessantes Problem: Wenn wir ein weißes Blatt Papier betrachten, werden die Bildränder des Papiers auf der Retina hin und her verschoben und die Reizeffekte dadurch erneuert. Im Zentrum des Bildes haben diese kleinen Bewegungen jedoch keinen Effekt. Denn hier werden lediglich Flächen gleicher Helligkeit ausgetauscht. Eine Änderung der Reizsituation durch die unwillkürlichen schnellen Augenbewegungen erfolgt also hier nicht. Trotzdem verblaßt der mittlere Teil des Papiers nicht. Das läßt annehmen, daß Ränder und Umrisse für die Wahrnehmung sehr wichtig und Signale von einem großen Gebiet gleicher Helligkeit weniger interessant sind. Der visuelle Apparat extrapoliert und füllt offenbar selbständig Strukturgrenzen aus.

Es wird oft angenommen, daß der Lidschlag ein Reflex ist, der von der Hornhaut eingeleitet wird. Für den normalen Lidschlag trifft das nicht zu, obgleich er durch eine Hornhautreizung oder durch plötzlichen Wechsel in der Beleuchtung ausgelöst werden kann. Der normale Lidschlag erfolgt ohne äußeren Reiz. Er wird durch Signale vom Gehirn vermittelt. Die Häufigkeit der Lidschläge nimmt bei starker Beanspruchung und in Erwartung einer schwierigen Aufgabe zu. In Perioden erhöhter geistiger Anspannung fällt sie unter den Durchschnitt. Die Lidschlagfolge kann geradezu als Indikator für Aufmerksamkeit und Konzentration bei einer Aufgabe bezeichnet werden. Bei jedem Lidschlag sind wir blind, ohne es jedoch wahrzunehmen.

Die Retina (Netzhaut)

Der Name Retina bedeutet Netz- oder Spinnengewebehaut. Er leitet sich von der Anordnung der Blutgefäße her.

Die Retina besteht aus einer dünnen Schicht von miteinander verbundenen Nervenzellen einschließlich der lichtempfindlichen Stäbchen- und Zapfenzellen, welche Licht in elektrische Impulse, d. h. die Sprache des Nervensystems umwandeln. Die Netzhaut wurde nicht von vornherein als Ausgangspunkt der Sehempfindung angesehen. Vielmehr haben die Griechen angenommen, daß die Retina den Glaskörper mit Nährstoffen versorgt. GALEN und viele spätere Autoren hielten die Linse für die Quelle der Sehempfindung. Die Araber des Mittelalters — die Hüter des klassischen Wissens — betrachteten die Retina als Übermittler des Lebensgeistes, des *Pneuma*.

Als erster erkannte 1604 der Astronom KEPLER die wahre Funktion der Retina als eine Art Leinwand, auf der das von der Linse erzeugte Bild abgebildet wird. Diese Hypothese wurde 1625 von SCHEINER experimentell geprüft. Er entfernte die äußeren Hüllen (die Leder- und Aderhaut) von der Hinterseite eines Ochsenauges, so daß die Retina allein als eine halbdurchsichtige Membran zurückblieb. SCHEINER sah auf der Retina des Ochsenauges ein kleines umgekehrtes Bild.

Die Fotorezeptoren wurden erst entdeckt, nachdem das Mikroskop entwickelt und systematisch benutzt worden war. Sie wurden zuerst, aber etwas ungenau, um 1835 von TREVIRANUS beschrieben. Es scheint, daß seine Beobachtungen durch das, was er zu sehen erwartete, beeinflußt waren. Denn er berichtete, daß die Fotorezeptoren auf der Oberfläche der Retina, d. h. dem Licht zugewandt angeordnet sind. Seltsamerweise ist das nicht der Fall. Im Gegensatz zu den Cephalopoden liegen bei den Säugetieren die Rezeptoren auf der dem Licht abgewandten Seite der Retina hinter den Blutgefäßen. Das bedeutet, daß das Licht durch die Blutgefäße und das feine Netzwerk der Nervenfasern — einschließlich

24 Eine einfache Anordnung, um das Netzhautbild optisch
zu stabilisieren. Das Objekt (ein kleines Diapositiv) wird auf einer
Kontaktlinse vor dem Auge getragen und bewegt sich dadurch ständig genau
mit dem Auge mit. Nach wenigen Sekunden wird das Auge gegenüber
dem stabilisierten Bild blind, einige Teile verblassen vor den anderen.
Die Methode wurde von R. PRITCHARD angegeben.

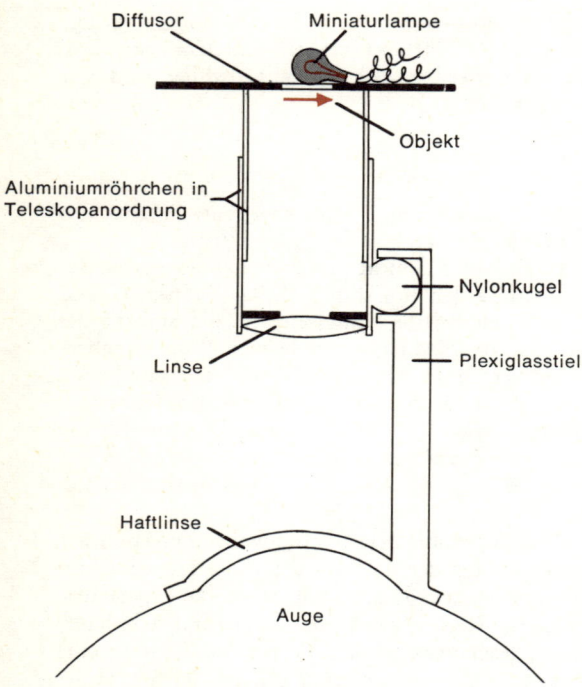

dreier Schichten von Zellkörpern und einer Menge Stützgewebe — hindurchtreten muß, ehe es die Rezeptoren erreicht. Optisch ist die Retina also verkehrt herum angelegt. Sie entspricht etwa einem umgekehrt eingelegten Kamerafilm (Abb. 25).

Die Retina wurde als ein Auswuchs des Gehirns beschrieben. Sie ist ein besonders ausgebildeter Teil der Gehirnoberfläche, der nach außen verlagert und lichtempfindlich wurde. Dabei enthält sie weiter typische Gehirnzellen, die zwischen den Rezeptoren und den Sehnervenfasern in der Vorderschicht der Retina liegen und die elektrische Aktivität von den Rezeptoren stark modifizieren. Ein Teil der Datenverarbeitung für die

25   Die Netzhaut. Das Licht erreicht die lichtempfindlichen Rezeptoren (Stäbchen und Zapfen) erst, nachdem es durch Schichten von Blutgefäßen, Nervenfasern und Stützgewebe gefallen ist. Diese Rezeptoren liegen auf der Rückseite der Netzhaut, welche also funktionell »verkehrt« herum angelegt ist. In Wirbeltieraugen ist der Sehnerv nicht direkt mit den Rezeptoren verbunden. Zwischen Rezeptor und Sehnerv liegen drei Zellschichten, die entwicklungsgeschichtlich als in das Auge verlagerte Hirnteile aufzufassen sind.

Wahrnehmung findet so schon im Auge statt, welches deshalb auch funktionell zu einem wichtigen Teil des Gehirns wird.

Es gibt zwei Arten von Lichtrezeptoren: die Stäbchen und die Zapfen, wie sie nach ihrem Aussehen im Mikroskop bezeichnet wurden. An der Peripherie der Retina sind sie klar zu unterscheiden. Im Zentrum, der *Fovea* (Sehgrube), liegen die Zapfen jedoch außerordentlich dicht zusammen und sehen aus wie Stäbchen.

Die Zapfen arbeiten unter Tageslichtbedingungen und sind für das Farbensehen verantwortlich. Bei geringer Beleuchtung ist hauptsächlich die Funktion der Stäbchen wichtig. Die Stäbchen übertragen lediglich Helligkeitsunterschiede. Das Tagessehen durch Vermittlung der Zapfen nennt man »photopisch«. Die graue Welt, die die Stäbchen im Dämmerlicht übermitteln, wird »skotopisch« genannt.

Man kann fragen, woher wir wissen, daß die Zapfen, und nur die Zapfen, das Farbensehen vermitteln. Dies läßt sich einmal aus Untersuchungen verschiedener Tieraugen schließen, bei denen das Verhältnis zwischen Stäbchen und Zapfen mit der Fähigkeit, Farben im Verhaltensexperiment zu unterscheiden, verglichen wurde. Zum anderen ergibt es sich aus der Tatsache, daß an der Peripherie der menschlichen Retina, wo keine Farben unterschieden werden können, nur sehr wenig Zapfen zu finden sind. Es ist interessant, daß im Bereich der höchsten Zapfendichte, der Sehgrube, zwar die beste Auflösung und Farbunterscheidung besteht, daß die primitiveren Stäbchenregionen der Retina aber wesentlich empfindlicher sind. (Astronomen benützen deshalb nicht die Sehgrube, wenn sie einen lichtschwachen Stern sehen wollen, sondern schauen an dem Stern vorbei, um das Bild des Sternes auf ein stäbchenreiches Gebiet der Retina zu projizieren).

Vom Zentrum der menschlichen Retina zu ihrer Peripherie bewegt man sich gleichsam in der Entwicklung zurück: von der Funktion des hochorganisierten zu der des primitiven Auges, welches nur einfache Helligkeitsunterschiede wahrnehmen kann. Der äußerste Rand der Retina verursacht nicht einmal mehr eine Empfindung bei einem bewegten Reiz. Er leitet lediglich einen Reflex ein, der das Auge auf das bewegte Objekt richtet, damit es mit dem besser entwickelten Sehgrubenbereich gesehen werden kann.

Rezeptorgröße und Dichte ihrer Anordnung werden erst wichtig, wenn wir die Fähigkeit des Auges, feine Einzelheiten zu unterscheiden, betrachten. Wir zitieren hierzu aus POLYAKS hervorragendem Buch *The Retina:* »Das Zentrum, in dem die Zapfen ungefähr gleich dick sind, hat einen Durchmesser von ungefähr 100 μ (Mikron oder 1 millionstel Meter), was 20 Bogenminuten oder dem Drittel eines Bogengrades entspricht. Es enthält gewöhnlich 50 Zapfen in einer Reihe. Dieses Gebiet scheint nicht völlig rund, sondern elliptisch zu sein. Die Längsachse liegt horizontal. Es enthält insgesamt etwa 2000 Zapfen. Die Größe jeder der 2000 Rezeptor-Konduktor-Einheiten beträgt im Durchschnitt 24 Bogensekunden. Die Größe der Einheiten variiert jedoch sogar in diesem Gebiet. Die am zentralsten gelegenen messen kaum mehr als 20 Bogensekunden oder sogar weniger. Von diesen kleinsten funktionellen Rezeptoreinheiten gibt es nur wenige, vielleicht nicht mehr als ein oder zwei Dutzend. Die angegebene Größe der Einheiten schließt die dazwischenliegenden Isolierschichten mit ein, die die nebeneinanderliegenden Zapfen voneinander trennen.«

Es ist der Mühe wert, sich die Größe der Rezeptoren einmal vorzustellen. Der kleinste von 1 Mikron hat eine Größe von ungefähr der doppelten Wellenlänge des roten Lichtes. Und dennoch ist die Sehschärfe des Falken viermal so groß wie die des Menschen.

Die Anzahl der Zapfen entspricht ungefähr der Einwohnerzahl von New York einschließlich seiner Vorstädte. Könnte man die gesamte Bevölkerung der USA auf einer Briefmarke unterbringen, so würde sie die Stäbchen einer einzigen Retina repräsentieren. Für die Gehirnzellen ist ein solcher Vergleich noch eindrucksvoller. Auf die Größe von Nervenzellen reduziert, würde die gesamte Erdbevölkerung nur eine hohle Hand füllen. Damit wäre ihre Zahl aber immer noch wesentlich geringer als die Zellenzahl eines einzigen Gehirns.

Das Fotopigment der Retina wird durch helles Licht gebleicht. Diese Bleichung erregt durch einen noch völlig geheimnisvollen Prozeß die Nerven. Danach benötigt die fotochemische Substanz einige Zeit, um sich zu regenerieren. Der dabei beteiligte retinale chemische Zyklus wird jetzt verstanden, und zwar hauptsächlich durch die Forschungen von Dr. Gordon WALLS. Wenn in einem Gebiet das Fotopigment gebleicht ist, ist dieser Bereich weniger empfindlich als das der Umgebung. Und dies verursacht Nachbilder. Wurde das Auge durch ein helles Licht adaptiert (z. B. durch das Fixieren einer Glühbirne oder noch besser durch ein Blitzlicht), so wird ein dunkler Fleck von der Form des adaptierenden Lichtes im Raum schwebend gesehen. Er ist dunkel, wenn er gegen eine helle Oberfläche z. B. einer Wand gesehen wird. Dagegen erscheint er im Dunkeln in den ersten Sekunden hell. Dies wird als positives Nachbild bezeichnet und entspricht einer weiter anhaltenden Aktivität der Retina und des Sehnerven nach einem hellen Lichtreiz. Der dunkle Schatten wird negatives Nachbild genannt. Er entsteht durch die infolge der Bleichung des Fotopigments relativ zur Umgebung verminderte Empfindlichkeit des stimulierten Retinabezirks.

Zwei Augen

Viele Körperorgane sind doppelt angelegt. Augen und Ohren sind aber nicht nur doppelt vorhanden, sondern sie arbeiten auch sehr eng zusammen. Sie teilen und vergleichen Informationen; sie vollbringen zusammen Leistungen, die für ein Auge oder ein Ohr allein unmöglich wären.
Die Bilder in den Augen liegen auf den gekrümmten Oberflächen der Netzhäute. Trotzdem sind sie zweidimensional aufzufassen. Das visuelle System besitzt aber die bemerkenswerte Fähigkeit, die geringe Verschiedenheit der beiden Bilder zur Erzeugung der Tiefenwahrnehmung, d. h. des räumlichen Sehens zu benutzen.
Beim Menschen sind die Augen nach vorn gerichtet. Ihre Gesichtsfelder entsprechen sich weitgehend. Das ist nicht die Regel bei den Wirbeltieren, denn im allgemeinen sind die Augen seitlich am Kopf mit entgegengesetzter Sehrichtung angeordnet. Die Verlagerung der Augen von seitlich nach frontal begann, als eine genaue Beurteilung der Entfernung erforderlich wurde, d. h., als die Säugetiere Vorderglieder entwickelten, mit denen sie Gegenstände halten und handhaben oder nach Baumzweigen greifen konnten. Für im Wald lebende Tiere, die von Ast zu Ast springen, ist die schnelle und genaue Beurteilung der Entfernung naher Objekte notwendig. Die Zusammenarbeit beider Augen und damit die Möglichkeit zum räumlichen Sehen ist bei ihnen hoch entwickelt. Tiere wie die Katze haben zwar frontal angeordnete Augen, die auch zusammenarbeiten. Die Dichte der Rezeptoren ist bei ihnen jedoch fast auf der ganzen Retina gleich. Eine Sehgrube ist noch nicht angelegt. Sie wird erst bei

26 Die Augen konvergieren auf das jeweilige Objekt, das betrachtet wird. Die Netzhautabbildung wird dadurch auf die Sehgruben *(Foveae)* zentriert. In *a* konvergieren die Augen auf ein nahes Objekt, in *b* auf ein etwas entfernteres. Der Konvergenzwinkel wird als Entfernungsinformation zum Gehirn signalisiert und entspricht damit einem Entfernungsmesser.

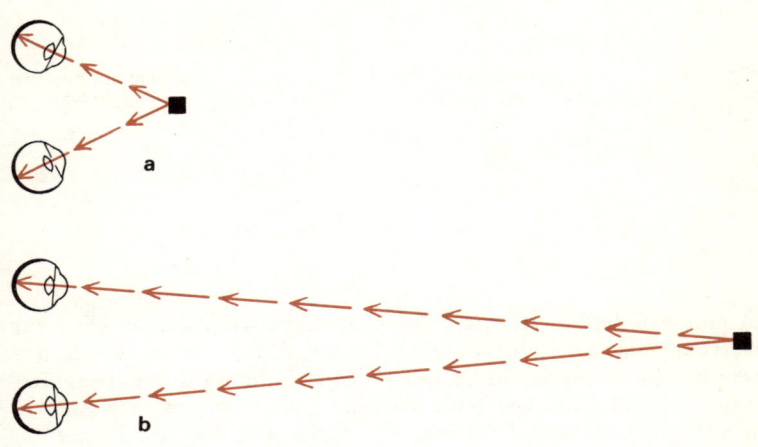

Vögeln und den auf Bäumen lebenden Affen gefunden, bei denen eine genaue Tiefenwahrnehmung unerläßlich ist und die deshalb über gutausgebildete Sehgruben und eine genaue Kontrolle der Augenbewegungen verfügen. Eine Tiefenwahrnehmung von Bewegungen ist auch durch die beiden Facettenaugen der Insekten möglich. Sie ist bei Insekten, z. B. bei der Libelle, die ihre Beute im Flug fängt, hoch entwickelt. Die Facettenaugen sind aber nicht beweglich, und der Mechanismus für das räumliche Sehen ist viel einfacher als bei Affen und Menschen, wo verschieden entfernte Objekte durch Konvergenz der Augen auf der Sehgrube abgebildet werden müssen.

Konvergenz oder Entfernungsbeurteilung, Tiefenwahrnehmung

Die Abb. 26 zeigt, wie sich die Augen zum Betrachten naher Objekte nach innen drehen. Der jeweils erforderliche Konvergenzwinkel wird dabei zum Entfernungsmaß, das zum Gehirn weitergeleitet wird. Dies ist jedoch nur einer der zur Tiefenwahrnehmung beitragenden Mechanismen.

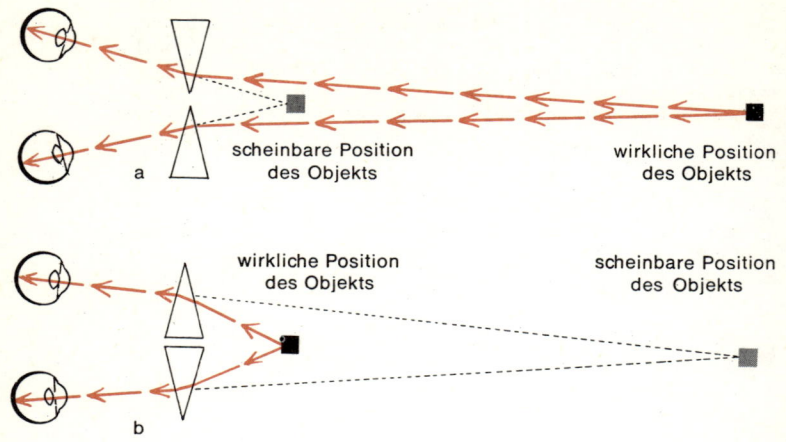

scheinbare Position des Objekts

wirkliche Position des Objekts

a

wirkliche Position des Objekts

scheinbare Position des Objekts

b

Ein einfacher Versuch zeigt, daß der Konvergenzwinkel unmittelbar zur Entfernungsanzeige verwandt wird. Aus der Abb. 27 ist ersichtlich, was geschieht, wenn das in die Augen fallende Licht durch ein geeignetes Prismenpaar so gebrochen wird, daß die Augen konvergieren müssen, um entfernte Objekte auf der Sehgrube abzubilden. Sind die Prismen so ausgerichtet, daß der Konvergenzwinkel verringert wird (Abb. 27 a), dann erscheinen die Objekte näher und größer. Vergrößern die Prismen dagegen den Konvergenzwinkel, so erscheinen die Objekte entfernter und kleiner. Die Tiefenwahrnehmung wird also teilweise durch die Augen ermöglicht, indem der Konvergenzwinkel die Entfernung wie ein Entfernungsmesser anzeigt.

Entfernungsmesser haben jedoch eine entscheidende Begrenzung: Sie können immer nur die Entfernung eines Objektes zur gleichen Zeit anzeigen, und zwar des Objektes, dessen Bilder durch Konvergenz gerade in Deckung gebracht werden. Um die Entfernung von vielen Objekten gleichzeitig messen zu können, ist ein ganz anderes Meßverfahren notwendig. Das Sehsystem hat einen solchen Mechanismus entwickelt, der jedoch vom Gehirn sehr sorgfältige Rechenvorgänge erfordert.

Disparation und Tiefenwahrnehmung

Der Abstand zwischen den Augen beträgt ungefähr 7 cm. Sie erhalten daher etwas verschiedene Bilder. Das kann sehr deutlich beobachtet werden, wenn man abwechselnd zuerst das eine und dann das andere Auge schließt. Jedes nahe Objekt scheint sich im Vergleich zu entfernteren Objekten seitwärts zu verschieben und zu verdrehen, wenn es einäugig gesehen wird. Dieser geringe Unterschied zwischen den Bildern wird Disparation genannt. Sie führt zur Raumwahrnehmung durch stereoskopisches Sehen, wie dies auch im Stereoskop, einem nützlichen Forschungsinstrument, geschieht.

Das Stereoskop ist ein einfaches Instrument, in dem man zwei beliebige Bilder jedem Auge getrennt gleichzeitig darbieten kann. Gewöhnlich sind diese Bilder Stereopaare, welche mittels zweier Kameras gemacht werden, die einen Augenabstand voneinander entfernt sind. Sie ergeben dadurch die Disparation, welche das Gehirn für das räumliche Sehen benutzt. Mit dem Stereoskop kann untersucht werden, wie die Augen die Disparation für das Tiefensehen ausnutzen. (Das Stereoskop war ein beliebtes viktorianisches Spielzeug. Unglücklicherweise wurden aber damals fotografische Motive gewählt, die, obgleich technisch hervorragend geeignet, so starke Opposition erregten, daß das Stereoskop aus dem viktorianischen Salon verbannt wurde — ein Schlag, von dem es sich nie mehr erholt hat.)

Stereobilder können umgekehrt angeboten werden — dem rechten Auge das zum linken Auge gehörende Bild und umgekehrt —, was zu einer umgekehrten Tiefenwahrnehmung führen kann. Allgemein gesagt tritt die Tiefenumkehrung beim pseudoskopischen Sehen (wie es genannt wird) auf, wenn die Tiefenumkehrung des Bildes der gewohnten Wahrnehmung nicht grob widerspricht. Gesichter von Menschen werden keine Umkehrung zeigen (die Nase wird nicht als Höhle gesehen), dagegen erscheint die Position unabhängiger Gegenstände oft in umgekehrter Tiefenrelation, wenn die Augen »vertauscht« werden.

Es ist einfach, die Augen optisch zu wechseln, so daß die Welt mit vertauschten Augen gesehen wird. Ein zu diesem Zweck entworfenes Gerät nennt man Pseudoskop (Abb. 28).

Das Stereosehen ist nur eine von vielen Möglichkeiten, mit der wir räumlich wahrnehmen können, und es ist nur bei verhältnismäßig nahen Objekten auszunützen. Bei entfernteren Gegenständen verringert sich der Bildunterschied, so daß sie praktisch identisch werden. Für Entfernungen von mehr als etwa 6 m sind wir effektiv einäugig.

Das Gehirn muß »wissen«, welches Auge welches ist, denn sonst würde die Tiefenwahrnehmung nicht eindeutig. Ebenso würde die Umkehrung

28 Vertauschung der Augen mittels Spiegel. *Oben:* Das Pseudoskop verursacht eine Umkehrung der Tiefenwahrnehmung, vorausgesetzt, daß die Tiefenanordnung etwas doppeldeutig ist. *Mitte:* Ein Telestereoskop vergrößert effektiv den Augenabstand. *Unten:* Ein Mikrostereoskop vermindert die Entfernungswahrnehmung unabhängig von den Augen. Diese Anordnungen werden für die Untersuchung von Konvergenz und Disparation bei der Tiefenwahrnehmung verwendet.

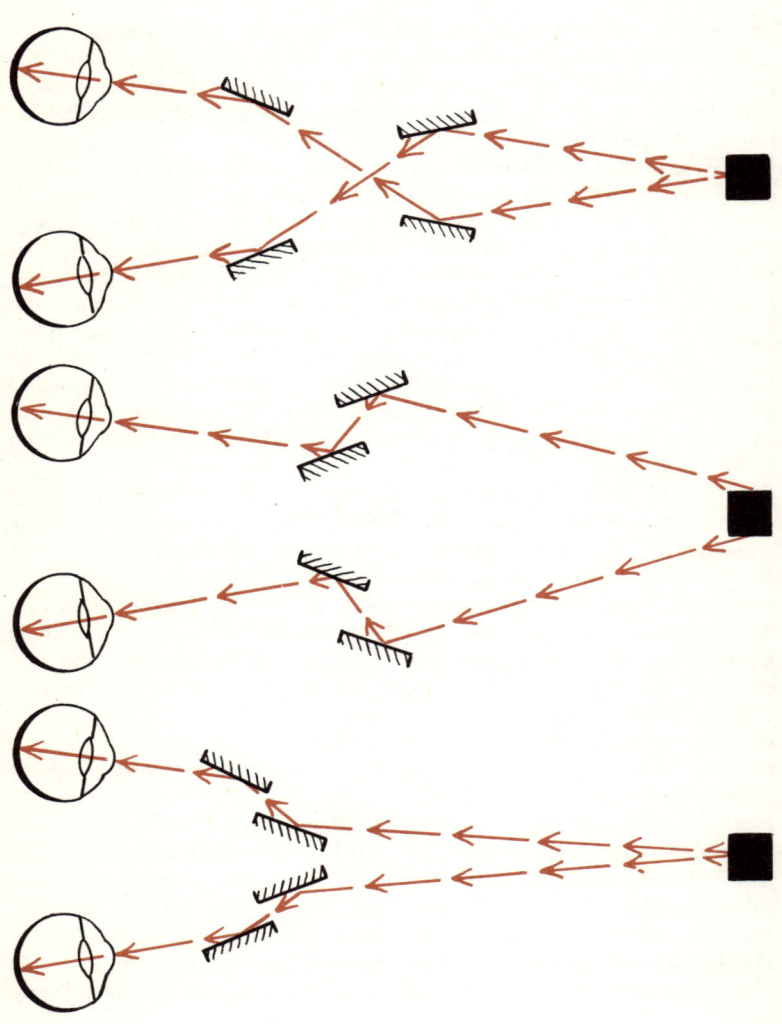

29   Diese und die beiden folgenden Abbildungen zeigen, wie das Gehirn
die Disparation benutzt, um Tiefe zu beurteilen. Unten ist dargestellt,
was geschieht, wenn fotografisch ein Stereobild von seinem Partner
subtrahiert wird. Das Differenzmuster entspricht der Information der
Disparation, d. h. dem Unterschied zwischen den Bildern der beiden Augen.

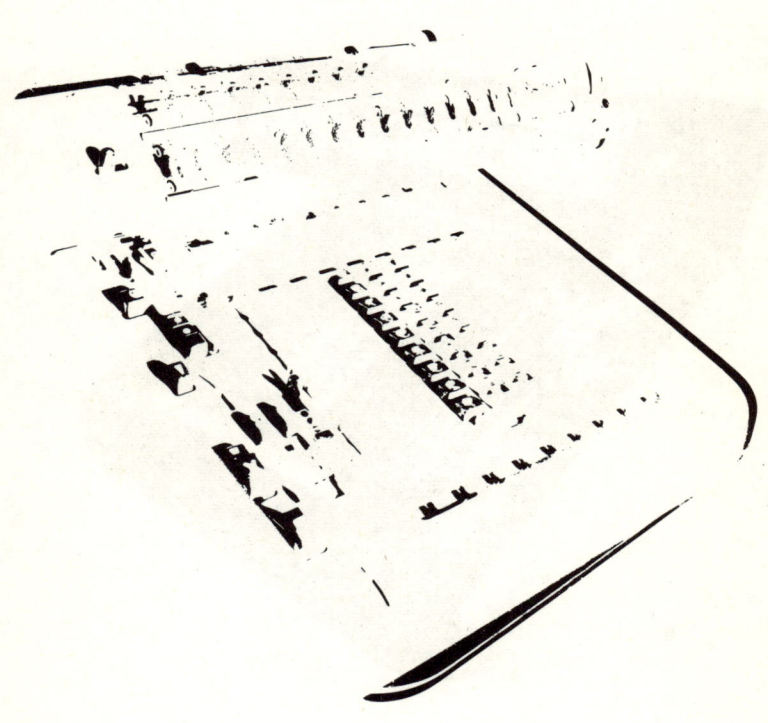

der Bilder in einem Stereoskop oder einem Pseudoskop unbemerkt bleiben.
Aber dennoch vermögen wir nicht zu sagen, mit welchem Auge wir ge-
rade sehen. Obgleich die Augen beim Tiefensehen ziemlich genau identifi-
ziert werden, steht diese Information also dem Bewußtsein nicht zur
Verfügung.
Sind die Bilder, die den beiden Augen dargeboten werden, sehr verschie-
den (oder ist der Unterschied zwischen den Positionen, aus denen ein
Gegenstand gesehen wird, so groß, daß die entsprechenden Bilder weit

30 und 31 Das Differenzbild wird durch das positive Bild *(unten)*
und das Negativ *(rechts)* hergestellt. Legt man sie übereinander und belichtet
durch sie einen Film, dann ergibt sich Abb. 29. Es ist möglich, daß das
Gehirn weitgehend dasselbe tut, indem es auf dieser Stufe alle Information
außer der, die Tiefe anzeigt, verwirft.

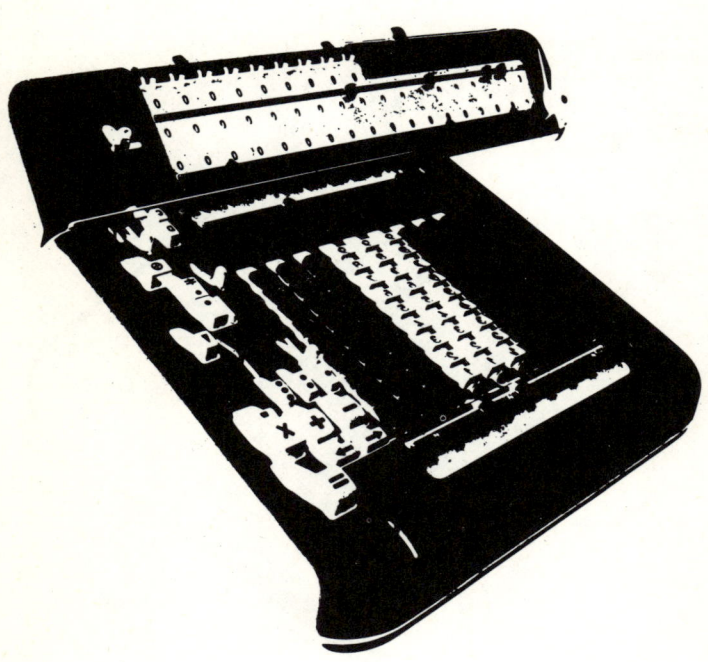

außerhalb des Fusionsbereichs fallen), so tritt ein seltsamer und eindrucksvoller Effekt auf. Jedes Auge weist abwechselnd sein Bild oder
Teile davon zurück, so daß es zu einem kontinuierlichen Fluktuieren
kommt. Teile jedes Bildes werden nacheinander in verschiedener Weise
kombiniert und verworfen; das wird als »retinaler Wettstreit« beschrieben. Eine solche Rivalität tritt ebenso auf, wenn den beiden Augen verschiedene Farben angeboten werden. Eine Verschmelzung in Mischfarben
kann allerdings für kurze Zeit vorkommen.
Es ist unbekannt, wie das Gehirn Bildvarianten in Tiefe umrechnet. Es
ist jedoch möglich, die Art der Information zu zeigen, die bei der Ver-

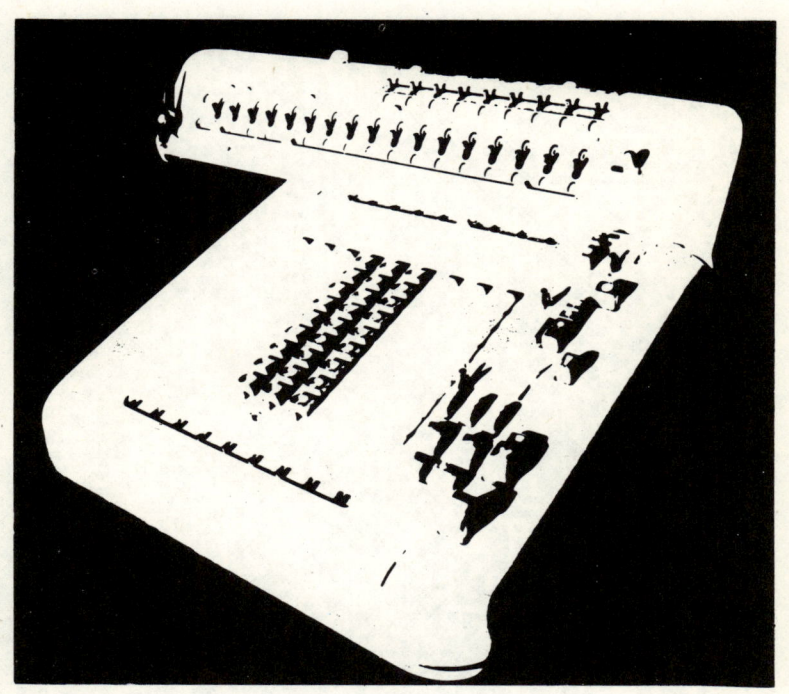

rechnung verwandt wird. Dies kann durch einen fotografischen Trick geschehen, indem man das Negativ eines Stereobildes auf ein transparentes Positiv des anderen legt. Wo die Bilder identisch sind, wird kein Licht durchfallen, dagegen tritt dort, wo sie sich unterscheiden, Licht hindurch. Man erhält also ein Bild, das nur den Unterschied zwischen den beiden Bildern anzeigt. Das Ergebnis zeigt die Abb. 29. Man sieht, daß fast alle Informationen von dem ursprünglichen Bild in diesem Prozeß verlorengegangen sind. Eine solche Verwerfung von überflüssiger Information würde dem »Tiefen-Computer« eine Menge Arbeit ersparen.

32 Ein geistreiches Experiment von JULESZ, um die Fähigkeit des Gehirns, Tiefe wahrzunehmen, zu untersuchen. Werden die ohne jeden Ordnungshinweis gemusterten Bilder gleichzeitig, aber getrennt den beiden Augen angeboten, werden sie durch unser Gehirn zu einem dreidimensionalen Bild verschmolzen und erscheinen als zufälliger Hintergrund eines im Vordergrund liegenden Quadrats. Dieses subtile

Die Beziehung zwischen Konvergenz und stereoskopischem Sehen

Wir kommen jetzt zu einer bemerkenswerten Eigenschaft der Raumwahrnehmung. Es gibt eine Verbindung zwischen den beiden verschiedenen Mechanismen, die ich beschrieben habe: erstens, der Konvergenz der Augen, die als Entfernungsmesser dient, und zweitens, dem Unterschied zwischen den beiden Bildern, der die Disparation verursacht. Der Kon-

Experiment zeigt, daß die Gehirnmechanismen, die dem räumlichen Sehen zugrunde liegen, Erregungsmuster beider Augen integrieren, Objekte zweier zufälliger Erregungsmuster synthetisieren und daraus eine wirksame Disparation errechnen können. Dieses von JULESZ mit Hilfe eines Autokorrelationscomputers entwickelte Verfahren wird wahrscheinlich für die Wahrnehmungsforschung sehr wichtig werden.

vergenzwinkel eicht die Skala des Disparationssystems. Wenn die Augen ein entferntes Objekt fokussieren, repräsentiert jede gegebene Disparation zwischen den Bildern einen größeren Tiefenunterschied, als wenn die Augen beim Nahsehen konvergieren.

Wenn das nicht so wäre, würden bei gleicher Tiefenanordnung entfernte Objekte dichter beieinander erscheinen als näher gelegene. Denn die Disparation, die durch eine gegebene Tiefenanordnung verursacht wird,

33   Das Gehirn mit der Sehregion — der *area striata* — von hinten
(occipitale Hirnrinde). Reizung kleiner Gebiete erzeugt Lichtblitze in den
korrespondierenden Sehfeldbereichen. Reizung der umliegenden Gebiete
(visuelle Assoziationsgebiete) rufen komplexere visuelle Erfahrungen hervor.

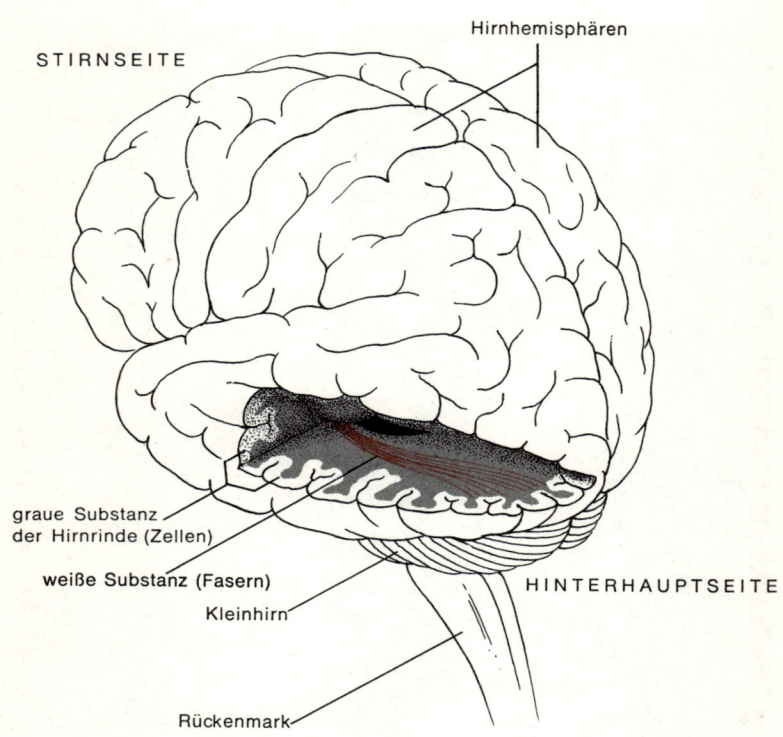

STIRNSEITE

Hirnhemisphären

graue Substanz
der Hirnrinde (Zellen)

weiße Substanz (Fasern)

Kleinhirn

HINTERHAUPTSEITE

Rückenmark

ist um so größer, je näher die Gegenstände sind. Der damit verbundene
und diese geometrische Situation kompensierende Mechanismus kann sehr
einfach beobachtet werden. Man hat dazu nur die Konvergenz bei gleich
gehaltener Disparation zu verändern. Wenn der Konvergenzmechanis-
mus der Augen mittels Prismen auf Unendlich eingestellt wird, obgleich
nahe Objekte beobachtet werden, so erscheint ihre Tiefenanordnung viel
ausgedehnter. Auf diese Weise läßt sich die Kompensation unserer Konvergenz und Disparation kontrollieren.

5 | Das Gehirn

Das Gehirn ist komplizierter und rätselhafter als ein Stern. Versucht man durch die Augen in die dahinterliegenden Gehirnmechanismen zu sehen, so sind dort Geheimnisse von gleichem Rang zu entdecken wie in der vom Auge und Gehirn wahrgenommenen Welt.

Es war nicht immer selbstverständlich, daß das Gehirn mit dem Denken, der Erinnerung oder der Empfindung zu tun hat. In der Alten Welt — einschließlich der großen ägyptischen und mesopotamischen Kulturen — wurde das Gehirn als ein unwichtiges Organ angesehen. Gedanken und Gemütsbewegungen wurden dem Magen, der Leber und der Galle zugeschrieben. Und das Echo dieser Auffassung klingt noch heute in Wörtern wie »phlegmatisch« nach. Wenn die Ägypter ihre Toten einbalsamierten, machten sie sich nicht die Mühe, das Gehirn aufzubewahren (es wurde durch das linke Nasenloch entfernt). Nur die anderen Organe wurden getrennt in besonderen *Kanopen* konserviert und neben den Sarkophag gestellt. Beim Tod ist das Gehirn fast blutleer, und so erschien es vielleicht ungeeignet als Behältnis des Lebensgeistes. Das aktiv pulsierende Herz mußte Sitz des Lebens, der Wärme und des Gefühls sein, nicht das kalte, graue, stille, abgesondert in seinem knöchernen Gehäuse eingeschlossene Gehirn.

Die entscheidende Bedeutung des Gehirns bei der Kontrolle der Glieder, der Sprache und Gedanken, Empfindungen und Erfahrungen wurde erst allmählich durch die Auswirkungen von Unfällen, bei denen das Gehirn beschädigt worden war, erkannt. Später wurden aufgrund der Auswirkungen von kleinen Tumoren und Schußwunden Erfahrungen gesammelt und durch Verlaufsuntersuchungen in Einzelheiten weiter verfolgt. Die Ergebnisse dieser Studien sind für die Gehirnchirurgen von großer Bedeutung. Denn sie zeigen, daß in manchen Hirnregionen relativ gefahrlos operiert werden kann, während schon eine geringe Verletzung anderer zu schweren Ausfällen oder zum Tod führt.

Das Gehirn wurde als »die einzige Anhäufung von Materie, die wir von innen kennen«, beschrieben. Von außen ist es ein grau-rötliches Gebilde von der Größe zweier geballter Fäuste. Die Hauptteile sind in der Abb. 33 dargestellt. Man unterscheidet im Gehirn die sogenannte »weiße« und die »graue« Substanz. Die weiße Substanz besteht vorwiegend aus Nervenfasern, den Verbindungskabeln zwischen den Zellkörpern, aus denen die graue Substanz besteht.

Das Gehirn ist entwicklungsgeschichtlich aus einem Zentrum hervorgegangen, welches beim Menschen vorwiegend Gefühlsbewegungen steuert. Die Oberfläche oder Hirnrinde *(Cortex)* besteht aus eigenartigen Windungen. Sie ist hauptsächlich für die Kontrolle der Gliederbewegung und der Sinnesorgane verantwortlich. Bestimmte Teile der Gehirnoberfläche entsprechen bestimmten Gebieten der Körperoberfläche, und man kann Gehirnkarten anlegen, die beispielsweise mit der Berührungsempfindung der Haut in Beziehung gesetzt sind. Auf diese Weise erhält man bizarre *homunculi* wie in Abb. 34. Der Sehsinn hat sein eigenes Cortexgebiet, wie wir gleich sehen werden.

Die Nervenzellen des Gehirns bestehen aus Zellkörpern, von denen lange dünne Fortsätze — oder »Axone« — ausgehen, welche die Aktionspotentiale von den Zellen übertragen. Die *Axone* können sehr lang sein. Einige reichen vom Gehirn bis ins Rückenmark. Von den Zellkörpern gehen außerdem viele feinere und kürzere Fasern, die *Dendriten,* aus, welche Signale zu den Zellen leiten (Abb. 35). Die Zellen mit ihren untereinander verbundenen Dendriten und Axonen erscheinen manchmal völlig regellos verteilt zu sein. Aber in einigen Gebieten des Gehirns, besonders in der Sehregion, lassen sie eine gewisse Ordnung in Schichten und Säulen erkennen.

Die neuronalen Signale bestehen aus elektrischen Impulsen, die durch Durchlässigkeitsänderungen der Zellmembran für bestimmte Ionen entstehen (Abb. 36). Im Ruhezustand ist das Innere der Faser negativ in bezug auf die Oberfläche. Wird der Nerv erregt, beispielsweise wenn ein retinaler Rezeptor durch Licht gereizt wird, so wird das Faserinnere positiv. Dies verursacht einen Stromfluß, der wie eine Welle die Nervenfaser entlangläuft. Die Leitungsgeschwindigkeit ist wesentlich langsamer als die des Stromes in einem Draht. Sie beträgt in großen Fasern ungefähr 100 m pro Sekunde, in den kleinsten Fasern weniger als 1 m pro Sekunde. Die dicken, rasch leitenden Fasern sind von einer fetthaltigen Schicht — der Markscheide — umgeben, welche sie von ihren Nachbarn isoliert und außerdem dazu dient, die Leitungsgeschwindigkeit der Aktionspotentiale zu erhöhen.

Die Nerven stehen durch *Synapsen* miteinander in Verbindung. Das sind Kontaktstellen, an denen bei Erregung Stoffe freigesetzt werden, die die Erregung auf die nächste Nervenzelle übertragen. Viele, vielleicht sogar

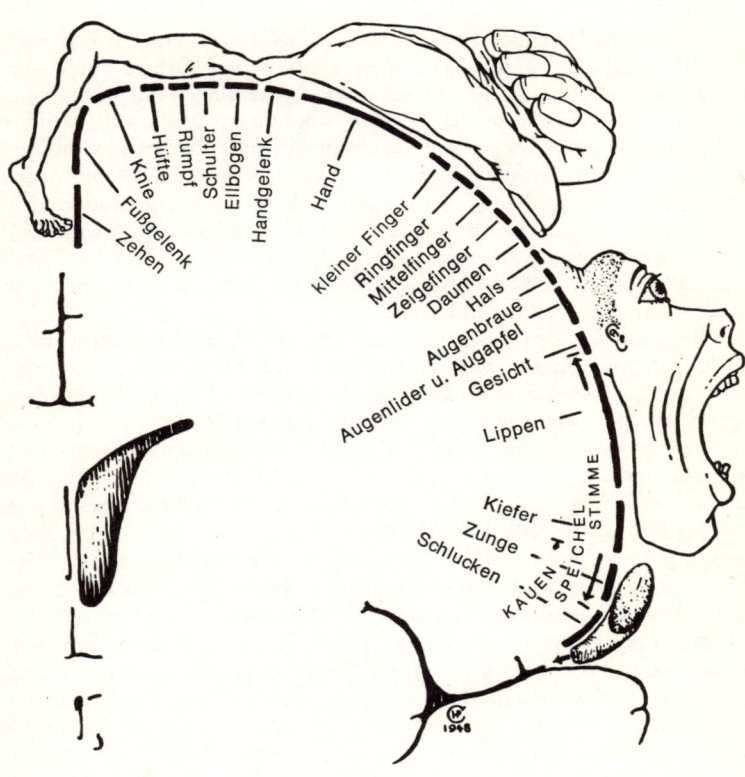

alle Nervenzellen besitzen sowohl erregende als auch hemmende Synapsen, die damit eine Art Schalterfunktion ausüben.

Für das Studium des Nervensystems gibt es viele verfeinerte Techniken. Die elektrische Aktivität von einzelnen Zellen oder Zellgruppen kann abgeleitet werden. Durch elektrische Reizung bestimmter Hirnregionen lassen sich motorische Reaktionen oder auch — bei Patienten während Gehirnoperationen — Empfindungen auslösen. Ferner kann man die

Auswirkung des Verlusts bestimmter Gehirngebiete untersuchen und eventuelle Verhaltensänderungen dem geschädigten Gebiet zuordnen. Auch die Wirkungen von manchen Arzneien oder Chemikalien, die man direkt auf die Oberfläche des Gehirns appliziert, lassen sich prüfen. Dies entwickelt sich in zweierlei Hinsicht zu einem wichtigen Forschungsgebiet. Einmal um nachzuweisen, daß neue Medikamente keine unerwünschten psychologischen Nebenwirkungen haben, und zum anderen als eine Technik, um absichtlich den Zustand des Gehirns zu ändern. Der Vorteil gegenüber einer Zerstörung von Gehirngewebe ist, daß die Änderungen gewöhnlich rückbildungsfähig sind und leicht in ihrer Intensität und Qualität variiert werden können.

Diese Techniken haben zusammen mit anatomischen Forschungen über die Faserverbindung zwischen verschiedenen Hirnregionen deutlich gemacht, daß den verschiedenen Hirnteilen völlig verschiedene Funktionen zugeordnet sind. Wenn wir aber versuchen zu entdecken, was für Vorgänge sich in jedem Gebiet abspielen, erscheinen selbst die raffiniertesten Techniken äußerst grob.

Der direkteste Weg zum Studium des Gehirns scheinen die Untersuchung seiner Struktur sowie Reiz- und Ableiteversuche zu sein. Doch wie bei elektronischen Apparaten ist es keineswegs einfach zu verstehen, wie das Gehirn arbeitet, wenn man nur seinen Aufbau kennt. Und die Ergebnisse von Reiz- und Ableitungsversuchen und der Resektion von Gehirnteilen sind schwer zu interpretieren, solange kein allgemeines Funktionsprinzip bekannt ist. Um die Ergebnisse solcher Versuche zu sichern, ist es wichtig, ergänzende Verhaltensexperimente durchzuführen. Die Ergebnisse der Gehirnzellenableitungen sind ebenfalls am interessantesten, wenn sie einem bestimmten Verhalten oder einer bekannten Erfahrung entsprechen. Dies zeigt die Bedeutung von psychologischen Untersuchungen an Tieren und Menschen. Denn es ist wesentlich, die Gehirnaktivität mit dem Verhalten in Beziehung zu bringen, und dies erfordert entsprechende psychologische Experimente.

Das Gehirn ist eine ungeheuer komplizierte Anordnung von Nervenzellen. Es hat eine gewisse Ähnlichkeit mit manchen von Menschen gebauten elektronischen Apparaten, so daß allgemein technische Überlegungen bei seiner Erforschung nützlich sein mögen. Wie ein Computer empfängt das Gehirn Informationen und fällt Entscheidungen aufgrund des zur

35   Eine Nervenzelle. Der Zellkörper hat ein langes Axon, das durch seine
Markscheiden isoliert ist und über das Kontrollsignale zu den Muskeln
geleitet werden. Der Zellkörper erhält seine erste Information von den
vielen feinen Dendriten. Einige Dendriten wirken aktivierend,
andere hemmend. Die miteinander verbundenen Elemente dienen dazu,
die Aktivität zu kontrollieren und Information für die Wahrnehmung
zu verarbeiten.

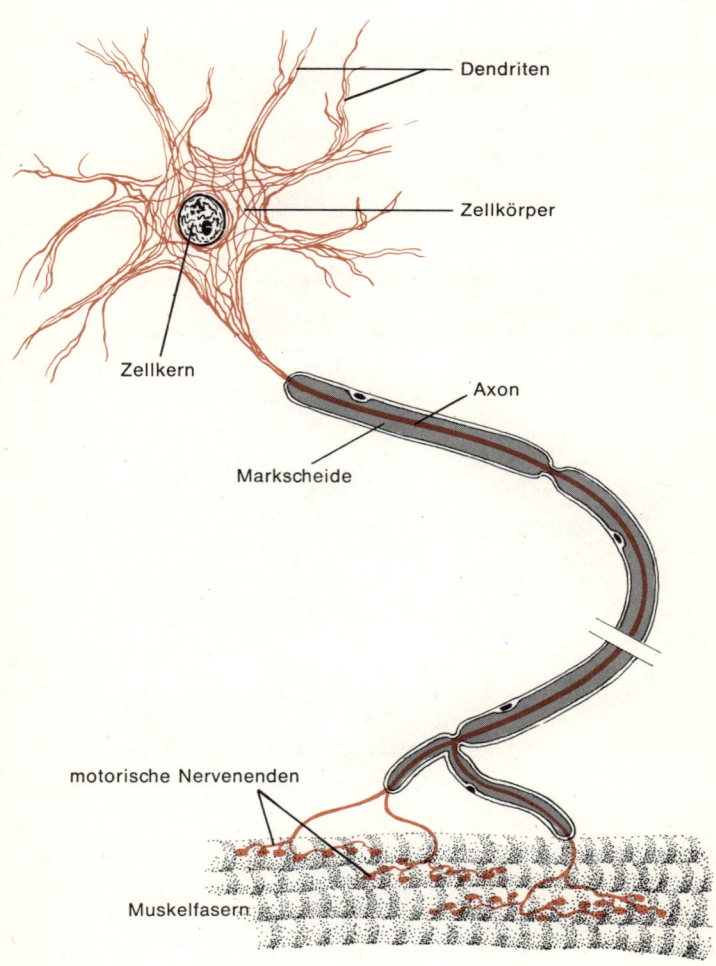

Dendriten

Zellkörper

Zellkern

Axon

Markscheide

motorische Nervenenden

Muskelfasern

36 Der Mechanismus der elektrischen Erregungsübertragung im Nerven. HODGKIN, HUXLEY und KATZ haben entdeckt, daß bei der Erregung zunächst Natrium-Ionen in das Innere der Faser wandern, wodurch das in Ruhe negativ geladene Faserinnere positiv wird. Dann wandern Kalium-Ionen aus und stellen damit das Ruhepotential wieder her. Das kann

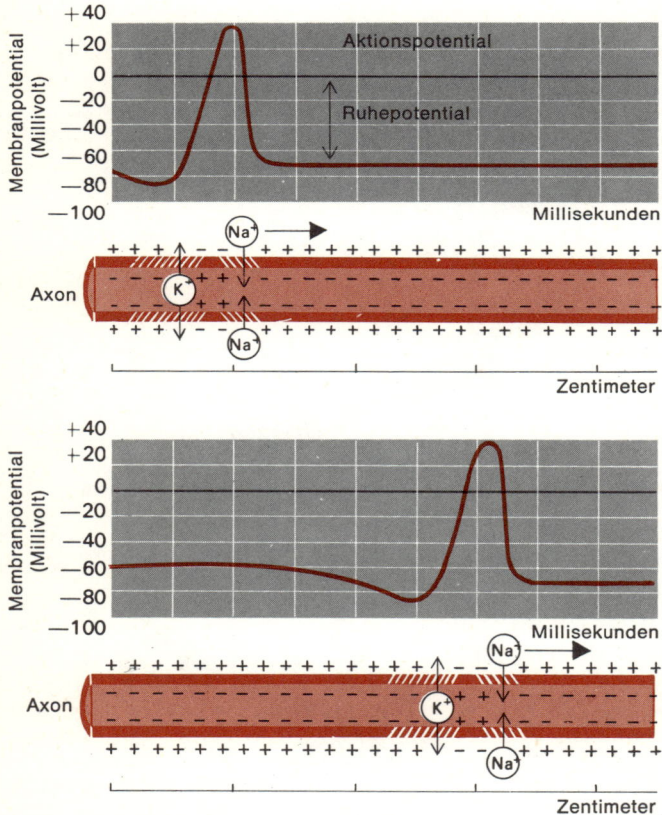

bis zu 1000mal in der Sekunde vor sich gehen. Dabei entsteht jedesmal ein Aktionspotential, welches als Signal über den Nerv fortgeleitet wird. Diese Signale ermöglichen die Wahrnehmung ebenso wie die Kontrolle der Muskeln.

Verfügung stehenden Informationsmaterials. Trotzdem ist es den gegenwärtig von Ingenieuren entworfenen Computern nur annähernd vergleichbar. Wenn auch möglicherweise allein deshalb, weil schon große Mengen von Gehirnen zu einem sehr günstigen Preis zur Verfügung stehen und durch eine bewährte Methode leicht zu produzieren sind; deshalb ist es das Schicksal der Computer, sich von ihnen auf jeden Fall zu unterscheiden.

Es ist einfacher, eine Maschine zu bauen, welche mathematische oder logische Probleme löst, lernt oder Sprachen übersetzt, als eine, die sehen kann. Das Problem Maschinen zu bauen, die Muster erkennen können, ist auf verschiedene Weise für begrenzte Bereiche gelöst worden. Eine wirklich gute Lösung gibt es aber bis jetzt nicht, und es existiert keine Maschine, die auch nur annähernd dem menschlichen Wahrnehmungssystem nach Umfang und Geschwindigkeit vergleichbar wäre. Es ist auch aus diesem Grund wichtig, die menschliche Wahrnehmung genau zu untersuchen. Denn die Erforschung der menschlichen Wahrnehmung könnte vielleicht Hinweise dafür geben, wie die Perzeptionsmechanismen durch Maschinen simuliert werden können. Dies würde für viele Zwecke nützlich sein, vom Lesen von Dokumenten und Büchern bis zur Erforschung des Weltraums durch Roboter.

Eine der Schwierigkeiten im Verstehen der Gehirnfunktionen ist die, daß dem Gehirn nichts ähnlicher ist als ein Haferbreiklumpen. Bei mechanischen Systemen ist es gewöhnlich möglich, die Funktion richtig zu vermuten, wenn man die Struktur ihrer Teile berücksichtigt. Dies gilt auch für viele Körperteile. Die Knochen der Glieder sind als Hebel anzusehen. Und ihre Funktion ist aus den Ansatzstellen der Muskeln ersichtlich. Mechanische und optische Systeme besitzen Teile, deren Formen in enger Beziehung zu ihrer Funktion stehen. Dies erlaubt, ihre Funktion von der Form abzuleiten oder wenigstens zu vermuten. KEPLER konnte annehmen, daß ein Teil des Auges (damals »Kristall« genannt) der Gestalt nach in Wirklichkeit eine Linse ist. Und für SCHEINER war es ziemlich einfach, das Bild (auf der Retina) zu entdecken, weil er wußte, wo es zu finden sein mußte. Aber leider stellt uns das Gehirn vor ein viel schwierigeres Problem. Selbst wenn es nur darin bestünde, daß die physikalische Anordnung seiner Teile und deren Formen für ihre Funktion ziemlich unwichtig ist. Wenn die Funktion sich nicht im Aufbau zeigt, so können wir

37 Die optischen Bahnen des Gehirns. Der Sehnerv teilt sich an der
Sehnervenkreuzung *(Chiasma)*. Die Fasern von der rechten Hälfte
jeder Netzhaut ziehen zur rechtsseitigen occipitalen Hirnrinde,
die der linken zur linken Gehirnhälfte. Die seitlichen Kniehöcker
sind Relaisstationen zwischen den Augen und der Sehrinde.

die Funktion nicht durch einfaches Betrachten ableiten, sondern müssen
verfeinerte Techniken zur Hilfe nehmen.

Die von Physiologen abgeleitete elektrische Aktivität ist äußerst wichtig.
Aber leider ist es sehr schwierig, genaue Angaben über die getrennte
Aktivität von mehr als einigen wenigen Zellen zur gleichen Zeit zu be-
kommen. Die technischen Probleme sind hier äußerst schwierig.

Funktionsprinzipien können durch technische Überlegungen nahegelegt
werden. Wenn ein gegebener möglicher technischer· Entwurf bestimmte
Einschränkungen aufweist und Versuche mit Katzen oder Menschen
ähnliche Begrenzungen ergeben, können solche Experimente Hypothesen
bestätigen, die vielleicht ursprünglich aus der Technik entliehen wurden.
Besonders Wahrnehmungsversuche können wichtige Werkzeuge für die
Entdeckung oder Prüfung von Gehirnfunktionsmodellen sein. Durch die
Augen sieht das Gehirn die Welt. Umgekehrt können wir über die Augen mittels geeigneter Experimente das Gehirn als ein funktionelles System betrachten, das durch physikalische und technische Gegebenheiten
begrenzt ist.

Die Sehzentren des Gehirns

Das neuronale Sehsystem beginnt in den Netzhäuten. Diese sind nach
außen verlagerte Gehirnteile, die neben typischen Nervenzellen auch
besonders ausgebildete, lichtempfindliche Rezeptoren enthalten. Jede
Netzhaut ist funktionell durch den vertikalen Meridian in zwei Hälften
geteilt. Die Nervenfasern der äußeren Hälfte ziehen zur gleichseitigen
Hirnhemisphäre, während sich die Fasern von der inneren, nasalen
Netzhauthälfte gleich hinter den Augen kreuzen (Sehnervenkreuzung)
und zur gegenseitigen Hirnhälfte gelangen (Abb. 37). Das Sehzentrum
an der Rückseite des Gehirns wird *area striata* genannt, weil in ihr beim
Betrachten im Querschnitt ein Streifen parallel zur Oberfläche verlaufen-
der markhaltiger Nervenfasern auffällt (Frontispiz).

Das Großhirn ist in zwei Hemisphären geteilt, welche mehr oder weniger vollständige Gehirne sind, die durch ein massives Faserbündel, den
Balken, und die Sehnervenkreuzung miteinander verbunden sind. Nach
der Sehnervenkreuzung erreicht die Sehbahn in jeder Hemisphäre zunächst eine Relaisstation, den seitlichen Kniehöcker.

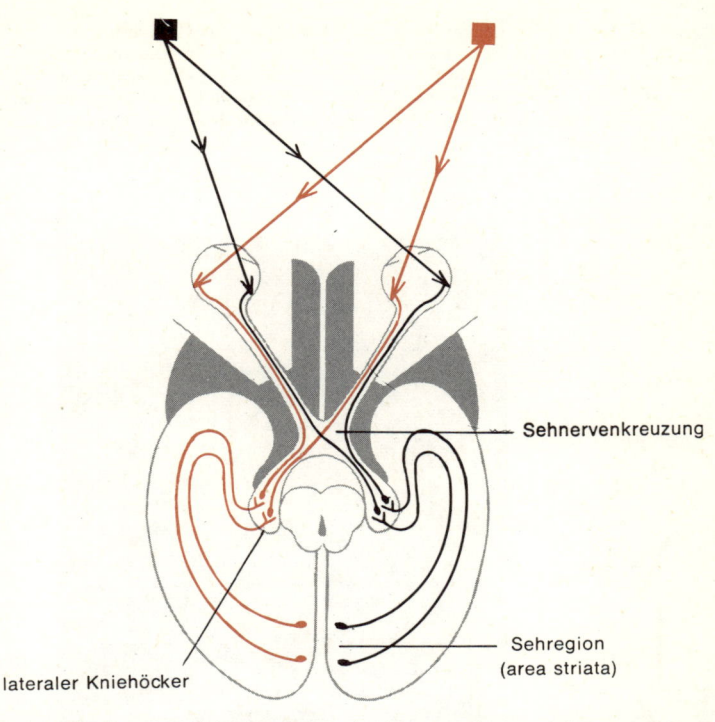

Sehnervenkreuzung

lateraler Kniehöcker

Sehregion
(area striata)

Die *area striata* der Großhirnrinde wird als zentrales Projektionsgebiet bezeichnet. Wird, beispielsweise während Hirnoperationen, ein umschriebener Teil dieses Gebietes gereizt, so empfindet der Patient einen Lichtblitz. Wird die Lokalisation der Reizelektrode gering verändert, dann wird der Blitz in einem anderen Gesichtsfeldbereich wahrgenommen. Es scheint danach, als ob die Netzhaut in der Sehrinde räumlich repräsentiert ist. Reizung der die *area striata* umgebenden Gebiete verursacht ebenfalls Sehempfindungen. Aber anstelle unstrukturierter Lichtblitze treten hier komplexere Wahrnehmungen auf, beispielsweise farbige Kugeln, die in einen unendlichen Himmel aufsteigen. Durch noch weiter entfernt ansetzende Reizung ist es möglich, Seherinnerungen hervorzurufen. Ganze szenische Abläufe können dabei bildhaft erlebt werden.

Zu den erregendsten Entdeckungen der jüngsten Zeit gehören die der beiden amerikanischen Physiologen HUBEL und WIESEL. Sie zeichneten die Aktivität einzelner Zellen der Sehrinde bei der Katze auf, während sie den Augen einfache Gestaltreize in Form von Lichtbalken anboten, die auf einen Schirm vor der Katze projiziert wurden. HUBEL und WIESEL

38 HUBEL und WIESEL entdeckten, daß bestimmte visuelle Gehirnzellen (der Katze) nur bei Bewegungen des Objekts in einer bestimmten Richtung reagieren. Die Pfeile zeigen die verschiedenen Bewegungsrichtungen eines Lichtbalkens im Gesichtsfeld der Katze. Das Protokoll der Aktionspotentiale zeigt, daß diese eine Zelle nur bei einer bestimmten Bewegungsrichtung aktiviert wird.

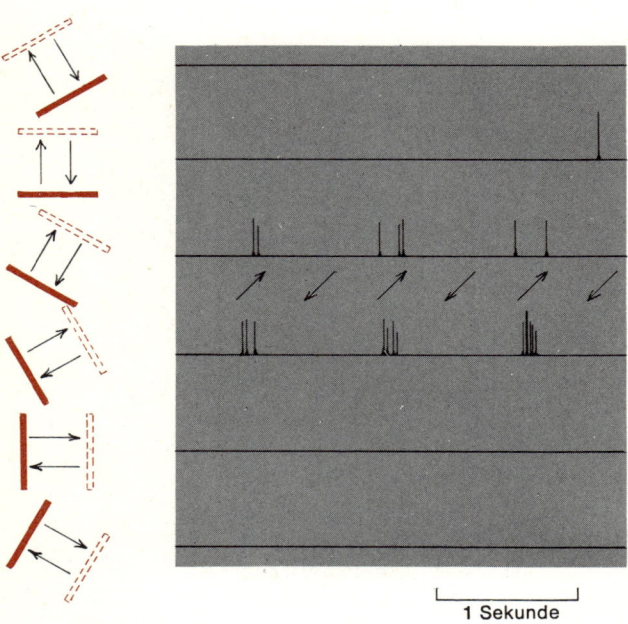

1 Sekunde

fanden, daß einige Zellen nur dann aktiviert wurden, wenn der Lichtbalken in einem ganz bestimmten Winkel projiziert wurde. Nur dann antwortete die Gehirnzelle mit einer langen Impulsserie, während der gleiche Lichtbalken, in einem anderen Winkel projiziert, keine Aktivierung verursachte. Die zur Aktivierung erforderliche Orientierung der Lichtbalken wechselt von Zelle zu Zelle. Andere Zellen beantworteten komplexe Reizcharakteristika über größere Netzhautbereiche. Manche Zellen waren nur durch Bewegungsreize aktivierbar, und zwar Bewegung in einer bestimmten Richtung (Abb. 38). Diese Entdeckungen sind von Bedeutung. Denn sie zeigen, daß im Gehirn Analysatoren tätig sind,

39   Hubels und Wiesels Protokolle über einzelne Zellen in der Sehrinde
der Katze. Ein Balken (jeweils links markiert) wurde der Katze
in verschiedenen Orientierungen angeboten. Eine bestimmte Zelle im Gehirn
reagiert nur bei einer bestimmten Lage des Balkens, wie die Protokolle
der Aktionspotentiale zeigen.

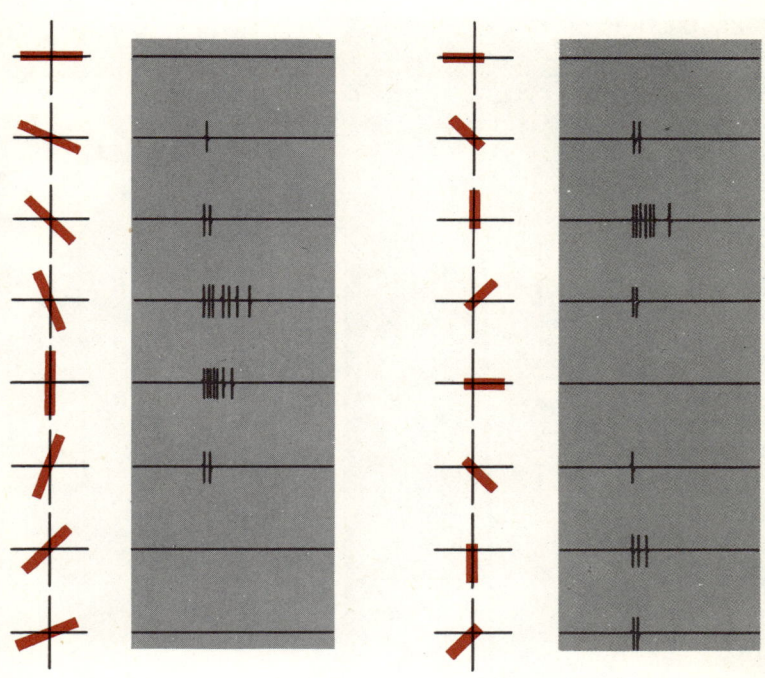

welche nur auf jeweils ganz bestimmte Objekteigenschaften ansprechen.
Wir erleben »geistige Bilder«. Doch dies bedeutet nicht, daß entsprechende »elektrische Bilder« im Gehirn existieren. Man kann vieles in
Symbolen ausdrücken. Aber Symbole unterscheiden sich im allgemeinen
erheblich von dem, was sie repräsentieren sollen. Und wenn man das
Gehirngeschehen beim Sehen in Form von Bildern beschreibt, so ist dies
begrifflich gefährlich. Denn man induziert die Vorstellung einer Art
inneren Auges, welches diese Bilder sieht und gleichzeitig wieder als Bild
erscheinen läßt, was konsequenterweise ein weiteres Auge und damit ein
weiteres Bild usf. erfordern würde. Jedenfalls kann man sich nicht vor-

40   Simultankontrast. Der Teil des Rings, der gegen den schwarzen
Hintergrund gesehen wird, erscheint etwas heller als der übrige Teil,
der gegen Weiß gesehen wird. Diese Wirkung wird noch verstärkt, wenn ein
feiner Faden entlang der Schwarz-Weiß-Grenze über den Ring
gelegt wird.

stellen, daß Geräusche, Gerüche und Farben als Bilder im Gehirn repräsentiert werden — sie müssen in einer anderen Form verschlüsselt sein.
Und es spricht alles dafür, daß retinale Erregungsmuster in der Aktivität von Nervenzellen verschlüsselt sind. HUBEL, WIESEL und andere
Elektrophysiologen beginnen, diesen Kode zu entschlüsseln.

6 | Helligkeitssehen

Es soll einen primitiven Stamm von Viehzüchtern geben, der das Wort »grün« nicht kennt, dafür aber sechs Wörter für verschiedene Schattierungen von Rot benutzt. Und auf allen Gebieten eignen sich Spezialisten besondere Bezeichnungen für ihren eigenen Bedarf an. Bevor wir uns daher auf eine Diskussion über Helligkeit und Farbe einlassen, müssen wir erst die Wörter genauer definieren.

Mit *Lichtintensität* meinen wir das in die Augen fallende Licht, welches die *Helligkeitsempfindung* verursacht. Intensität ist die physikalische Energie des Lichtes. Sie kann mit verschiedenen Arten von Fotometern einschließlich dem vertrauten fotografischen Belichtungsmesser gemessen werden. Helligkeit ist eine subjektive Erfahrung. Aber wir glauben zu wissen, was ein anderer meint, wenn er sagt: »Was für ein heller Tag!« Er meint nicht nur, daß an diesem Tag zum Fotografieren ein wenig empfindlicher Film genügt, sondern auch, daß er eine ihn blendende Helligkeitswahrnehmung hat. Und diese Empfindung ist unter anderem von der Lichtintensität abhängig, die in das Auge fällt.

Wenn wir über das Farbensehen sprechen, sprechen wir im allgemeinen nicht von den Farben, sondern von ihren Farbtönen. Wir vermeiden so die Schwierigkeit, daß »Farben« gleichzeitig Empfindungen bedeuten, die wir mit einem spezifischen Namen wie »rot« oder »blau« bezeichnen können. Wir benutzen deshalb lieber das Wort »Spektralfarben« anstelle von »Farbe«. Doch ist das nicht immer notwendig. Die Intensitäts-Helligkeitsunterscheidung ist weit wichtiger.

Ein weiterer wichtiger Unterschied ist der zwischen der *Farbe als Empfindung* und *Farbe als einer Wellenlänge* (oder einem Gemisch von Wellenlängen) des Lichtes, das in das Auge fällt. Genauer gesagt: das Licht selbst ist nicht gefärbt, es verursacht Helligkeits- und Farbempfindung nur in Verbindung mit einem geeigneten Auge und Nervensystem. Wir pflegen uns hier ziemlich ungenau auszudrücken, indem wir oft von »gefärbtem Licht«, wie etwa »gelbem Licht«, sprechen. Es sollte richtiger heißen: ein Licht, das im allgemeinen eine Empfindung hervorruft, die von den meisten Menschen als »gelb« beschrieben wird.

Ohne eine Erklärung zu versuchen, wie die physikalischen Lichtintensitäten und die Wellenlängen der Lichtstrahlung zu verschiedenen Empfindungen führen (das ist noch nicht erforscht), müssen wir klar erkennen, daß ohne Leben weder Helligkeit noch Farbe vorhanden wären.

Die einfachste Sehempfindung ist die der Helligkeit. Es ist dennoch unmöglich, sie zu beschreiben. Ein blinder Mensch kennt sie nicht, und doch besteht für alle anderen die Wirklichkeit aus Helligkeit und Farbe. Die entgegengesetzte Empfindung, die Schwärze, ist ebenso kräftig — wir sprechen von einer schwarzen Wand, die auf uns zukommt —, aber dem Blinden bedeutet auch dies nichts. Die Empfindung, die wir ohne Licht haben, ist die der Schwärze: aber der Blinde ist, was das Sehen betrifft, in einem todesähnlichen Schlaf. Wir kommen der visuellen Welt der Blinden, die keine Helligkeit und Dunkelheit kennt, am nächsten, wenn wir sie mit dem Bereich vergleichen, der hinter unserem Rücken liegt. Von diesem Bereich der Umwelt haben wir keine Dunkel-, sondern überhaupt keine Empfindung, und das ist etwas ganz anderes.

Die Helligkeit wird nicht nur durch die Lichtintensität bestimmt, die auf die Retina trifft, sondern die Helligkeit ist bei gegebener Lichtintensität auch abhängig von dem Adaptationszustand des Auges und ebenso von verschiedenen komplizierten Bedingungen, die für den Kontrast von Gegenständen oder Lichtflecken verantwortlich sind. Anders ausgedrückt ist die Helligkeitswahrnehmung nicht nur eine Funktion der Lichtintensität in einem gegebenen Retinabereich zu einer bestimmten Zeit. Sie ist außerdem von der Lichtintensität abhängig, die kurz zuvor bestand, sowie von der Lichtintensität in anderen Bereichen der Retina.

Die Hell-Dunkel-Adaptation (Anpassung)

Werden die Augen längere Zeit im Dunkeln gehalten, werden sie empfindlicher und nun wahrgenommenes Licht wird heller erscheinen. Diese sogenannte Dunkeladaptation geht in den ersten Minuten der Dunkelheit vor sich. Die Stäbchen- und Zapfenzellen adaptieren mit verschiedenen Geschwindigkeiten: die Zapfenadaptation ist nach ungefähr sieben Minuten abgeschlossen, während die Stäbchenadaptation über eine Stunde und mehr benötigt (Abb. 41). In dieser Abbildung kann man sehen, daß es wirklich zwei Adaptationskurven gibt — eine für die Stäbchen und eine für die Zapfen: so, als ob wir zwei funktionell verschiedene Netzhäute im Auge besäßen.

Man beginnt jetzt den Mechanismus der Dunkeladaptation in seinen Einzelheiten zu verstehen, und zwar weitgehend durch die genialen und tech-

41 Die Empfindlichkeitszunahme des Auges im Dunkeln, die sogenannte Dunkeladaptation. Die rote Kurve zeigt die Zapfenadaptation, während die schwarze Kurve der Stäbchenadaptation entspricht. Letztere benötigt mehr Zeit und macht das Auge wesentlich empfindlicher. Im Dunkeln sind nur die Stäbchen aktiv, während sie wahrscheinlich bei hellerem Licht, durch das die Zapfen aktiviert werden, gehemmt bleiben.

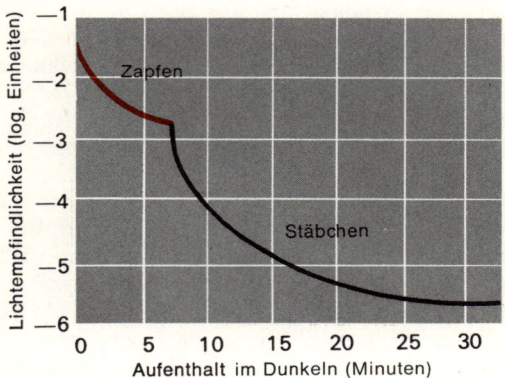

nisch brillanten Untersuchungen des englischen Physiologen W. A. H. RUSHTON. Es wurde schon vor vielen Jahren darauf hingewiesen, daß die Adaptation auf die Neubildung des durch Licht gebleichten Sehpigmentes des Auges zurückzuführen sei. Die Bleichung selbst sollte auf einem unbekannten Weg die Rezeptoren erregen und damit die elektrischen Signale zum Sehnerv hervorrufen. Eine lichtempfindliche Substanz, Rhodopsin, wurde aus dem Froschauge extrahiert, seine Lichtdichte während der Bleichung und Neubildung gemessen und mit menschlichen Dunkeladaptationskurven verglichen. Die zwei Kurven werden in der Abb. 43 zusammen gezeigt. Sie stimmen tatsächlich ziemlich überein und lassen eine enge Verbindung zwischen der Fotochemie des Rhodopsins und der Empfindlichkeitsänderung in dem Stäbchenauge annehmen. Ebenso scheint die Helligkeit von der Menge der lichtempfindlichen Substanzen, die für die Bleichung bereitstehen, abzuhängen. RUSHTON hat die Dichte der lichtempfindlichen Substanzen im intakten Auge gemessen, und zwar während der Dunkeladaptation oder während der Adaptation auf verschiedene Farben. Die Technik besteht im wesentlichen darin, einen kurzen Lichtblitz in das Auge zu werfen und die Lichtmenge, die vom Augenhintergrund reflektiert wird, mit einer sehr empfindlichen Fotozelle zu messen. Zuerst erschien es unmöglich, dies beim menschlichen Auge durchzuführen, weil nur sehr wenig Licht nach der fast vollständigen Absorption durch die lichtempfindlichen Substanzen und das hinter den Rezeptoren liegende schwarze Pigment reflektiert wird. Deshalb wurde das Katzenauge benutzt. Die reflektierende Schicht am Augenhintergrund dieses Auges, das sogenannte *Tapetum*, diente dabei als Spiegel, der das Licht in die Fotozelle reflektierte. Beim Katzenauge war die Methode erfolgreich. RUSHTON verfeinerte sie derart, daß sie genügend empfindlich wurde, um das sehr schwache Licht, welches vom menschlichen Auge reflektiert wird, zu entdecken und zu messen. Er fand, daß eine Bleichung der lichtempfindlichen Substanz während der Adaptation erfolgt und daß die Beziehung zwischen der Lichtenergie und der Menge der lichtempfindlichen Substanz, die gebleicht wird, logarithmisch ist.

Kontrast

Ein anderer Faktor, der zur Helligkeitsempfindung beiträgt, ist die Beleuchtungsintensität der Umgebung. Ein bestimmtes Hellfeld erscheint heller, wenn sein Umfeld dunkel ist, und die gleiche Farbe wirkt gesättigter, wenn ihre Umgebung komplementärfarben ist. Dies ist zweifellos durch die gegenseitigen Verbindungen der Rezeptoreinheiten bedingt. Die Kontrastverstärkung scheint mit der generellen Bedeutung von Grenzen bei der Wahrnehmung verknüpft zu sein. Es scheint, daß dem Gehirn in erster Linie Strukturgrenzen signalisiert werden, während Gebiete mit gleicher Intensität nicht viel Information benötigen. Das Sehsystem extrapoliert zwischen den Grenzen, was zweifellos eine Menge Informationsarbeit an der Peripherie des Systems einspart, allerdings auf Kosten einer vermehrten Komplexität in den Gehirnzentren. Der dabei wesentliche Prozeß ist die sogenannte *laterale Hemmung*. Obgleich der Kontrast und die Verstärkung der Konturen ohne Zweifel vorwiegend durch retinale Mechanismen bedingt sind, sind auch zentrale Verarbeitungszentren daran beteiligt. Das ist in der Abb. 40 veranschaulicht. Sie zeigt einen deutlichen Simultankontrast. Der gleichmäßig graue Ring erscheint heller, wo er dem schwarzen Hintergrund benachbart ist, und nicht so hell, wo er an den weißen grenzt. Und dieser Unterschied tritt verstärkt hervor, wenn ein feiner Faden quer über den

Ring gelegt wird, der die Trennung des Hintergrundes betont. Der Kontrast ist also größer, wenn das Bild aus zwei getrennten Hälften bestehend aufgefaßt wird, als wenn es zusammenhängend erscheint. Dies läßt annehmen, daß zentrale Gehirnfaktoren eine Rolle spielen.

FECHNERS *Paradox* zeigt etwas von der Feinheit des menschlichen Helligkeitssystems. Es verhält sich folgendermaßen. Richtet man die Augen auf eine kleine, genügend helle Lichtquelle, so erscheint diese in einer bestimmten Helligkeit, und die Pupille wird sich in einem bestimmten Grade verengen. Fügt man dann ein zweites, schwächeres Licht hinzu, das man so anordnet, daß ein anderes Netzhautareal belichtet wird, dann geschieht folgendes: Obgleich die Gesamtintensität durch das Hinzufügen des zweiten Lichtes zugenommen hat, wird die Pupille nicht enger, wie man erwarten würde. Sie öffnet sich vielmehr und stellt sich auf eine Lichtintensität ein, die zwischen der der beiden Lichtquellen liegt. Sie wird also offenbar nicht durch die totale, sondern durch die Durchschnittsbeleuchtung einreguliert. Niemand weiß, wie die Netzhaut dies fertigbringt.

Versucht man durch das Schließen eines Auges einen Wechsel in der Helligkeitsstärke festzustellen, so zeigt sich praktisch kein Unterschied, ob nun ein oder zwei Augen Licht erhalten. Dies trifft jedoch nicht zu, wenn kleine schwache Lichter in dunkler Umgebung beobachtet werden. Diese erscheinen mit zwei Augen beträchtlich heller als mit einem. Auch dieses Phänomen ist bis jetzt nicht erklärt.

Helligkeit ist eine Funktion der Farbe. Lassen wir Licht verschiedener Farben, aber mit gleicher Intensität in die Augen fallen, so werden die Farben in der Mitte des Spektrums heller erscheinen als die am Ende. Dies wird in der Abb. 44 gezeigt. Die Kurve ist die »spektrale Empfindlichkeitskurve«. Das ist von praktischer Bedeutung, denn wenn ein Notsignal gut zu sehen sein soll, sollte es in einer Farbe sein, für die das Auge maximal empfindlich ist, d. h. aus der Mitte des Spektrums. Die Tatsache, daß die Empfindlichkeitskurven für Stäbchen und Zapfen etwas verschieden sind, kompliziert die Angelegenheit. Die Kurven ähneln sich im allgemeinen Verlauf, die Zapfen sind jedoch bei Orange, die Stäbchen bei Grün am empfindlichsten. (Aus diesem Grund ist es angezeigt, die Wände einer Dunkelkammer grün anzumalen. So erhält das Auge das wirksamste Licht, während der Film relativ wenig exponiert wird.)

Die spektrale Empfindlichkeitskurve besagt nicht viel über das Farbensehen. In ihr wird lediglich die Empfindlichkeit für Licht mit der Wellenlänge in Beziehung gesetzt, ohne die Farben, die bei verschiedenen Wellenlängen gesehen werden, zu berücksichtigen. Tiere ohne Farbsehvermögen zeigen eine ähnliche spektrale Empfindlichkeitskurve. Obgleich die lichtempfindlichen Substanzen bei der Lichtadaptation verändert werden, scheinen dabei noch verschiedene zusätzliche, nicht fotochemische, sondern neuronale Mechanismen eine Rolle zu spielen. Insbesondere tauscht das Auge bei Dunkeladaptation sein Auflösungsvermögen für Raum und Zeit mit einer Empfindlichkeitssteigerung aus. Durch die Dunkeladaptation geht die Fähigkeit, feine Einzelheiten zu erkennen, verloren. Das ist kein einfacher Vorgang und zum Teil dadurch bedingt, daß die Retina die Energie über ein größeres Gebiet, d. h. über eine größere Anzahl von Rezeptoren integriert. Auch die Zeitspanne, innerhalb der die Lichtenergie integriert werden kann, wird während der Dunkeladaptation größer.

Der Austausch zwischen zeitlicher Auflösung und Empfindlichkeit während der Dunkeladaptation zeigt sich, wenn auch etwas indirekt, in einem eigenartigen Phänomen, welches als der *Pulfrichsche Pendeleffekt* bekannt ist. Nicht weniger bemerkenswert als das Phänomen selbst war seine Entdeckung. Denn der PULFRICH-Effekt kann nur mit zwei sehtüchtigen Augen gesehen werden, der Entdecker war aber auf einem Auge blind! Das Experiment dazu kann jeder leicht selbst durchführen. Man mache sich dazu mittels einer Schnur und eines Gewichts ein etwa ein Meter langes Pendel und lasse das Pendel senkrecht zur Sehachse schwingen. Dann betrachte man das schwingende Pendelgewicht mit beiden Augen, bedecke aber das eine mit einem dunklen durchsichtigen Glas (eine Sonnenbrille mit nur einem Glas oder ein Stück belichteten Filmes genügt). Es zeigt sich dann, daß das Pendel nicht in einer Ebene senkrecht zur Sehachse schwingt, sondern eine Ellipse zu beschreiben scheint. Die Ellipse kann sich einem Kreise nähern — und unter entsprechenden Bedingungen kann ihre Längsachse sogar in der Sehachse liegen, obgleich das Pendel in Wirklichkeit senkrecht zur Sehachse schwingt.

Was verursacht diese seltsame Täuschung? Durch Verringerung des Lichtes wird das Auge hinter dem dunklen Glas dunkeladaptiert. Und diese Adaptation verzögert die Übertragung der Meldungen von diesem Auge zum Gehirn im Vergleich zum anderen. Das führt dazu, daß über dem abgedunkelten Auge das Pendel etwas später wahrgenommen wird, und da das Pendel zur Mitte seiner Schwingung hin schneller wird, wirkt sich diese Verzögerung stärker aus, und das Auge mit dem Filter sieht das Pendel immer weiter hinter der Position, die durch das unbedeckte Auge dem Gehirn signalisiert wird. Dieser Unterschied zur tatsächlichen Position erzeugt die Wahrnehmung einer in der Tiefe angeordneten Ellipse, denn für das Gehirn entspricht dieses Informationsangebot genau dem, welches ein wirklich ellipsenförmig schwingendes Pendel verursachen würde. Dies zeigt Abb. 42. Es scheint, daß die zunehmende Verzögerung bei Dunkeladaptation mit einer Zunahme der zeitlichen Integrationszeit einhergeht — ganz so wie beim Fotografieren, wo man bei schwachem Licht länger belichten muß. Wir können an uns feststellen, wie die Dunkeladaptation in der Dunkelheit zunimmt, wenn wir die wachsende Länge des »Kometenschweifs« bei einem Feuerwerk beobachten.

Beides, die Zunahme der Verzögerung der Informationsübertragung von der Retina zum Gehirn und die Zunahme der Integrationszeit, die dadurch möglich wird, ist von praktischer Bedeutung. Die retinale Verzögerung verlängert die Reaktionszeit eines Fahrers im Dämmerlicht, und die Zunahme der Integrationszeit macht die genaue Lokalisation bewegter Objekte schwieriger. Schnelle Spiele werden dadurch erschwert, und die Schiedsrichter beenden deshalb solche Spiele wegen schwieriger Sichtverhältnisse, lange bevor die Zuschauer es für richtig halten.

Die Lichtempfindlichkeit des Auges

Bei Erhöhung der Lichtintensität werden die lichtempfindlichen Rezeptorzellen stärker erregt. Die Erregungszunahme der Rezeptoren wird durch eine Frequenzerhöhung der Aktionspotentiale der Sehnervenfasern zum Gehirn übertragen. Intensitätszunahme wird also durch Frequenzsteigerung signalisiert. Leider war es noch nicht möglich, die elektrische Aktivität in den Rezeptoren eines Wirbeltierauges eindeutig abzuleiten, weil die Rezeptoren sehr viel kleiner als die Nervenzellen sind und auf der Außenseite der Netzhaut liegen. Bei retinalen Ableitungen wird aber die Elektrode von innen an die Netzhaut gebracht, so daß die Rezeptoren nur nach Schädigung vieler retinaler Strukturen erreicht werden können. Bis die Signale den Sehnerv erreicht haben, sind sie durch die Querver-

42 Das PULFRICHsche Pendel. Ein Pendel, das auf einer Geraden
senkrecht zur Sehrichtung schwingt, wird mit beiden Augen, aber einem
dunklen Glas vor dem einen Auge, betrachtet. Es scheint eine Ellipse
zu beschreiben. Dies rührt daher, daß die Signale von dem Auge,

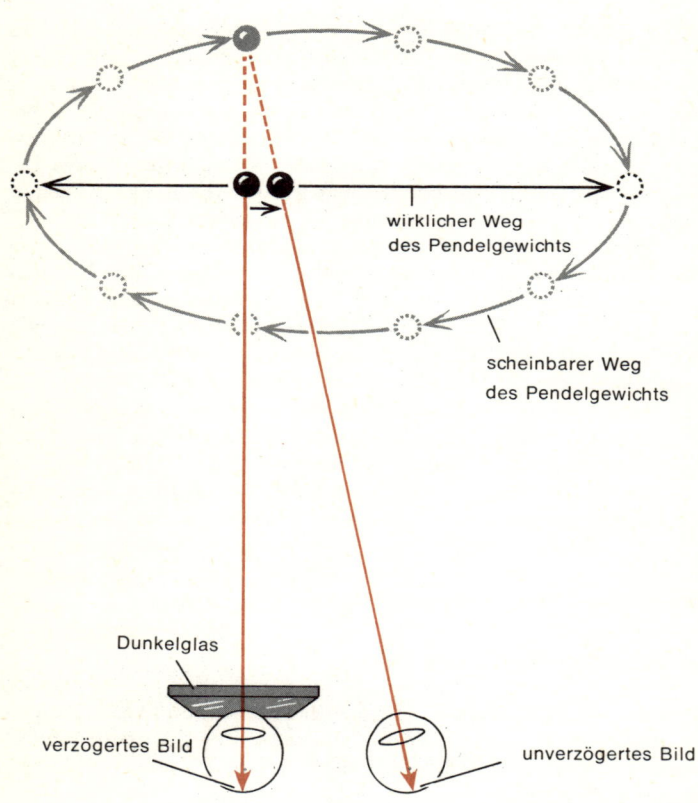

wirklicher Weg
des Pendelgewichts

scheinbarer Weg
des Pendelgewichts

Dunkelglas

verzögertes Bild

unverzögertes Bild

welches durch das dunkle Glas weniger Licht erhält, verzögert werden.
Die zur Mitte der Schwingung zunehmend wirksame Trennung der
beiden Augen wird als Entfernungsunterschied interpretiert und erzeugt so
die Vorstellung einer elliptischen Schwingung.

bindungen der Nervenzellenschichten in der Netzhaut schon erheblich komplizierter geworden. Es gibt jedoch ein Auge, und zwar das einer Art lebenden Fossils — des Pfeilschwanzkrebses, *Limulus,* der an der Ostküste von Amerika lebt —, in dem Rezeptoreinheiten direkt mit einzelnen Nervenfasern verbunden sind. Diese Nervenfasern des Limulusauges haben sich als sehr nützlich erwiesen, obgleich dies aus ihrer eigentlichen Funktion kaum vorauszusehen war. Abb. 45 zeigt die elektrische Aktivität in einer Nervenfaser des Limulusauges. In den Rezeptoreinheiten des Limulus ist die Frequenz der Aktionspotentiale annähernd logarithmisch von der Lichtintensität abhängig (Abb. 47).

Die erste Aufzeichnung (Abb. 45) stellt die niederfrequenten Aktionspotentiale nach einminütiger Dunkeladaptation dar. Die zweite (Abb. 46) zeigt eine Zunahme der Aktivität nach längerer Dunkeladaptation. Dies entspricht unserer Erfahrung, daß es bei längerem Aufenthalt im Dunkeln heller wird.

Was geschieht, wenn wir ein sehr schwaches Licht in einem sonst völlig dunklen Raum betrachten? Man könnte annehmen, daß beim Fehlen von Licht keine neuronale Information das Gehirn erreicht und, wenn überhaupt irgendein Licht da ist, die Netzhaut sein Vorhandensein meldet und wir es sehen. Aber so einfach ist es nicht. Auch in völliger Dunkelheit sind Netzhaut und Sehnerv nicht ohne jede Aktivität. Eine neuronale Aktivität, die zum Gehirn fortgeleitet wird, ist stets vorhanden, auch wenn das Auge nicht durch Licht erregt wird. Dies ist durch direkte Ableitung der Sehnervenaktivität vom völlig dunkeladaptierten Katzenauge bekannt. Und wir haben gute Gründe anzunehmen, daß dasselbe auch für die Menschen- und alle anderen Augen zutrifft.

Diese fortwährende unregelmäßige Hintergrundaktivität ist von großer Bedeutung. Das Auge ist bemerkenswert empfindlich — wir können einen Lichtblitz so geringer Lichtintensität erkennen, daß er mit einem technischen Instrument kaum nachzuweisen ist. Trotzdem würde das Auge ohne die ständige Hintergrundaktivität des Sehsystems, welches dem Gehirn fortwährend Probleme aufgibt, noch empfindlicher sein.

Erreichen einige neuronale Impulse das Gehirn, so ist nämlich die Frage, ob sie durch Licht, das ins Auge fällt, bedingt oder ob sie lediglich Ausdruck des spontanen »Störpegels« des Systems sind? Das Gehirn hat also zu entscheiden, ob diese neuronale Aktivität durch äußere Einwirkung

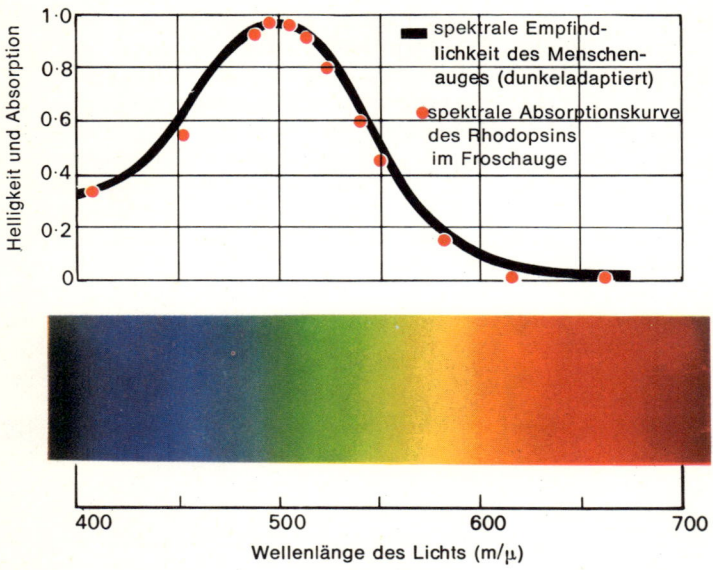

Wellenlänge des Lichts (m/μ)

43 Die chemische Grundlage des Sehens. Die schwarze Kurve zeigt die
Empfindlichkeit des (dunkeladaptierten) menschlichen Auges für verschiedene
Wellenlängen des Lichts. Die rotpunktierte Kurve zeigt die Lichtmenge
des gleichen Wellenlängenbereichs, die durch die fotochemische Substanz
Rhodopsin im Froschauge absorbiert wird. Die Kurven sind im
wesentlichen identisch. Das bedeutet, daß das dunkeladaptierte Menschenauge
bei der Absorption des Lichts mittels der gleichen fotochemischen
Substanz arbeitet.

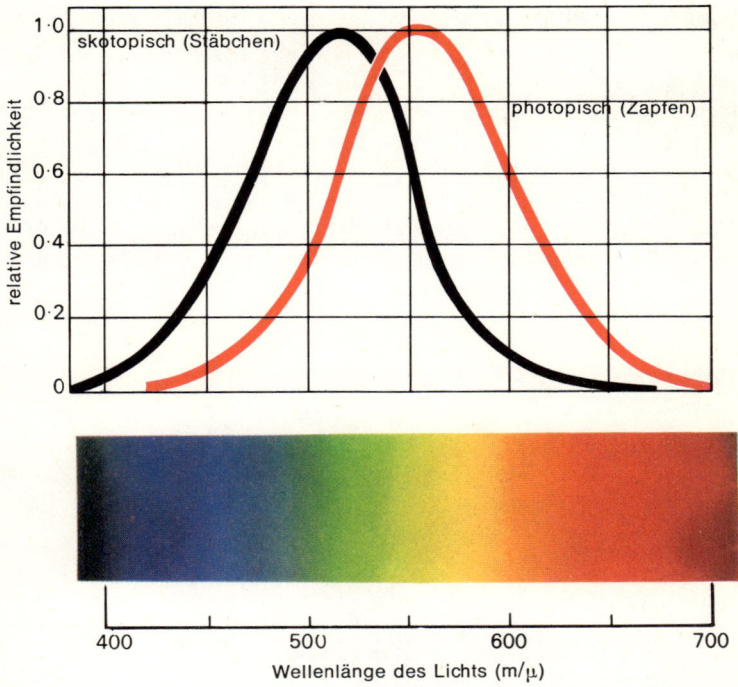

44   Diese Abbildung zeigt die Empfindlichkeit des Auges gegenüber
verschiedenen Wellenlängen des Spektrums bei Hell- (rot)
und Dunkeladaptation (schwarz). Wie man sieht, verschiebt sich die Kurve
entlang des Spektrums bei Helladaptation, wenn die Zäpfchen die Funktion
der Stäbchen übernehmen. Dieser Effekt wurde von Purkinje beschrieben
und nach ihm benannt.

45 Die Abbildung *(oben)* zeigt die über ein Oszilloskop abgeleitete Aktivität einer einzelnen Faser des Sehnerven des Limulus bei drei verschiedenen Lichtintensitäten. Die Entladungsfrequenz nimmt etwa proportional dem Logarithmus der Intensität zu.

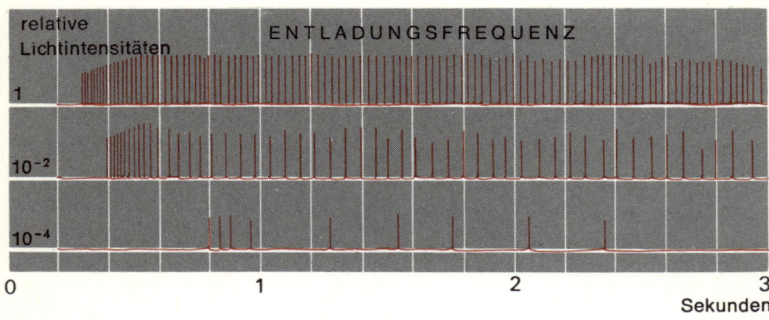

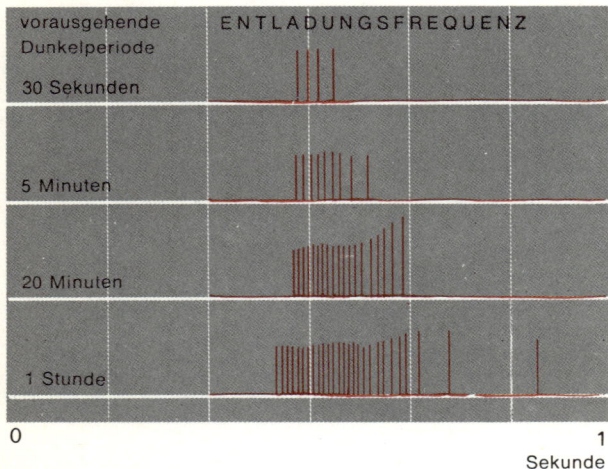

46 *(Unten)* die Entladungsfrequenz nach verschieden langen Dunkelperioden. Mit zunehmender Dunkeladaptation wird die Entladungsfrequenz größer, was der Zunahme der subjektiven Helligkeitswahrnehmung bei gleichbleibender tatsächlicher Lichtintensität entspricht.

47 Dies ist eine Auswertung von Protokollen, wie sie in Abb. 45 und 46 gezeigt werden. Die Entladungsfrequenz ist gegen den log. der Intensität aufgetragen; so ergibt sich ungefähr eine Gerade, was eine logarithmische Beziehung zwischen Entladungsfrequenz und Intensität bei gleichbleibender Adaptation anzeigt.

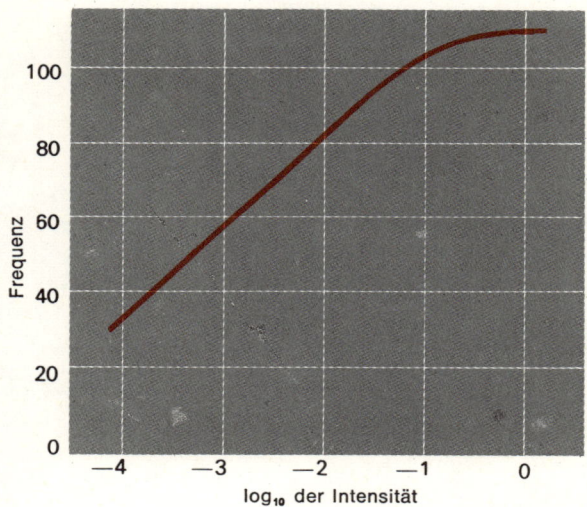

verursacht wird, oder ob sie einfach als *noise*, das ist »Störgeräusch«, aufzufassen und zu ignorieren ist. Dies ist für den Nachrichtentechniker eine sehr vertraute Situation, denn in allen empfindlichen Anzeigeinstrumenten werden die Signale durch zufällige überlagerte Störungen verzerrt. Die Empfindlichkeit der Instrumente wird dadurch begrenzt. Es gibt Wege, den lästigen Effekt der Störgeräusche zu vermindern, und sie werden mit gutem Erfolg von Radioastronomen und beim Entdecken kleiner Erdbeben angewandt, denn Störungen überlagern Sender im Raum und auf der Erde genauso, wie sie schwache Sehsignale überlagern und undeutlich machen. Das Auge benützt einige Methoden, um die Wirkungen der »Störgeräusche« zu reduzieren, es erhöht z. B. die Dauer des Intervalls, über die Signale integriert werden können, was beim PULFRICH-Effekt manifest wurde, oder es verlangt mehrere bestätigende Signale von getrennten Rezeptoren, die so als eine Art unabhängiger Zeugen dienen.

48 WEBER-FECHNERsches Gesetz ($\Delta I/I = K$). Wird ΔI gegen I aufgetragen, so ergibt sich über einen weiten Bereich von I eine horizontale gerade Linie. Das Gesetz versagt aber bei niedrigen Intensitäten, wenn $\Delta I/I$ größer werden muß, um noch unterschieden zu werden. ΔI gegen I aufgetragen ergibt bis zu kleinen Werten von I im wesentlichen eine Gerade, was eine zweite (versteckte) Konstante k im Nenner anzeigt. Wir können deshalb das Gesetz so ausdrücken: $\Delta I/I + k = K$, wobei k mit dem neuronalen Störpegel in Beziehung zu stehen scheint. Dieser nimmt bei zunehmendem Alter zu.

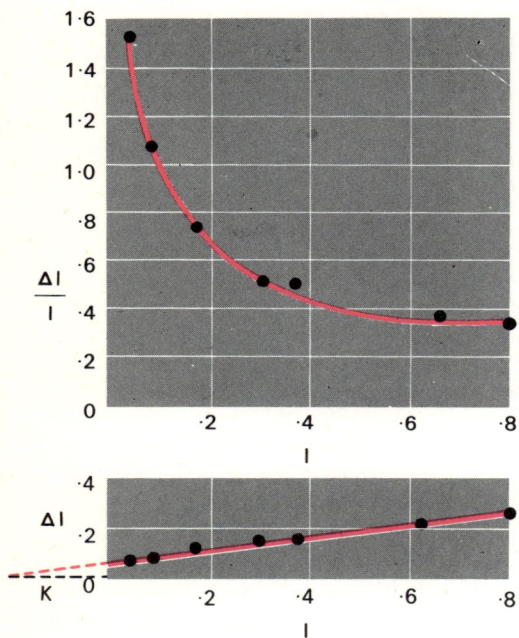

Eines der ältesten Gesetze aus der experimentellen Psychologie ist das Gesetz von WEBER. Es besagt, daß der kleinste anzeigbare Intensitätsunterschied proportional zur Hintergrundsintensität ist. Zünden wir beispielsweise eine Kerze in einem hellerleuchteten Zimmer an, so wird ihre Wirkung kaum wahrnehmbar sein. Ist der Raum jedoch dunkel — oder nur durch wenige Kerzen erleuchtet —, dann verursacht eine zusätzliche Kerze einen deutlichen Unterschied. Einen Intensitätswechsel von ungefähr ein Prozent der Hintergrundsbeleuchtung vermögen wir noch wahrzunehmen. Dies wird ausgedrückt in $\frac{\Delta I}{I} =$ konstant (ΔI be-

49 Die Abbildung versucht das statistische Problem zu verdeutlichen, das dem Gehirn durch die stets vorhandene zufällige Grundaktivität der Neurone gestellt wird. Wenn der Signalbereich (ΔI) von seinem dunkleren Hintergrund (I) unterschieden werden soll, sind die Entladungsfrequenzen nicht immer verschieden, vielmehr sind sie so verteilt, wie es die beiden Kurven zeigen. Wir können also »Licht« sehen, das durch »Störaktivität« bedingt ist, oder kein Licht wahrnehmen, wenn die Entladungsfrequenz unter der durchschnittlichen Impulsrate liegt. Das Gehirn fordert einen signifikanten Unterschied, bevor es neuronale Aktivität als Signal akzeptiert.

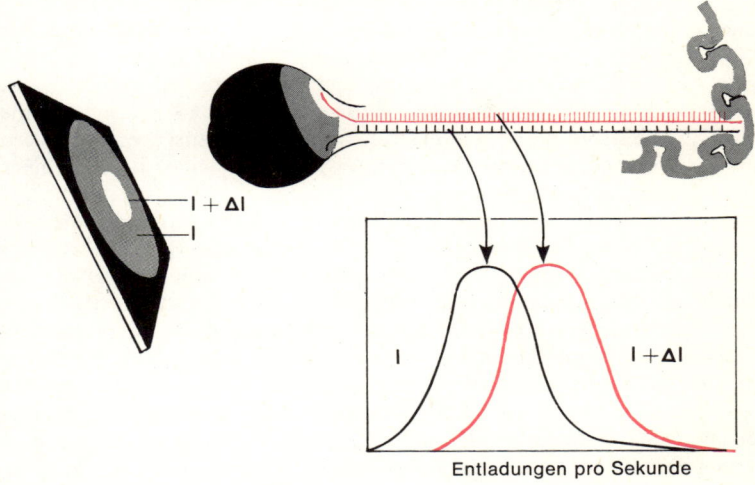

Entladungen pro Sekunde

deutet den kleinen zusätzlichen Intensitätszuwachs gegenüber der Hintergrundsintensität I). Das Gesetz trifft für einen weiten Bereich der Hintergrundsintensität I einigermaßen zu, versagt aber bei geringen Intensitäten, was aus Abb. 48 ersichtlich wird. Wenn das WEBERsche Gesetz bis zur Intensität O gelten würde, müßte eine horizontale Gerade die Konstanz des Quotienten $\frac{\Delta I}{I}$, d. h. des gerade noch zu differenzierenden Intensitätszuwachses bei allen Werten von I, anzeigen. Wir messen jedoch den dargestellten Kurvenverlauf, der ein auffallendes Ansteigen von $\frac{\Delta I}{I}$ zeigt, wenn die Hintergrundsintensität klein wird. Das Versagen des WEBER-schen Gesetzes wird verständlich, wenn man die Spontanaktivität der Retinazellen im Dunkeln in Betracht zieht. Für das Gehirn entspricht diese Aktivität einem mehr oder weniger konstanten schwachen Licht, welches sich der Hintergrundsbeleuchtung überlagert. Wir können seine Stärke abschätzen, wenn wir bis zur Intensität O zurückextrapolieren und die Höhe des Schnittpunktes auf der y-Achse ablesen, der dann einer äquivalenten Lichtintensität entspricht.

Diese versteckte Konstante ist dem »Störpegel« der Retina zuzuschreiben. Es gibt ausreichende Hinweise dafür, daß der Störpegel des Sehsystems mit dem Alter zunimmt. Und seine Zunahme ist ohne Zweifel für das allmähliche Nachlassen des Sehvermögens im Alter verantwortlich.

Die Idee, daß das Unterscheidungsvermögen durch Störgeräusche im Nervensystem begrenzt ist, hat weitreichende Konsequenzen. Sie bringt die alte Vorstellung der *Schwellen*intensität, die jeder Reiz überschreiten muß, um einen Effekt auf das Nervensystem auszuüben, in Schwierigkeiten. Wir nehmen heute an, daß jeder Reiz eine Wirkung auf das Nervensystem hat. Er wird aber nur dann als Signal einer äußeren Einwirkung interpretiert, wenn es unwahrscheinlich ist, daß der Anstieg der neuronalen Aktivität durch zufällige Variationen des Störpegels bedingt ist. Das ist in der Abb. 49 dargestellt. Dort dient ein Lichtfeld als Hintergrund (I), von dem ein zusätzlicher Lichtreiz (Δ I) unterschieden werden soll. Beide Lichtintensitäten verursachen statistisch verteilte neuronale Impulsfrequenzen. Das Problem für das Gehirn ist zu entscheiden, wann ein gegebener Frequenzanstieg zufällig ist und wann er von der verstärkten Intensität des Signals herrührt. Würde das Gehirn jedes Anstei-gen der Durchschnittsaktivität als von außen bedingt interpretieren, dann würden wir die Hälfte der Zeit Lichtblitze sehen, die gar nicht existieren. Wir müssen daraus schließen, daß ein signifikanter Unterschied erforder-lich ist, bevor neuronale Aktivitätsänderungen auf ein externes Signal zurückgeführt werden. Der kleinste sichtbare Unterschied (Δ I) wird also nicht nur durch die Empfindlichkeit der retinalen Rezeptoren bestimmt, sondern ebenso durch den Unterschied in der neuronalen Impulsrate, die erforderlich ist, um als Signal verwertet zu werden.

Manchmal sehen wir Lichtblitze, die gar nicht vorhanden sind. Diese sind offenbar auf Störungen zurückzuführen, die die geforderte Signifikanzgrenze überschritten haben. Solche Störungen kommen gelegentlich vor, ohne daß ihre Ursachen bisher ganz geklärt sind.

Bei der Wahl der Größe der Aktivitätsänderung, die als externes Signal akzeptiert wird, geht Empfindlichkeit auf Kosten von Zuverlässigkeit. Es spricht einiges dafür, daß diese Größe in gewissen Grenzen veränderlich ist und von unserer »Einstellung« abhängt. Wenn wir besonders sorgfältig sind, ist mehr Information erforderlich, d. h., die Empfindlichkeit geht zurück.

Dieses Bild der Intensitätsunterscheidung trifft für das ganze Nervensystem zu. Es gilt nicht nur für die Unterschiede zwischen den Intensitäten, sondern auch für die absolute Schwellenwahrnehmung im Dunkeln. Denn die absolute Schwelle wird durch das kleinste Signal bestimmt, welches sich zuverlässig aus der zufälligen Hintergrundsaktivität, dem neuronalen Störpegel, der im Gehirn auch bei völliger Dunkelheit vorhanden ist, heraushebt.

50 Hermann von Helmholtz (1821—1894), überragende Persönlichkeit der experimentellen Sehforschung. Seine *Physiologische Optik* ist immer noch das wichtigste Werk auf diesem Gebiet. In der Tat ist seitdem enttäuschend wenig Neues erforscht worden.

7 | Bewegungssehen

Die Wahrnehmung von Bewegung ist von großer Bedeutung. Vom niedrigsten Tier bis zum Menschen bedeuten bewegte Objekte meist entweder Gefahr oder mögliche Nahrung, und schnelles und situationsgerechtes Handeln ist erforderlich. Ruhende Objekte dagegen können für gewöhnlich ignoriert werden. Und es scheint tatsächlich so, daß nur die Augen der höheren Tiere beim Fehlen von bewegten Objekten etwas zum Gehirn signalisieren können. Ein Stück der Entwicklungsgeschichte des Auges von der Bewegungs- zur Formwahrnehmung ist in der menschlichen Netzhaut noch erhalten geblieben. Die Peripherie der Netzhaut spricht nur auf Bewegungen an. Dies ist leicht nachzuweisen, indem man jemanden einen Gegenstand um die Gesichtsfeldperipherie herumschwingen läßt, so daß nur die äußeren retinalen Bereiche stimuliert werden. Man sieht dann zwar, daß und in welcher Richtung sich etwas bewegt, kann aber den bewegten Gegenstand nicht identifizieren. Hört die Bewegung auf, wird der Gegenstand unsichtbar. Das ist die unmittelbarste Erfahrung von primitiven Wahrnehmungsmechanismen, die uns möglich ist. Der alleräußerste Rand der Netzhaut ist sogar noch primitiver. Seine Erregung durch bewegte Objekte wird nicht bemerkt, löst aber reflektorisch eine Blickbewegung aus, die den bewegten Gegenstand in den Bereich des zentralen Sehens bringt. Auf diese Weise wird das hochentwickelte *Fovea*gebiet mit seinem angeschlossenen neuronalen Netzwerk zu Hilfe genommen, um den Gegenstand zu identifizieren. Der Netzhautrand ist also eine Art Vorwarnsystem, welches Augenbewegungen auslöst und es damit ermöglicht, den differenzierten Teil des Systems zum Erkennen von Gegenständen zu verwenden. Das ist biologisch wichtig, da es sich bei diesen Sehobjekten meist um Freund oder Feind, selten um neutrale Dinge handelt.

Augen, die, wie unsere eigenen, beweglich sind, können auf zweierlei Weise über Bewegungen informieren. Bei stationärer Blickrichtung wird das Bild eines bewegten Gegenstandes über die Rezeptoren verschoben, und es werden nach Ort- und Zeitwerten geordnete (Geschwindigkeits-)Signale in der Netzhaut verursacht. Folgen jedoch die Augen einem bewegten Gegenstand, so bleibt dessen Bild mehr oder weniger auf der gleichen Netzhautstelle. Von der Netzhaut selbst kann also keine Bewegungsinformation ausgehen, und dennoch sieht man eine Bewegung des Objekts. Wird der Gegenstand gegen einen ruhenden Hintergrund gesehen, so kommt es nach Ort und Zeit zu verschiedenen Informationen über den Hintergrund, welcher fortwährend auf andere Netzhautstellen fällt, während die Augen dem bewegten Gegenstand folgen. Aber wir sehen auch noch Bewegung, wenn kein optisch wirksamer Hintergrund vorhanden ist! Dies kann durch einen einfachen Versuch gezeigt werden. Man bitte jemanden, eine angezündete Zigarette langsam in einem dunklen Raum hin- und herzubewegen, und folge dabei mit den Augen. Die Bewegung der Zigarette wird gesehen, obgleich das Bild der glimmenden Zigarette sich nicht auf den Netzhäuten bewegt. Offenbar ermöglicht die Bewegung der Augen Bewegungswahrnehmung mit ziemlich genauer Geschwindigkeitsschätzung, obgleich keine Bewegungsinformation von den Netzhäuten kommt.

Es gibt also zwei Bewegungssysteme, und wir bezeichnen sie als 1. das *Bild-Netzhaut-System* und 2. als das *Auge-Kopf-System* (Abb. 51a und b). Diese Bezeichnungen sind aus der Ballistik entliehen, wo ähnliche Überlegungen angestellt werden, wenn Geschütze auf den Drehtürmen von Schiffen in Stellung gebracht werden. Der Geschützturm kann stationär bleiben oder den Zielen folgen, eine Bewegung ist in beiden Fällen nachweisbar.

Zunächst befassen wir uns mit dem Bild-Netzhaut-System und werden später sehen, wie die beiden Systeme zusammenarbeiten.

Das Bild-Netzhaut-Bewegungssystem

Durch Ableitung der elektrischen Aktivität von den Netzhäuten der Tiere wurde gefunden, daß es verschiedene Arten von Neuronen gibt, die fast alle nur auf Beleuchtungsänderungen ansprechen. Nur sehr wenige geben ein fortwährendes Signal bei gleichmäßiger Belichtung. Einige signalisieren, wenn ein Licht angemacht wird, andere, wenn es ausgemacht wird, und wieder andere melden sowohl das An- wie Abschalten. Die verschiedenen Arten werden entsprechend als *on-*, *off-* und *on-off*-Neurone bezeichnet. Es scheint, daß diese Neurone, die nur auf eine Änderung der Beleuchtung reagieren, für das Signalisieren von Bewegungen verantwortlich sind und daß alle Augen in erster Linie für die Anzeige von Bewegung gebaut sind. Die Neurone, die nur Lichtänderungen melden, reagieren auf den Vorder- und Hinterrand eines Bildes.

51 *a* Das Bild-Netzhaut-System. Das Bild eines bewegten Objekts verschiebt sich quer über die Netzhaut, wenn die Augen stillgehalten werden. Es führt durch sukzessive Aktivierung benachbarter Rezeptoren zur Bewegungsinformation. *b* Das Auge-Kopf-Bewegungssystem. Wenn das Auge einem bewegten Objekt folgt, bleibt dessen Netzhautabbildung stationär. Trotzdem sehen wir Bewegung. Die beiden Systeme stimmen manchmal nicht überein, was seltsame Täuschungen verursacht.

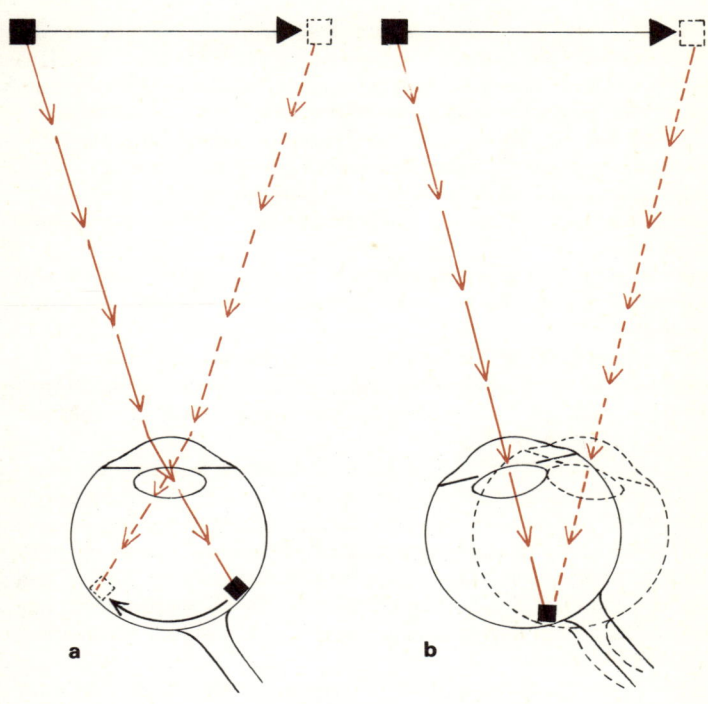

a   b

Sie werden jedoch nicht die Gegenwart stationärer Bilder anzeigen, es sei denn, die Augen bewegten sich.

Durch Einführung feiner Drähte (Elektroden) in die Netzhäute von herausoperierten Froschaugen wurde gefunden, daß die Analyse der Rezeptoraktivität in der Netzhaut stattfindet. Eine Arbeit mit dem netten Titel: *What the Frog's Eye Tells the Frog's Brain* (Was das Froschauge dem Froschgehirn erzählt) von Jerome LETTVIN, H. A. MATURANA, W. McCULLOCH und W. PITTS aus dem Forschungslaboratorium für Elektronik am MIT *(Massachusetts Institute of Technology)* beschreibt einen retinalen »Insektendetektor« und drei Gruppen von Fasern, die jeweils verschiedene Informationen zum Gehirn übertragen. Der »Insektendetektor« löst eine Reflexbewegung der Zunge aus, wenn ein kleiner Schatten, der einer Fliege entspricht, auf die Netzhaut fällt. In dieser Hinsicht hat die Netzhaut Gehirnfunktion. Neben diesem System, welches hauptsächlich auf gekrümmte Linien anspricht, fanden sie:

1. Fasern, die nur auf scharf definierte Objektgrenzen reagieren.
2. Fasern, die nur auf eine Veränderung der Lichtverteilung antworten.
3. Fasern, die nur auf eine allgemeine Verdunkelung der Beleuchtung reagieren, wie sie z. B. durch den Schatten eines Raubvogels verursacht werden kann.

Das Froschauge meldet nur Veränderungen der Beleuchtung und bewegte und gleichzeitig gekrümmte Objektgrenzen. Alles andere wird übersehen und erreicht niemals das Gehirn. Die Sehwelt des Frosches ist daher auf einige bewegte Objekte beschränkt.

Die Physiologen HUBEL und WIESEL untersuchten die Sehrinde des Katzengehirns und haben die Aktivität einzelner Nervenzellen abgeleitet; sie fanden dabei, daß manche nur auf einen bewegten Reiz und manche nur auf eine Bewegung in einer bestimmten Richtung ansprechen. Abb. 38 zeigt das Registrieren der Aktivität einzelner ausgewählter Zellen vom Katzengehirn während der Reizung des Auges durch verschiedenartige Bewegungen. Man sieht daraus, daß einige Zellen nur auf eine Bewegung in bestimmten Richtungen reagieren.

Die physiologische Entdeckung, daß Bewegung in neuronaler Aktivität schon in der Retina oder hinter der Retina in den primären Sehgebieten des Gehirns verschlüsselt ist, ist in vielerlei Hinsicht wichtig. Sie zeigt aber besonders, daß Geschwindigkeit wahrgenommen werden kann, ohne daß eine Zeitschätzung erforderlich ist! Andererseits nimmt man an, daß das neuronale System, das der Wahrnehmung der Geschwindigkeit zugrunde liegt, zur Messung eine »biologische Uhr« zu Hilfe nehmen muß. Geschwindigkeit wird in der Physik als die Zeit definiert, die ein Gegenstand braucht, um eine gegebene Entfernung zurückzulegen $(V = \frac{s}{t})$; es wird deshalb vermutet, daß eine Zeitschätzung immer in eine Geschwindigkeitsschätzung mit eingeht. Der Geschwindigkeitsmesser des Autos ist jedoch nicht mit einer Uhr verbunden. Eine Uhr wird zunächst gebraucht, um ein solches Instrument zu eichen. Ist es jedoch einmal geeicht, so zeigt es Geschwindigkeit auch ohne Uhr an, und dasselbe gilt offenbar auch für das Auge. Das Bild, welches sich über die Netzhaut bewegt, erregt nacheinander verschiedene Rezeptoren, und je schneller — bis zu einer bestimmten Grenze — die Bildbewegung erfolgt, desto größer ist die Geschwindigkeit, die sie signalisiert. Analogien mit anderen Geschwindigkeitsanzeigen (Geschwindigkeitsmesser usf.) zeigen, daß die Geschwindigkeit ohne Uhr wahrgenommen werden kann. Sie sagen uns aber nichts darüber, wie das neuronale System arbeitet. Eines Tages sollte es möglich sein, ein vollständiges Schaltbild der Netzhaut zu zeichnen und danach ein funktionierendes elektronisches Modell zu bauen. Zur Zeit sind wir noch weit davon entfernt, zumindest was das menschliche Auge betrifft. Ein Modell für das Facettenauge von Käfern wurde bereits vorgeschlagen. Es wurde gebaut und in Flugzeugen angewandt, um die Abtrift zu messen, mit welcher die Maschine infolge des Windes vom Kurs versetzt wird. Dieses Bewegungsmeßgerät ist entwicklungsgeschichtlich einige 100 Millionen Jahre alt. Es wurde durch Übertragung elektronischer Vorstellungen in die Biologie entdeckt, mit elektronischen Bestandteilen nachgebaut und in der Fliegerei verwandt.

Das Auge-Kopf-Bewegungssystem

Das neuronale System, das die Bewegungswahrnehmung bei Verschieben der Bilder über die Netzhäute vermittelt, muß sehr verschieden sein von dem, welches Bewegung signalisiert, wenn die Augen bewegt werden. Die Augenbewegungen werden durch sechs äußere Augenmuskeln kontrolliert. Irgendwie wird die Augenbewegung zum Gehirn gemeldet und dazu verwandt, um die Bewegung von Gegenständen anzuzeigen. Daß dies wirklich so geschieht, zeigt der Zigarettenversuch, den wir oben beschrieben haben. Denn in dieser Situation kommt es zu keiner Bildverschiebung über die Retina, und trotzdem wird die Bewegung der Zigarette gesehen, wenn wir sie mit den Augen verfolgen (Abb. 51 b).
Die naheliegendste Möglichkeit wäre eine Rückkoppelung von den Muskeln, deren Dehnung Signale zum Gehirn auslösen könnte, die Augen- und damit auch Objektbewegung anzeigen, wenn die Augen bewegten

Objekten folgen. Dies würde die Lösung eines Ingenieurs sein, doch ist es die der Natur? Wir finden die Antwort, wenn wir einer anderen Frage, die nichts damit zu tun zu haben scheint, nachgehen.

Umweltsstabilität trotz Augenbewegung

Weshalb bewegt sich die Umwelt nicht, wenn wir die Augen bewegen? Obgleich ihr Netzhautbild sich dabei über die Rezeptoren verschiebt, kommt es nicht zur Bewegungswahrnehmung. Wie ist das möglich?
Wir haben gesehen, daß Bewegung durch zwei neuronale Systeme signalisiert wird, durch das Bild-Netzhaut- und das Auge-Kopf-System. Und es scheint, daß die beiden Systeme während der normalen Augenbewegungen gegeneinander arbeiten und ihre Meldungen gegenseitig annullieren, um die Sehwelt zu stabilisieren. Die Vorstellung von der Annullierung zum Zwecke der Bildstabilisierung wurde von dem Physiologen Sir Charles SHERRINGTON, dessen Untersuchungen über die Rückenmarksphysiologie grundlegend geworden sind, und von HELMHOLTZ diskutiert. Sie hatten sehr verschiedene Ansichten über die Art der Wechselwirkung, die dabei im Spiele ist, und besonders wie der von uns Auge-Kopf-System genannte Mechanismus arbeitet. SHERRINGTONS Theorie ist als Afferenztheorie, die von HELMHOLTZ als Efferenztheorie (Abb. 52) bekannt. SHERRINGTON stellte sich vor, daß bei Augenbewegungen von den Augenmuskeln Signale zum Gehirn zurückgemeldet werden, die die auf der Netzhaut ausgelösten Bewegungsmeldungen aufheben. Diese Vorstellung ist dem Ingenieur als Rückkoppelung vertraut. Aber die neuronalen Signale von den Augenmuskeln würden eine ziemlich lange Zeit benötigen, um ins Zentralhirn zu gelangen, und man sollte erwarten, daß zunächst nach jeder Augenbewegung eine unangenehme Umweltverschiebung auftritt, bevor die afferenten Signale das Gehirn erreichen und die retinalen Bewegungsmeldungen annullieren. HELMHOLTZ hatte eine ganz andere Auffassung. Er dachte, daß die retinalen Bewegungsmeldungen nicht durch Signale von den bewegten Muskeln aufgehoben werden, sondern durch Signale von Gehirnzentren, die die Augenbewegungen veranlassen.
Diese Streitfrage läßt sich durch einfache Experimente entscheiden, welche der Leser selbst ausprobieren kann. Man braucht nur ein Auge

52 Weshalb bleibt die Umwelt stabil, wenn wir unsere Augen bewegen? Nach der *Afferenztheorie* werden Bewegungssignale von der Netzhaut (Bild-Netzhaut-System) durch (afferente) Signale von den Augenmuskeln annulliert. Die *Efferenztheorie* nimmt dagegen an, daß die Bewegungssignale von der Netzhaut durch die (efferenten) Kommandoimpulse zu den Augenmuskeln über eine innere Kontrollverbindung aufgehoben werden. Die experimentellen Befunde sprechen für die *Efferenztheorie*.

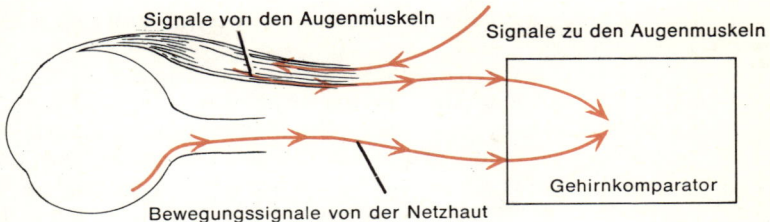

Signale von den Augenmuskeln

Signale zu den Augenmuskeln

Gehirnkomparator

Bewegungssignale von der Netzhaut

AFFERENZTHEORIE

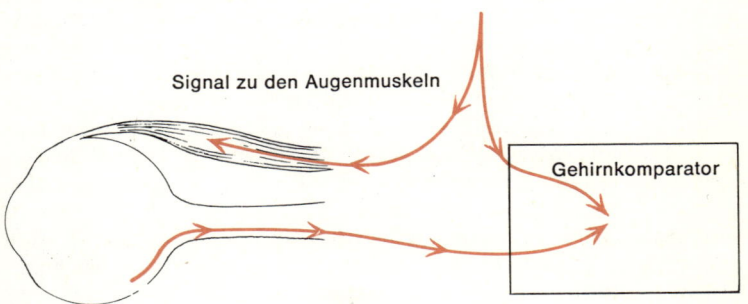

Signal zu den Augenmuskeln

Gehirnkomparator

EFFERENZTHEORIE

mit einem Finger leicht zu verschieben, während man das andere Auge durch die andere Hand bedeckt, dann sieht man, daß sich bei dieser passiven Augenbewegung die Sehwelt in entgegengesetzter Richtung bewegt. Offensichtlich werden passive Augenbewegungen im Gegensatz zu normalen Spontanbewegungen nicht stabilisiert. Die Verschiebung der Welt *gegen* die Richtung der passiven Augenbewegungen beweist, daß das Bild-Retina-System noch arbeitet. Das Augen-Kopf-System ist also ausgeschaltet. Warum sollte das Auge-Kopf-System aber nur bei willkürlichen und nicht bei passiven Augenbewegungen funktionieren? SHERRINGTON hat angenommen, daß es Signale von den Streckrezeptoren der Augenmuskeln benutzt. Und solche Streckrezeptoren sind gut bekannt. Sie informieren das Rückenmark über die Bewegungen der Extremitätenmuskulatur. Aber es sieht so aus, als ob das Auge-Kopf-System anders gesteuert wird, denn die Streckrezeptoren werden auch während passiver Augenbewegungen aktiviert.

Man kann auch alle Bewegungsmeldungen von der Netzhaut ausschalten und feststellen, was sich während passiver Augenbewegungen ereignet. Dies gelingt am einfachsten mittels eines Nachbildes, wie es nach kurzem Fixieren eines hellen Lichtes (oder eines Fotoblitzes) auftritt. Durch das helle Licht wird der belichtete Netzhautbereich ermüdet und entspricht gleichsam einer Fotografie, die auf der Netzhaut klebt und sich exakt mit dem Auge bewegt. Obgleich das Auge sich bewegt, kommt es dadurch zu keiner Bildverschiebung und damit zu keiner Bewegungsinformation von der Netzhaut. Wenn man das Nachbild im Dunkeln beobachtet (um jeglichen Hintergrund auszuschließen), wird man feststellen, daß das Nachbild bei passiven Bewegungen des Auges durch leichten Druck mit dem Finger stationär bleibt. Dies ist ein starkes Argument gegen die Afferenztheorie. Denn die dabei ausgelöste Aktivität der Streckrezeptoren sollte dazu führen, daß das Nachbild mit dem Auge ebenfalls verschoben wird, wenn es normalerweise für die Aufhebung der retinalen Bewegungssignale verantwortlich wäre.

Bewegt man dagegen das Auge willkürlich, so zeigt sich, daß sich auch das Nachbild mitbewegt. Wohin das Auge auch gerichtet wird, das Nachbild wird folgen. HELMHOLTZ erklärte dies durch die Annahme, daß nicht die Aktivität von Augenmuskeln, sondern die Kommandosignale zu den Augenmuskeln hierfür verantwortlich sind. Die Efferenztheorie besagt, wie wir schon wissen, daß die Signale zu den Augenmuskeln im Gehirn durch besondere Abzweigungen mit retinalen Bewegungssignalen konvergieren und verrechnet werden. Fehlen diese wie im Fall des Nachbildes im Dunkeln, dann bewegt sich die Umwelt mit den Augen, weil in den zentralen Abzweigstellen die Kommandoimpulse zu den Augenmuskeln von der Netzhautafferenz nicht annulliert werden. Passive Augenbewegungen führen dagegen nicht zur Bewegung des Nachbildes, da hier keines der beiden Systeme ein Bewegungssignal gibt.

Bei Kranken mit Augenmuskel- oder Augenmuskelnervenschädigungen bewegt sich die Umwelt, wenn sie versuchen, ihre Augen zu bewegen. Und zwar bewegt sich die Welt in der Richtung, in der die Augen sich bewegen sollten. Das gleiche Phänomen tritt auf, wenn die Muskelfunktion durch Curare, ein südamerikanisches Pfeilgift, blockiert wird. Der österreichische Wissenschaftler Ernst MACH fixierte seine Augen mit einer Art Kitt, so daß sie sich nicht bewegen konnten, und machte die gleiche Feststellung.

Das Auge-Kopf-System wird also nicht über tatsächliche Augenbewegung, sondern durch die zentralen Bewegungskommandos direkt gesteuert. Daher arbeitet es auch, wenn die Augen dem Befehl nicht gehorchen. Es überrascht, daß efferente Signale eine Bewegungswahrnehmung verursachen können. Denn man würde denken, daß die Bewegungswahrnehmung von den Augen kommt und nicht von einer Stelle tief im Gehirn, die die Augenbewegungen kontrolliert.

Da es in den Augenmuskeln Streckrezeptoren gibt, fragt man sich, weshalb so ein spezielles System entwickelt wurde. Aber vermutlich wäre ein Afferenz- oder Rückkoppelungssystem zu träge. Denn bis ein zurückgekoppeltes Signal zum Gehirn gelangt, um das retinale Bewegungssignal aufzuheben, würde es bereits zu spät sein.

Bei der Efferenzkontrolle kann das Annullierungssignal zusammen mit dem Kommandoimpuls für die Augenbewegung starten und so das retinale Signal ohne Verzögerung auffangen. Da das Netzhautsignal etwas Zeit (die retinale Latenz- und Leitungszeit) benötigt, könnte der Annullierungsimpuls zu früh in der Verrechnungszentrale eintreffen. Er wird daher verzögert, um ihn der Netzhaut anzupassen. Dies können wir sehen, wenn wir die Bewegung des Nachbildes bei willkürlichen Augenbewegungen sorgfältig beobachten. Immer wenn das Auge bewegt wird, braucht das Nachbild einige Zeit, um der Bewegung zu folgen, und dies ist offensichtlich die Verzögerung, die in den Kontrollkreis des efferenten Signals eingebaut ist, damit es nicht vor der Netzhautmeldung in der Verrechnungszentrale ankommt. Kann man sich ein besseres System vorstellen?

Bewegungstäuschungen

Wir betrachten jetzt einige Bewegungstäuschungen. Wie andere Täuschungen können sie von praktischer Bedeutung sein und zum Verständnis normaler Prozesse beitragen.

Das wandernde Licht

Der Leser mag vielleicht folgendes Experiment versuchen. Der ganze
apparative Aufwand ist eine angezündete Zigarette, die am Ende eines
völlig dunklen Raumes auf einen Aschenbecher gelegt wird. Beobachtet
man das glühende Ende länger als einige Sekunden, dann zeigt sich, daß
es in einer seltsamen, regellosen Art herumwandert, manchmal schnell in
eine Richtung springt, manchmal ruhig hin- und herschwingt. Seine Bewegungen können paradox sein; es kann in Bewegung und trotzdem nicht
die Lage ändernd erscheinen. Diese paradoxe Wahrnehmung ist nicht
nur wichtig, um das Phänomen des bewegten Lichtes, sondern auch das
Prinzip zu verstehen, wie Bewegung repräsentiert und im Nervensystem verschlüsselt ist.
Dieser Effekt ist als *autokinetisches Phänomen* bekannt. Es ist viel über
ihn diskutiert und mit ihm experimentiert worden, und ein gutes Dutzend Theorien versuchen, ihn zu erklären. Er wurde sogar als ein Indiz
für Suggestibilität und Gruppenwirkung gebraucht: denn manche Personen tendieren dazu, die Bewegung in der Richtung zu sehen, die von
anderen Anwesenden angegeben wird.
Die Theorien, die diesen Effekt erklären sollen, sind außerordentlich
verschieden. Es wurde vermutet, daß kleine Teilchen, die im Kammerwasser schwimmend sich herumbewegen, unter diesen besonderen Bedingungen schwach gesehen werden können. Der Lichtfleck und nicht die
Teilchen sollten dann bewegt erscheinen, ähnlich wie der Mond in Näch-
ten über den Himmel zu jagen scheint, in denen die Wolken sich bei
starkem Wind rasch bewegen. Diese sogenannte induzierte Bewegung
wird später diskutiert. Es gibt ausreichende Hinweise, daß sie nicht für
den autokinetischen Effekt verantwortlich ist. Denn die Bewegungen
treten in Richtungen auf, die in keinem Zusammenhang mit der Trift der
Partikel im Auge stehen (wenn diese durch ein schräg einfallendes Licht
deutlicher sichtbar gemacht werden), sofern sie überhaupt, was nicht ge-
nerell gilt, sichtbar sind. Eine weitere Theorie, die, obgleich falsch, im
allgemeinen von Ophthalmologen vertreten wird, nimmt an, daß im
Dunkeln nicht exakt fixiert werden kann und daß das Abweichen der
Augen den Lichtfleck über die Netzhaut verschiebt, was seinerseits die
scheinbaren Lichtbewegungen verursachen soll. Diese Theorie wurde

durch GUILFORD und DALLENBACH 1928 aber widerlegt. Sie fotografierten die Augen, während die Versuchsperson einen Lichtfleck beobachtete und über die dabei auftretende Bewegungswahrnehmung berichtete. Die Bewegungswahrnehmungen wurden mit den fotografischen Aufzeichnungen der Augenbewegungen verglichen. Dabei wurde keine Beziehung festgestellt. Außerdem waren die Augenbewegungen unter diesen Bedingungen äußerst gering. Diese Experimente scheinen ziemlich unbeachtet geblieben zu sein.

Bei allen Versuchen (bis auf einen), die Bewegung des Lichtes im Dunkeln zu erklären, wird davon ausgegangen, daß sich etwas bewegt — entweder Bestandteile des Kammerwassers, die Augen selbst oder auch eine Art inneres Bezugsystem. Diese letzte Annahme bildet einen wichtigen Teil der Wahrnehmungstheorie der Gestaltpsychologen, die einen großen Wert auf diese Bewegungstäuschung legten. KOFFKA äußert 1935 in seinem berühmten Buch *Gestaltpsychologie:* »Die autokinetischen Bewegungen beweisen, daß zu retinalen Punkten keine konstanten Ortswerte gehören. Sie vermögen nur innerhalb eines Bezugsystems zu lokalisieren, und sie können es nicht mehr, sowie dieses verlorengeht. Die autokinetischen Bewegungen sind die eindrucksvolle Demonstration der Existenz und funktionellen Wirksamkeit eines allgemeinen räumlichen Bezugsystems, aber die Wirkungsweise dieses Systems betrifft unsere gesamte Erfahrungswelt.« Dies ist nicht so klar ausgedrückt, wie man es sich wünscht. Aber ist die Argumentation überhaupt richtig? Ich glaube, sie enthält einen wichtigen Trugschluß.

Was für die Umwelt und ihre Beobachtung zutrifft, gilt nicht notwendigerweise für Beobachtungsfehler oder Täuschungen. Es ist wichtig, diesen Unterschied richtig zu sehen. Jedes Sinnesorgan kann falsche Information geben: Druck auf das Auge läßt uns im Dunkeln Lichterscheinungen wahrnehmen; elektrische Reizung irgendeines Nervenendes verursacht die Empfindung, für die das entsprechende Sinnessystem normalerweise zuständig ist. In gleicher Weise ist zu erwarten, daß, sofern der Bewegungswahrnehmung spezifische neuronale Substrate korreliert sind, Bewegungstäuschungen auftreten, wenn diese Neurone gestört werden. Von technischen Bewegungsmeßgeräten ist uns dies vertraut.

Diese wirklich schwerwiegende Verwirrung ist nach meiner Ansicht dadurch entstanden, daß man nicht unterschieden hat, welche Bedingungen

53   Hier wird veranschaulicht, wie ein schwaches Licht, das im Dunkeln
beobachtet wird, sich zu bewegen scheint, nachdem vorher jeweils 30 Sekunden
starr in vier verschiedene Richtungen geblickt wurde. Die Pfeile zeigen die
vorausgehende Blickrichtung an; die dunkler getönten Segmentteile zeigen

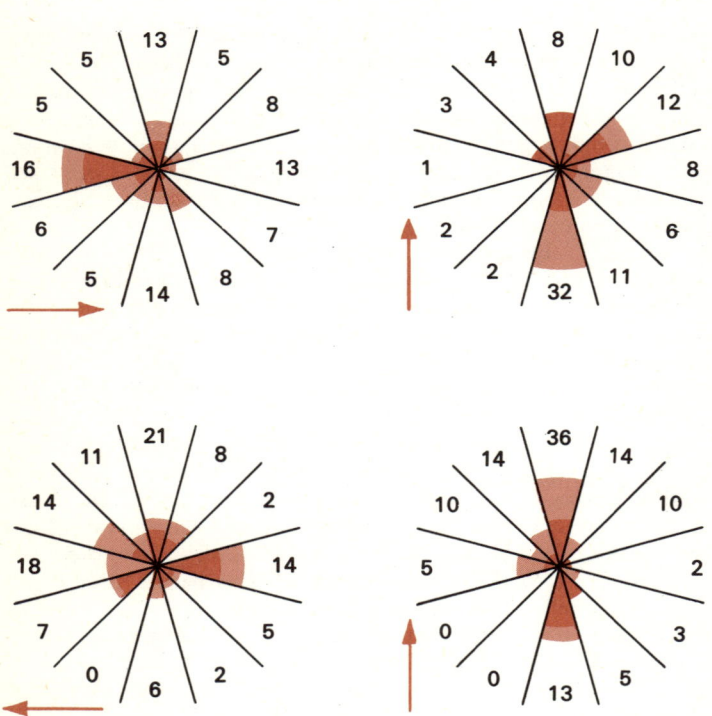

einer gültigen Geschwindigkeitsschätzung und welche einer falschen
Schätzung zugrunde liegen.

Es trifft zu, daß jede Objektbewegung in der Welt relativ ist. Wir können nur von der Bewegung eines Gegenstandes im Hinblick auf einen
anderen sprechen oder sie in bezug auf andere messen. Dies ist die
Basis für EINSTEINS spezielle Relativitätstheorie. Allerdings wurde bereits im 17. Jahrhundert dieser Zusammenhang durch BERKELEY verdeutlicht, als er eine Behauptung in NEWTONS *Principia* angriff: »Wenn jeder
Ort relativ ist, dann ist jede Bewegung relativ, da Bewegung nicht ohne Be-

die scheinbare Bewegungsrichtung während der nächsten 30 Sekunden, während die hellrot getönten Segmentteile die Bewegungsrichtung innerhalb weiterer 30 Sekunden angeben. Die Ziffern geben die Bewegungsdauer in Sekunden während zweier Minuten nach Einsetzen der Bewegungstäuschung.

stimmung ihrer Richtung verstanden werden kann und diese wiederum nur in Beziehung zu unserem oder einem anderen Körper verständlich ist. Oben, unten, rechts und links, alle Richtungen und alle Orte werden durch Lagebeziehungen bestimmt, und man benötigt dazu einen Körper, der sich vom bewegten Körper unterscheidet... Bewegung ist daher ihrer Natur nach relativ... Deshalb könnten wir uns, wenn wir annehmen, daß nichts als eine einzige Kugel existierte, keine Bewegung dieser Kugel vorstellen.«

Von den Wahrnehmungsforschern wurde angenommen, daß, sofern sich nichts bewegt — weder die Augen, Teilchen in den Augen, noch irgend etwas anderes —, auch keine Bewegungstäuschung zustande kommen könnte, wie im Falle des Lichtflecks in der Dunkelheit. Das sich bewegende Licht wurde in diesem Falle BERKELEYS völlig isoliert gedachter Kugel gleichgesetzt. In Wirklichkeit ist dies nicht vergleichbar.

Der Fehler liegt in der Annahme, daß sich etwas relativ zu etwas anderem bewegen müßte, wenn falsche Bewegungsschätzungen oder Bewegungstäuschungen auftreten. Diese können jedoch einfach das Ergebnis einer Störung oder eines Versagens der Eichung des Meßinstruments sein — ganz gleich, ob es sich um einen Geschwindigkeitsmesser oder um das Auge handelt. Hat man sich dies klargemacht, so kann man nach der Art der Störung oder Veränderung in der Eichung des Sehsystems suchen, welche für den autokinetischen Effekt verantwortlich ist.

Wenn die Augen über einige Sekunden starr in irgendeine Richtung gehalten werden und dann zu ihrer normalen Mittelstellung zurückkehren, während das kleine schwache Licht wie vorher in der Dunkelheit betrachtet wird, dann scheint das Licht in der Richtung davonzuwandern, in die die Augen geblickt hatten, oder gelegentlich auch umgekehrt, aber in keiner anderen Ebene. Diese Bewegung kann einige Minuten anhalten, wenn einige Augenmuskeln auf diese Weise beträchtlich ermüdet wurden (Abb. 53). Die Ermüdung der Augenmuskeln erfordert aber anormale Kommandoimpulse, um das Auge weiterhin auf das Licht zu fixieren, und diese können den Signalen entsprechen, die normalerweise die Augen bewegen, wenn sie einem bewegten Gegenstand folgen. Man sieht also Bewegung, wenn die Muskeln ermüdet sind, obgleich sich weder die Augen noch die Bilder auf den Netzhäuten bewegen. Die Bewegungstäuschung beim *autokinetischen Effekt* scheint damit auf solche Kommandoimpulse zurückzuführen zu sein. Sie halten die Augen fixiert trotz leichter spontaner Schwankungen der Leistungsfähigkeit der Muskeln, die sonst kleinere Augenbewegungen verursachen könnten. Nicht die Bewegung der Augen, sondern die Korrektionssignale, die die Augenbewegung verhindern sollen, verursachen die Scheinbewegung des Lichtflecks im Dunkeln.

Wenn aber die Korrektionssignale zur Scheinbewegung des Lichtflecks im Dunkeln führen, weshalb verursachen sie keine Instabilität unter normalen Bedingungen? Warum steht die Umwelt gewöhnlich still? Auf diese Frage gibt es keine klare Antwort. Es kann sein, daß die Signale in Gegenwart großer Gesichtsfelder ignoriert werden, weil das Gehirn voraussetzt, daß sich große Gegenstände nicht bewegen, sofern nicht ein eindeutiger Beweis für das Gegenteil vorliegt. Dies wird durch die Wirkung der »induzierten Bewegungen« bestätigt, die wir weiter unten erörtern werden.

Die instabile Welt

Bei Ermüdung oder unter den weniger angenehmen Wirkungen des Alkohols schwankt die Welt. So wird das von dem geistreichen Engländer SHERIDAN beschrieben: Zwei Freunde führten ihn zu der Haustür seines Hauses am *Berkeley Square* und verließen ihn. Als sie zurücksahen, stand er noch immer in derselben Stellung. Auf die Frage: »Warum gehst Du nicht hinein?«, kam die Antwort: »Ich warte nur, bis meine Tür wiederkommt, dann werde ich hindurchspringen!« Es ist nicht recht deutlich, wie gerade diese Erscheinung mit der des bewegten Lichtflecks in Verbindung steht. Es kann sein, daß das Befehlssystem der Augenbewegung gestört ist oder daß Alkohol eine Reduzierung der Bedeutung der Außenwelt bewirkt, so daß fehlerhafte Informationen, welche normalerweise unbeachtet bleiben, akzeptiert werden. Genauso, wie wir oft bei Übermüdung oder Trunkenheit von Phantasien oder irrationaler Furcht überfallen werden, werden wir vielleicht auch durch kleine Irrtümer in der neuronalen Informationsübertragung, welche gewöhnlich als nicht signifikant verworfen werden, beherrscht. Wenn dies so ist, sollte man annehmen, daß Schizophrene an der Instabilität ihrer Sehwelt leiden. Hierfür kenne ich aber keine Hinweise.

54 Wird diese Spirale rotiert, so scheint sie sich je nach Rotationsrichtung zu kontrahieren oder auszudehnen. Wird sie angehalten, so scheint sie sich weiterhin, nur in umgekehrter Richtung, zu kontrahieren oder auszudehnen. Dies kann nicht durch Augenbewegungen hervorgerufen werden, da die scheinbare Kontraktion oder Ausdehnung in allen Richtungen gleichzeitig erfolgt. Der Effekt ist widersinnig — wir sehen Bewegung ohne eine Positions- oder Größenänderung.

55 Der Wasserfalleffekt. Dieser ist der scheinbaren Bewegung ähnlich, die von der rotierenden Spirale hervorgerufen wird. Nach Beobachtung der bewegten Streifen scheinen sie sich beim Anhalten rückwärts zu bewegen. Dies tritt aber nur auf, wenn die Bewegung mit stillgehaltenen Augen beobachtet wird und die Augen den Streifen nicht folgen. Dieser Effekt kann daher nur durch die Adaptation des Bild-Netzhaut-Systems verursacht werden.

Der Wasserfalleffekt

Wir haben gesehen, daß Scheinbewegungen im Dunkeln anscheinend durch geringe Störungen in dem Auge-Kopf-System bedingt sind. Und man kann erwarten, daß ähnliche Bewegungstäuschungen existieren, die durch Störungen des Bild-Retina-Systems verursacht werden. Dies ist tatsächlich der Fall. Diese Täuschungen sind nicht auf die Bewegung des ganzen Gesichtsfelds beschränkt. Verschiedene Teile des Sehfelds können oft widersinnige Bewegungen in verschiedene Richtungen und mit verschiedener Geschwindigkeit vortäuschen. Die auffallendste Bild-Retina-Störung ist als »Wasserfalleffekt« bekannt.

Schon ARISTOTELES kannte diese »Wasserfalltäuschung«. Sie ist ein dramatisches Beispiel für eine Bewegungstäuschung, die durch Adaptation des Bild-Retina-Systems hervorgerufen wird. Sie kann sehr leicht ausgelöst werden, wenn man ungefähr eine halbe Minute konstant den zentralen Halterstift eines rotierenden Schallplattenspielers fixiert. Wird der Plattenspieler dann plötzlich gestoppt, scheint er für einige Sekunden in umgekehrter Richtung zu rotieren. Das gleiche ist zu beobachten, wenn man auf fließendes Wasser sieht und dann die Augen auf das Ufer oder irgendein anderes ruhendes Sehobjekt richtet. Man nimmt dann eine Bewegung in entgegengesetzter Richtung des Wasserstroms wahr. Der eindrucksvollste Effekt wird durch eine rotierende Spirale hervorgerufen (Abb. 54). Sie scheint sich während der Rotation auszudehnen und nach Anhalten der Rotation zu kontrahieren. Wenn die Rotationsrichtung umgekehrt wird, kehrt sich der Effekt um. Diese vorgetäuschte Kontraktion oder Ausdehnung beim Anhalten der Spirale kann nicht durch Augenbewegungen ausgelöst sein, denn das Auge kann sich zur gleichen Zeit nur in einer Richtung bewegen, während dieser Effekt als Kontraktion oder radiäre Ausdehnung erscheint, die vom Zentrum ausgehend gleichzeitig in alle Richtungen auftritt. Diese Tatsache allein zeigt, daß der Effekt eher dem Bild-Retina- als dem Auge-Kopf-Bewegungssystem zuzuschreiben ist. Es kann aber sogar gezeigt werden, daß er ausschließlich auf die Störung des Bild-Retina-Systems zurückzuführen ist. Folgt man einem bewegten gestreiften Band mit den Augen und führt die Augen schnell wiederholt zum Anfang des Bandes zurück, wenn sein Ende erreicht ist, so wird eine fortlaufende Bewegung allein über das

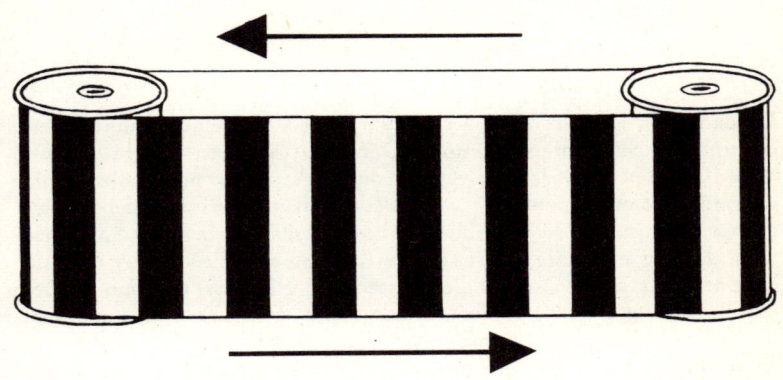

Auge-Kopf- ohne Beteiligung des Bild-Retina-Systems wahrgenommen. Unter diesen Umständen kommt es zu keinem Nacheffekt, wenn das gestreifte Band angehalten wird, vorausgesetzt, daß die Bewegung nur über das Auge-Kopf-System gesehen wurde (Abb. 55).

Es bleibt die Frage, ob die Adaptation in der Netzhaut oder im Gehirn stattfindet. Die Netzhaut scheint zur Verursachung eines derart komplexen Nacheffekts zuwenig differenziert zu sein. Es ist jedoch schwierig, die retinale Adaptation zumindest als Teilursache auszuschließen. Man könnte denken (und einige Psychologen, die es besser wissen sollten, haben es gedacht), daß dieser strittige Punkt geklärt werden könnte, indem man ein bewegtes Objekt nur mit einem Auge verfolgt und das andere geschlossen hält und dann beobachtet, ob ein Bewegungsnachbild auftritt, wenn man einen ruhenden Gegenstand mit dem vorher geschlossenen Auge allein betrachtet. Auch dann kommt es zu einem, allerdings nur etwa halb so starken Bewegungsnachbild. Dies beweist jedoch nicht endgültig, daß die Adaptation im Gehirn vor sich geht. Denn es ist möglich, daß von dem gereizten Auge auch noch Bewegungssignale zum Gehirn gegeben werden, nachdem es geschlossen wurde, und daß diese in der Gehirnrinde in das Feld des ungereizten Auges laufen. Das ist gut möglich, da es schwierig oder unmöglich ist festzustellen, welches Auge dabei entscheidend ist. Man tendiert natürlich dazu, zu sagen, daß das Auge, welches offen ist, den Sehvorgang allein bedingt, und hat versucht, dieses Problem experimentell zu lösen.

Wir wissen nicht genau, weshalb das Bild-Netzhaut-System durch fortlaufende Bewegungsreizung gestört wird, weil wir seinen Funktionsmechanismus nicht genügend kennen. Durch die Arbeiten von HUBEL und WIESEL wissen wir, daß Bewegung durch getrennte neuronale Kanäle repräsentiert wird und daß verschiedene Kanäle verschiedene Bewegungsrichtungen anzeigen (Abb. 38). Es ist deshalb naheliegend anzunehmen, daß diese Kanäle durch längere Reizung adaptieren oder ermüden (wie das bei fast allen neuronalen Systemen der Fall ist) und daß dadurch das Bewegungssystem aus dem Gleichgewicht gebracht wird und Bewegungstäuschungen in entgegengesetzter Richtung verursacht.

Wird das Nachbild der rotierenden Spirale sorgfältig untersucht, so werden zwei seltsame Effekte beobachtet. Die Bewegungstäuschung kann paradox sein: Sie kann sich ausdehnen oder zusammenziehen und wird dabei doch nicht als größer oder kleiner werdend gesehen, d. h., sie scheint bei gleichbleibender Größe zu wachsen. Dies klingt unmöglich und ist es auch für wirkliche Gegenstände. Wir müssen uns aber immer vor Augen halten, daß das, was für wirkliche Gegenstände zutrifft, nicht für die Wahrnehmung von Wahrnehmungstäuschungen gelten muß. Wir machen bei Wahrnehmungstäuschungen Erfahrungen, die logisch unmöglich sind. Im Fall des Nachbilds, welches sich ausdehnt, ohne seine Größe zu ändern, können wir annehmen, daß dies dadurch möglich ist, weil Geschwindigkeit und Position durch getrennte neuronale Mechanismen angezeigt werden und nur das eine — das Geschwindigkeitssystem — durch fortwährendes Betrachten einer rotierenden Spirale gestört wurde. Das ist der Situation eines Untersuchungsrichters vergleichbar, der von zwei Zeugen unvereinbare Angaben erhält und beide Darstellungen wenigstens so lange akzeptiert, bis er entscheidet, welche wahrscheinlich richtig ist und welche er als ein Lügengebäude am besten ignoriert. Das Wahrnehmungssystem der Augen und des Gehirns hat viele Kanäle und Informationsquellen. Wenn sie aus dem einen oder anderen Grund unvereinbare Informationen liefern, übernimmt das Gehirn die Funktion eines Richters. Manchmal werden verschiedene Quellen unvereinbarer Information wenigstens für eine gewisse Zeit zusammen akzeptiert, und dann machen wir unlogische, paradoxe Erfahrungen, die in Wirklichkeit unmöglich zusammen auftreten können. Wir sollten daher nicht zu überrascht sein, wenn durch Medikamente hervorgerufene Halluzinationen manchmal nicht zu beschreiben sind.

Nach längerer Reizung durch die rotierende Spirale sieht die Spirale nicht mehr gleichmäßig gekrümmt aus, sondern scheint aus einer Serie von kurzen geraden Abschnitten zu bestehen. Diese Abschnitte erscheinen auch im Nachbild, so daß ein Kreis, der nach Fixierung der rotierenden Spirale betrachtet wird, als Vieleck erscheint. Dieser sonderbare Effekt läßt vermuten, daß die Bewegungsrichtung durch eine ziemlich kleine Anzahl von Bewegungskanälen, die als Vektoren angeordnet sind, repräsentiert wird und daß durch Adaptation die Lücken zwischen den Vektoren manifest werden. Durch das Zählen der geraden Linien im Nachbild läßt sich die Zahl der dabei wirksamen Vektoren abschätzen. Aber eigenartigerweise ist es schwierig, die Zahl mit einiger Sicherheit anzugeben, obgleich dieser Effekt bei den meisten Menschen gut ausgeprägt ist. Eine grobe Schätzung ergibt ungefähr 50. Danach wäre also anzunehmen, daß die Bewegungsrichtung über etwa 50 Vektorsysteme angezeigt wird. Wenn diese durch Adaptation auf eine gleichförmige Bewegung aus dem Gleichgewicht gebracht werden, kommt es subjektiv zur Wasserfalltäuschung. Diese Darstellung ist spekulativ, aber sie scheint die beste Erklärung.

Eine merkwürdige Tatsache ist, daß die Wasserfalltäuschung fast überhaupt nicht auftritt, wenn der Bewegungsreiz die gesamte Netzhaut bedeckt und sich als Ganzes bewegt. Die relative Bewegung in den verschiedenen Netzhautgebieten wäre demnach für diese Täuschung verantwortlich.

Der Grund hierfür ist nicht ganz bekannt. Es scheint aber, daß das Bild-Netzhaut-Bewegungssystem sich in erster Linie mit relativer Bewegung befaßt. Wir sind ungleich schlechter in der Wahrnehmung von Gegenstandsbewegungen ohne Hintergrund, wenn Relativbewegungen in verschiedenen Netzhautbereichen ausfallen. Es scheint also, daß das System für die Wahrnehmung von Relativbewegungen adaptiert ist und daß die Adaptation ein neuronales System betrifft, welches die Geschwindigkeit direkt anzeigt und sich nicht von Ortsveränderungen in der Zeit ableitet. Diese Tatsache — daß die Reizung der gesamten Netzhaut nur ein sehr schwaches oder gar kein Bewegungsnachbild verursacht — ist von Vorteil, denn hauptsächlich dadurch unterliegen Autofahrer, auch wenn sie nach einer sehr langen Fahrt plötzlich halten müssen, selten dieser Täuschung.

Scheinbewegungen

Wie wir gesehen haben, können alle sensorischen Systeme genarrt werden. Doch das beharrlichste Betrogenwerden geschieht durch den Film. Obgleich uns im Film eine Serie von ruhenden Bildern (24 pro Sekunde in einem Tonfilm und gewöhnlich 16 oder 18 in einem Stummfilm) dargeboten wird, sehen wir einen kontinuierlichen Bewegungsablauf. Dies beruht auf zwei recht verschiedenen Eigenschaften des visuellen Systems: 1. der *Trägheit des Sehvorgangs* und 2. dem sogenannten *Phi-Phänomen.*

Die Trägheit des Sehvorgangs wird durch die Unfähigkeit der Netzhaut bedingt, schnellen Helligkeitsschwankungen zu folgen und sie zu signalisieren. Wird ein Licht zuerst langsam und dann schneller ein- und ausgeschaltet, so sieht man das Licht intermittierend bis zu einer Lichtwechselfrequenz von 30 pro Sekunde. Dann erscheint es als Dauerlicht. Ist das Licht hell, so liegt die kritische Fusionsfrequenz (wie sie genannt wird) beträchtlich höher. Sie kann bis ungefähr 50 Lichtreize pro Sekunde angehoben werden. (Man kann noch vom Flimmern einer Neonröhre irritiert werden, besonders wenn es auf die Retinaränder projiziert wird.)

Wir haben gesagt, daß im Film 24 Einzelbilder pro Sekunde projiziert werden. Dies ist weit unter der kritischen Fusionsfrequenz, und man kann deshalb fragen, warum wir nicht ein sehr unruhiges Bild sehen. In den alten Filmen war das auch der Fall (daher die »Rucke«). Moderne Projektoren haben jedoch einen besonderen Verschluß, welcher jedes Bild dreimal in rascher Folge zeigt, so daß, obgleich nur 24 Bilder pro Sekunde gezeigt werden, die Flimmerfrequenz 72/sec beträgt.

Das Fernsehen löst das Flimmerproblem völlig anders. Das Bild wird nicht wie beim Film als Ganzes angeboten, sondern ist aus schmalen Zeilen (Zeilensprungverfahren) aufgebaut, die das Flimmern verringern, obgleich es gegenwärtig ist und stört. Für Menschen, die zur Epilepsie neigen, kann das Flimmern sogar gefährlich sein, da es gelegentlich anfallprovozierend wirkt. Dies wird für diagnostische Zwecke ausgenutzt. Es stellt ebenso eine Gefahr unter ganz unerwarteten Verhältnissen dar, wie z. B., wenn man bei tiefstehender Sonne durch eine Baumreihe fährt und Licht und Schatten rasch hintereinander wechseln, oder beim Landen eines Hubschraubers. Der Rotor eines Helikopters erzeugt dann einen Flimmerlichtreiz, der sehr störend und gefährlich sein kann.

Niederfrequentes Flimmern ruft eigenartige Effekte sowohl bei normalen wie auch bei zur Epilepsie neigenden Beobachtern hervor. Bei einer Flimmerfrequenz von ungefähr 5—10 pro Sekunde können prächtige Farben sowie bewegte und ruhende Gestalten gesehen werden. Sie entstehen wohl durch direkte Störung des Sehsystems im durch die sich massiv wiederholenden Entladungsschauer der Netzhaut überlasteten Gehirn.

Die andere grundlegende Eigenschaft des Sehsystems, die den Film ermöglicht, ist die Scheinbewegung, bekannt als *Phi-Phänomen*. Es gibt eine große Literatur über experimentelle Untersuchungen dieses Effekts. Er wird gewöhnlich in den Laboratorien mit sehr einfachen Mitteln untersucht. Man benötigt lediglich Lichter, welche automatisch so geschaltet werden können, daß kurz nach Erlöschen des einen das andere Licht angeht. Was man sieht — vorausgesetzt daß die Entfernung zwischen den Lichtern und die Zeitintervalle zwischen ihrem Aufleuchten ungefähr richtig sind —, ist ein einzelnes Licht, das sich aus der Position des ersten in die Position des zweiten Lichts bewegt.

Es ist sehr wahrscheinlich, daß das Bild-Netzhaut-System mit Reizen arbeitet, die denen normaler Bewegungsreize verhältnismäßig ähnlich sind, daß es jedoch auch Abweichungen toleriert, sofern die Sprünge in Raum und Zeit nicht zu groß sind. Das Phi-Phänomen sagt uns also nichts anderes über das Bild-Netzhaut-System, als daß dessen Forderungen in vernünftigen Grenzen gehalten sind. Und dies macht Film und Fernsehen wirtschaftlich möglich.

Die Relativität der Bewegung

Wir haben bisher die grundlegenden Mechanismen für die Bewegungswahrnehmung betrachtet — entweder bei Reizung der Netzhaut durch bewegte Bilder oder bei Folgebewegungen des Auges selbst. Zur Wahrnehmung von Bewegung gehört jedoch weit mehr als dieses. Bei jeder Bewegung hat das Gehirn zu entscheiden, was sich hinsichtlich eines Bezugssystems bewegt und was stillsteht. Obgleich es verfänglich ist anzunehmen, daß Bewegungstäuschungen irgendeine tatsächliche Bewegung notwendigerweise voraussetzen, ist es richtig, daß jede wirkliche Bewegung relativ und daher eine Entscheidung immer erforderlich ist. Das zeigt sich immer, wenn wir unsere Position verändern: beim Gehen, Fahren

56 Induzierte Bewegung. Ein Lichtfleck wird auf einen bewegten Schirm projiziert. Dabei wird der stillstehende Fleck als bewegt gesehen. Dies tritt auf, wenn der bewegte Teil größer oder mit größerer Wahrscheinlichkeit ruhend ist (nach DUNCKER).

bewegter Schirm

Schirm erscheint stationär

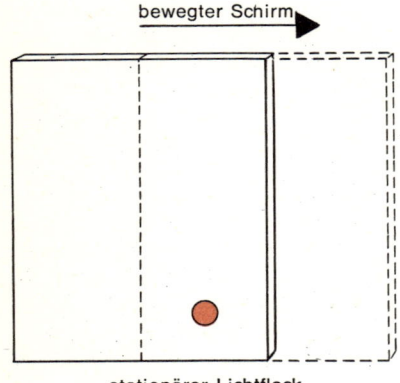
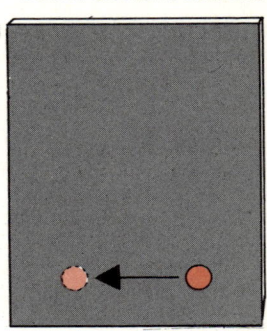

stationärer Lichtfleck

Lichtfleck erscheint bewegt

WIRKLICHE UND WAHRGENOMMENE BEWEGUNG

oder Fliegen. Im allgemeinen wissen wir, daß die Bewegung durch unsere eigene Ortsveränderung und nicht durch eine Verschiebung der Umgebung verursacht wird. Aber auch dies muß erst entschieden werden. Wie zu erwarten, wird manchmal die falsche Entscheidung getroffen. Wir unterliegen dann Fehlwahrnehmungen, welche sehr schwerwiegend sein können, da die Bewegungswahrnehmung von großer biologischer Bedeutung ist. Dies trifft für den Menschen des technischen Zeitalters genauso zu wie für den der frühen Geschichte. Beim Fliegen oder Autofahren können Fehler bei der Bewegungswahrnehmung sicher nicht ignoriert werden.

Die Wahrnehmungsforschung arbeitete meist mit einem stationären Beobachter. Oft schaute dieser nur in einen Kasten, der einen Apparat enthielt, der Lichtblitze oder verschiedenartige Bilder anbot. Aber im täglichen Leben wird bei freier Bewegung des Beobachters eine Welt wahrgenommen, in der einige der umgebenden Gegenstände ebenfalls in Bewegung sind. Es bestehen schwierige technische Probleme in der Untersuchung der realen Lebenssituation. Doch der Versuch ist der Mühe wert, wenn er auch einen verhältnismäßig komplizierten Aufwand erfordert.

Wie wir sehen werden, sind aber die Wahrnehmungen von Größe, Entfernung und Geschwindigkeit abhängig voneinander. Sie stehen auf sehr komplizierte Art miteinander in Verbindung, so daß Fehlbeurteilungen einer Wahrnehmungsgröße zu Irrtümern bei anderen führen.

Wie wir gesehen haben, muß immer erst entschieden werden, was sich gerade bewegt. Geht oder läuft der Beobachter, so besteht in der Regel kein großes Problem.

Im allgemeinen bewegen sich kleine Gegenstände. Es ist daher naheliegend anzunehmen, daß das Gehirn im Zweifelsfall einfach zur wahrscheinlicheren Lösung tendiert und eher kleine Gegenstände als große als bewegt meldet. (Dieser Effekt kann beim Autofahren störend sein — ist meine Handbremse nicht angezogen oder fährt der Idiot neben mir rückwärts?) Nur bei Be- oder Entschleunigung vermitteln auch die Gleichgewichtsorgane des Mittelohrs einige allerdings oft irreführende Informationen.

Der Gestaltpsychologe DUNCKER hat das Phänomen der *induzierten Bewegung* sehr gründlich untersucht. Er dachte sich verschiedene elegante Demonstrationen aus. Sie zeigten, daß man bei ausschließlich visuell erfaßten Bewegungen dazu neigt, die größten Gegenstände als ruhend und die kleineren Gegenstände als bewegt anzunehmen. Das zeigt sich besonders eindrucksvoll, wenn man einen Lichtfleck auf einen gleichmäßigen Hintergrund projiziert. Wird der Hintergrund (z. B. ein Pappkarton, Abb. 56) bewegt, so sehen wir nicht den Hintergrund, sondern den Lichtfleck auf dem Hintergrund in Bewegung, obgleich er in Wirklichkeit stillsteht. Dabei ist zu beachten, daß für das Auge ausreichend Information verfügbar ist, denn es ist das Bild des Pappkartons und nicht das des Lichtflecks, welches sich auf der Netzhaut bewegt. Doch die Information ist für eine eindeutige Entscheidung nicht immer ausreichend. (Dies ist wichtig für die Frage, weshalb die Welt nicht stets unstabil ist wie das wandernde Licht, das oben diskutiert wurde.)

Scheinbewegungen und Entfernung

Wenn wir den Mond oder die Sterne während des Autofahrens beobachten, bewegen sie sich scheinbar langsam mit uns. Bei ungefähr 90 km pro Stunde scheint sich der Mond mit einer Geschwindigkeit von 8 bis

16 km pro Stunde zu bewegen. Wir sehen den Mond sich also langsamer bewegen als uns selbst, aber trotzdem fällt er nie zurück. Das ist ein merkwürdiger Effekt.

Der Mond ist so weit entfernt, daß wir seine Entfernung als unendlich annehmen können. Wenn sich das Auto weiterbewegt, bleibt daher der Winkel zum Mond scheinbar unverändert — der Mond ändert seine Stellung nicht, obgleich wir unter ihm weiterfahren. Aber wahrnehmungsmäßig ist er nur einige hundert Meter entfernt. Wir schließen dies aus der Größe, in der er uns erscheint. Er wird unter einem Winkel von $1/2$ Grad gesehen und sieht aus, als ob er einem Gegenstand gleicher Winkelgröße entspricht, der wenige hundert Meter entfernt steht. Man betrachte nun einen dieser Vergleichsgegenstände, der wenige hundert Meter entfernt ist und dieselbe scheinbare Größe wie der Mond hat. Wenn wir an ihm vorbeifahren, so lassen wir ihn schnell hinter uns. Der Mond bleibt jedoch nicht hinter uns zurück, weil er in Wirklichkeit so weit entfernt ist. Für das Wahrnehmungssystem gibt es nur einen Weg, diese Tatsachen in Einklang zu bringen. Es hat sie durch einen Gegenstand zu interpretieren, der sich mit dem Auto bewegt. Die scheinbare Geschwindigkeit des Mondes wird daher durch seine scheinbare Entfernung bestimmt. (Wenn der Mond durch Prismen beobachtet wird und durch unterschiedliche Konvergenz verschieden weit entfernt erscheint, scheint er sich jeweils mit einer anderen Geschwindigkeit zu bewegen.)

Eine ähnliche Wirkung läßt sich bei stereoskopischer Projektion von Diapositiven beobachten. Wird eine Szene durch gekreuzte Polarisationsfilter stereoskopisch projiziert, so scheint sie sich zu drehen und dem Beobachter zu folgen, wenn er sich bewegt. Ein solches dreidimensionales Bild eines Korridors bewegt sich so, daß die scheinbare Vorderseite dem Beobachter folgt und der Gang sich nach ihm ausrichtet. Die Wirkung ist sehr unangenehm und kann zur Übelkeit führen. Wird die Konvergenz der Augen gesteigert, verschiebt sich das gesamte Bild auf der Leinwand, wenn sich der Beobachter bewegt. Der Effekt steht in direkter Beziehung zur Konvergenz und Disparation, wird aber noch nicht in allen Einzelheiten verstanden. Seine Untersuchung würde sich vermutlich bezahlt machen.

Die Stereoprojektion ist in dieser Hinsicht besonders interessant, weil die beobachteten Gegenstände in einer Ebene auf der Leinwand liegen, obgleich sie in der Tiefe gesehen werden. Wenn der Beobachter sich bewegt, kommt es dadurch zu keiner Bewegungsparallaxe. Normalerweise bewegen sich nahe Objekte nach links, wenn wir uns nach rechts bewegen. Die Welt schwingt in der Tat entgegengesetzt zu unserer Bewegung um den Fixationspunkt der Augen. Aber wenn wir Bilder stereoskopisch betrachten, geschieht genau das Gegenteil. Sie scheinen sich in Richtung der Bewegung des Beobachters zu drehen. Der Drehpunkt wird dabei durch die Konvergenz der Augen festgelegt. Die Konvergenz aber wird nicht durch den Beobachter bestimmt, sondern hängt vom Abstand der Stereobilder auf der Leinwand ab. (Sofern ein Stereoprojektor zur Verfügung steht, sollte man sich diese Effekte ansehen.)

Wird der Beobachter gefahren oder geflogen, so kann er nur durch den Sehsinn beurteilen, ob und wie schnell er sich bewegt. In großer Höhe im Flugzeug empfinden wir die Bewegung nur wenig oder gar nicht. Beim Landen und Starten hängt es vom Zufall ab, ob wir uns selbst oder den schnell auf uns zukommenden Boden in Bewegung sehen. Täuschungen und Fehler sind in dieser Situation häufig und dramatisch. Sie sind so ausgesprochen, daß die Piloten lernen müssen, weitgehend auf ihre normale Wahrnehmung zu verzichten und sich auf die Instrumente zu verlassen.

Diese Situation ist ähnlich der der induzierten Bewegung. Wir machen angenäherte Schätzungen aufgrund von sehr wenigen Evidenzmomenten. Das wesentliche Beweismaterial ist unter normalen Bedingungen eine gleichförmige Bewegung quer über die Netzhaut, besonders an der Peripherie. Wenn z. B. eine rotierende Spirale wie in der Abb. 54 gefilmt und sehr groß auf eine Filmleinwand projiziert wird, scheinen wir uns ihr zu nähern oder von ihr zu entfernen — anstatt daß wir sie sich ausdehnen oder kontrahieren sehen, wie wenn ihr Bild nur einen Teil der Netzhaut bedeckt. Schließlich geschieht es nicht oft, daß die ganze Netzhaut einen gleichförmigen Bewegungsreiz erfährt, außer wenn die Bewegung des Auges selbst die Ursache ist. Die Annahme, daß sich die Augen bewegen, ist deshalb in einem solchen Falle die naheliegendste Entscheidung. Das erklärt die wirkungsvollen Effekte des *Cinerama*.

57 Thomas YOUNG (1773—1829), porträtiert von Sir Thomas LAWRENCE. Er war zusammen mit HELMHOLTZ der Begründer der modernen Untersuchungen über das Farbensehen. Sein vielseitiges Genie erlaubte ihm wichtige Beiträge für die Naturwissenschaft und für die Ägyptologie. Er half bei der Übersetzung des Rosettasteins.

8 | Farbensehen

Das Studium des Farbensehens ist ein Teilgebiet der Untersuchungen über die visuelle Wahrnehmung. Es ist fast sicher, daß unter den Säugetieren nur die Primaten Farbensehen besitzen. Zumindest ist das Farbensehen, sofern es bei anderen Mammalien vorkommt, äußerst rudimentär. Das ist sehr eigenartig, denn viele niedere Tiere verfügen über ein ausgezeichnetes Farbensehen. Es ist hoch entwickelt bei Vögeln, Fischen, Reptilien und Insekten wie Bienen und Libellen. Die Farbwahrnehmung ist für uns von solcher Bedeutung — sie ist entscheidend in der visuellen Ästhetik, und sie hat eine starke Wirkung auf unsere Gemütsverfassung —, daß es schwierig ist, sich die graue Welt anderer Säugetiere, einschließlich der unserer Katzen und Hunde, vorzustellen.

Die Geschichte der Erforschung des Farbensehens ist durch ihre erbitterten Auseinandersetzungen bemerkenswert. Diese Probleme haben die Gemüter mehr erregt als jede echte Leidenschaft. Es gibt eine außerordentliche Mannigfaltigkeit an Theorien, welche niemals ganz aussterben. Wenn man aber alles berücksichtigt, ist es sehr wahrscheinlich, daß die allererste im wesentlichen richtig ist.

Das Studium des Farbensehens beginnt mit NEWTONS berühmten Buch *Die Optik*. Ein Wort über dieses Buch zu sagen ist angemessen, denn es ist vielleicht das wissenschaftliche Buch seiner Zeit, das auch heute noch am wertvollsten ist. *Die Optik* wurde im *Trinity College* in Cambridge geschrieben, in Räumen, welche immer noch existieren und auch bewohnt werden. Die klassischen Versuche wurden in diesen Räumen ausgeführt, genauso wie die weniger erfolgreichen Versuche NEWTONS über die Umwandlung von einfachen Metallen in Gold. Im Februar 1692 waren seine Untersuchungen über das Licht vollendet, und sein Buch war fast geschrieben. Da zerstörte ein Feuer, das von einer Kerze ausging, sein Manuskript und alle seine Notizen, während er in der Kapelle war. NEWTON war verständlicherweise, wie seine Zeitgenossen geschildert haben, darüber erregt. Er schrieb das Buch zunächst nicht neu und veröffentlichte es erst 1704. Als erstes geplant, wurde es so sein letztes. Noch zu seinen Lebzeiten wurde es dreimal aufgelegt (1717, 1721 und 1730). Und jede Auflage enthielt Zusätze, vor allem die berühmten »Fragen«, die seine erregendsten Spekulationen über die Natur der physikalischen Welt darstellen.

NEWTON hat gezeigt, daß weißes Licht aus allen Spektralfarben zusammengesetzt ist, und mit der Entwicklung der Wellentheorie wurde klar, daß jede Farbe einer bestimmten Frequenz entspricht. Das Hauptproblem des Auges ist also, wie verschiedene Frequenzen unterschiedliche neuronale Reaktionen verursachen. Das Problem ist schwierig, da die Frequenzen der Lichtstrahlen im sichtbaren Bereich so hoch sind — weit höher, als daß ihnen die Nerven direkt folgen könnten. Die höchste Impulsfrequenz, die ein Nerv übertragen kann, liegt etwas unter 10^3, während die Lichtfrequenz 10^{12} pro Sekunde beträgt. Die Frage ist, was der Lichtfrequenz in dem langsam arbeitenden Nervensystem entspricht?

Dieses Problem wurde zuerst von Thomas YOUNG (1773—1829) angegangen. Er schlug eine Theorie vor, die von HELMHOLTZ weiter entwickelt wurde und immer noch die beste ist, die es gibt. Clerk MAXWELL hat YOUNGS Beitrag mit folgenden Worten anerkannt: »Es ist beinahe eine Binsenwahrheit zu sagen, daß Farbe eine Empfindung ist, und doch führte YOUNG die klare Erkenntnis dieser elementaren Wahrheit zur ersten folgerichtigen Farbtheorie. Soweit mir bekannt ist, war Thomas YOUNG der erste, der, ausgehend von der altbekannten Tatsache, daß es drei primäre Farben gibt, eine Erklärung für dieses Faktum suchte. Und zwar nicht in der Natur des Lichts, sondern in der Konstitution des Menschen.«

Gäbe es Rezeptoren, die auf jede Farbe ansprechen, müßte es mindestens 200 Arten von Rezeptoren geben. Dies ist aber unmöglich, und zwar aus dem einfachen Grund, weil wir fast genauso gut im farbigen Licht sehen können wie im weißen. Die effektive Dichte der Rezeptoren kann daher im monochromatischen Licht nicht sehr reduziert werden. Es können also nur wenige Arten von Farbrezeptoren vorhanden sein. YOUNG sah dies klar. Er schrieb 1801: »Da man sich kaum vorstellen kann, daß jeder empfindliche Netzhautpunkt eine unbestimmte Zahl von Partikeln enthält, die durch jede mögliche Lichtwelle zum Schwingen gebracht werden, ist es erforderlich, eine begrenzte Zahl anzunehmen und sie z. B. den Grundfarben Rot, Gelb, Blau zuzuordnen.« In einer etwas späteren Arbeit hat er an der Anzahl der Grundfarben festgehalten; er nahm jedoch anstelle von Rot, Gelb und Blau nun Rot, Grün und Violett an.

Damit sind wir zum Angelpunkt des Problems gelangt. Wie können alle Farben durch wenige Arten von Rezeptoren vertreten werden? Hatte

YOUNG mit der Annahme, daß es sich nur um drei verschiedene Arten handelt, recht? Können wir die »Grundfarben« entdecken?

Eine einzige und grundlegende Beobachtung zeigt die Möglichkeit, daß die ganze Farbskala auf einige wenige »Grund«-Farben zurückgeführt werden kann: Farben können gemischt werden. Das mag zu einfach erscheinen, aber tatsächlich verhält sich das Auge in dieser Hinsicht sehr verschieden vom Ohr. Zwei Töne können nicht zu einem verschiedenen reinen dritten Ton vermischt werden. Aber aus zwei Farben wird eine dritte, aus der sie nicht mehr identifiziert werden können. Zusammengesetzte Töne werden als ein Akkord gehört und können getrennt identifiziert werden, zumindest durch Musiker. Keine noch so große Übung ermöglicht uns, dasselbe mit dem Licht zu tun.

Wir sollten uns darüber im klaren sein, was wir mit Farbenmischen meinen. Der Maler mischt Gelb und Blau, um Grün zu erhalten, aber er mischt kein Licht. Er mischt das ganze Spektrum der Farben, *abzüglich* der Farben, die durch sein Pigment absorbiert werden. Dies ist so verwirrend, daß wir das Pigment nicht weiter beachten wollen. Wir betrachten lediglich das Licht, welches übrigbleibt, nachdem es einen Farbfilter, ein Prisma oder ein Interferenzgitter passiert hat.

Bei Mischung von rotem mit grünem Licht erhält man Gelb. YOUNG nahm an, daß bei einer wirksamen Rot-Grün-Mischung immer Gelb gesehen wird und daß es keinen getrennten Rezeptortyp gibt, der auf gelbes Licht allein anspricht. Vielmehr sollte die kombinierte Aktivität von zwei Rezeptortypen, die entweder auf Rot oder Grün ansprechen, die Empfindung Gelb hervorrufen.

Tatsächlich ist der Schlüsselpunkt in den Kontroversen über Farbtheorien die Gelb-Wahrnehmung. Wird Gelb durch die kombinierte Aktivität des Rot-Grün-Systems gesehen, oder ist es eine primäre Farbe, wie es seine reine Wahrnehmungsqualität annehmen läßt? Obgleich das reine Aussehen von Gelb — es sieht nicht wie eine Mischung aus — gegen YOUNGS Theorie ausgespielt wurde, ist dieser Einwand wertlos. Wenn rotes und grünes Licht gemischt wird (z. B. durch Projizieren dieser Lichter auf einen Schirm), sieht man Gelb. Und die Empfindung ist von der nicht unterscheidbar, die durch monochromatisches Licht vom gelben Bereich des Spektrums ausgelöst wird. Es ist gewiß, daß uns in diesem Beispiel die Einfachheit der Empfindung nicht zu ebenso einfachen neu-

58 YOUNGS Versuch einer Farbenmischung. Durch Mischung dreier im Spektrum weit voneinander entfernter farbiger Lichter (nicht Farbstoffe) zeigte YOUNG, daß jede Spektralfarbe durch geeignete Anpassung der relativen Intensitäten der drei Farben erzeugt werden kann. Er konnte auch Weiß erzeugen, aber kein Schwarz oder Nicht-Spektralfarben wie Braun. Er behauptete, daß das Auge nur für drei Farben empfindlich sei. Dies ist bis heute der Grundgedanke für die Erklärung des Farbensehens.

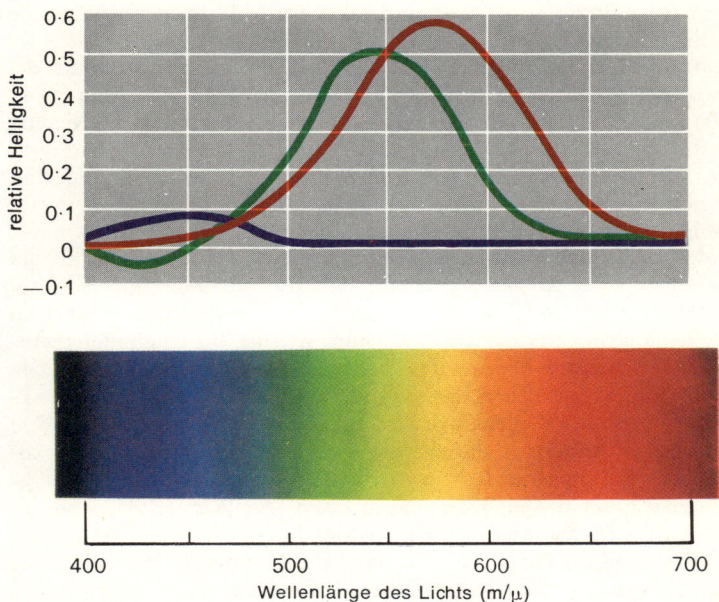

59 Die grundlegenden Farbreizkurven des Auges nach W. D. WRIGHT.
Sie stellen die angenommenen Absorptionskurven der drei farbempfindlichen
Pigmente dar. Alle Farben werden durch Mischung dieser drei gesehen.

ronalen Korrelation als Basis der Empfindung führt, und es scheint, daß
dieses allgemein für alle Empfindungen und Wahrnehmungen zutrifft.
YOUNG wählte die drei »Grundfarben« aus gutem Grund. Er fand heraus, daß er jede Farbe (auch Weiß), die im Spektrum sichtbar ist, durch
Mischung von drei, aber nicht weniger als drei Farben entsprechender
Intensität herstellen konnte. Er erkannte außerdem, daß die Wahl an
geeigneten Wellenlängen sehr groß ist. Das ist der Grund, weshalb es so
schwierig ist, die Frage nach den Grundfarben zu beantworten. Wenn es
so wäre, daß nur drei bestimmte Farben durch Mischung den ganzen
Bereich an Farbtönungen ergeben würden, dann könnten wir mit ziemlicher
Sicherheit sagen, daß diese mit den hauptsächlichsten Farbsystemen des

Auges korrespondieren dürften. Aber leider gibt es dieses einmalige Sortiment von Wellenlängen nicht.

YOUNGS Demonstration ist sehr eindrucksvoll. Abb. 58 ermöglicht eine Vorstellung davon.

Die YOUNG-HELMHOLTZ-Theorie besagt, daß es drei farbempfindliche Rezeptortypen (Zapfen) gibt, die jeweils auf Rot, Grün oder Blau (bzw. Violett) reagieren, und daß alle Farben durch die Mischung der Signale dieser drei Systeme gesehen werden. Es wurde viel Arbeit darauf verwandt, die Reaktionskurve der drei Systeme zu isolieren, und dies stellte sich als überraschend schwierig heraus. Die bisher als gesichert geltenden Kurven werden in Abb. 59 gezeigt.

Das folgende Schaubild ist eine der wichtigsten für das Verständnis des Farbensehens — es ist die sogenannte Farbunterscheidungskurve (Abb. 60). In ihr werden die Wellenlängen des Lichts mit den Schwellenwerten für Wellenlängenunterschiede in Beziehung gesetzt, die eine unterscheidbare Farbveränderung hervorrufen. Betrachten wir nun die frühere Darstellung (Abb. 59), so sehen wir, daß sich die Farbe nur sehr wenig ändern sollte, wenn die Wellenlänge an den Enden des Spektrums verändert wird. Denn die Änderung, die erfolgt, besteht in einem allmählichen Ansteigen der Aktivität des Rot- und Blau-Systems. Kein anderes Farbsystem wird unter diesen Bedingungen betroffen. Wir sollten daher an den Enden des Spektrums einen Unterschied in der Helligkeit, aber nicht in der Farbe sehen. Und das ist tatsächlich der Fall. In der Mitte des Spektrums ist dagegen ein dramatischer Farbwechsel zu erwarten, da die Empfindlichkeit des Rot-Systems steil abnimmt, während die des Grün-Systems rasch ansteigt. Eine geringe Veränderung der Wellenlänge muß daher eine deutliche Verschiebung der relativen Aktivität des Rot- und Grün-Systems und damit einen deutlichen Farbwechsel hervorrufen. Es ist danach zu erwarten, daß die Farbunterscheidung im gelben Bereich besonders gut ist, und das trifft tatsächlich zu.

Wir übergehen die späteren scharfen Debatten, ob es drei, vier oder sieben Farbsysteme gibt, und akzeptieren YOUNGS Vorstellung, daß alle Farben auf eine Mischung von drei Farben zurückgeführt werden können. Aber es gehört mehr zum Farbensehen, als was durch Experimente mit einfachen Farbflecken enthüllt werden kann. Und kürzlich wurden die Gemüter durch die erfinderische Begabung des Amerikaners Edwin LAND erregt. Neben der Erfindung des Polaroid (noch als Forschungs-student) und der späteren Entwicklung der LAND-Kamera hat er in ele-ganten Demonstrationen gezeigt, daß das, was für die Farbmischung von einfachen Lichtflecken zutrifft, nicht die ganze Erklärung für die Farb-wahrnehmung ist. Seltsame Dinge passieren, wenn die Lichtfelder kom-plizierter angeordnet werden und Gegenstände darstellen. Was LAND kürzlich gezeigt hat, war im allgemeinen schon viele Jahre vorher be-kannt. Aber ihm gehört das Verdienst, daß er die zusätzlichen Farbwahr-nehmungen betonte, die in komplizierteren Situationen bei der Wahr-nehmung von Fotografien und wirklichen Gegenständen auftreten. Seine Arbeit erinnert uns an die Gefahr, Phänomene zu simplifizieren, nur aus dem Wunsch, saubere Experimente durchführen zu können.

LAND wiederholte YOUNGS Farben-Misch-Experimente. Hierzu ver-wandte er jedoch nicht einfache Lichtfelder, sondern Diapositive. Dabei fällt uns die Farbfotografie ein, die sich auf dem Boden der YOUNG-schen Experimente entwickelt hat, denn beim Farbfilm werden physika-lisch nur drei Farben verwandt. LAND benützte aber nur zwei Farben und fand, daß ein überraschender Farbreichtum auch bei nur zwei wirk-lich vorhandenen Farben wahrgenommen werden kann. Die Technik be-steht darin, dieselbe Szene durch zwei verschiedene Farbfilter aufzuneh-men. Aus den Negativen werden Diapositive angefertigt, welche mit zwei Projektoren durch die entsprechenden Farbfilter übereinander pro-jiziert werden. Schon bei einem Rotfilter vor dem einen Projektor und ohne einen Farbfilter vor dem anderen werden ganz gute Resultate er-zielt. Nach YOUNGS Experiment würden wir nichts anderes als unter-schiedlich gesättigtes Rosa (mit mehr oder weniger Weiß-Zusatz) erwar-ten. Aber wir nehmen Grün und andere Farben wahr, die physikalisch gar nicht angeboten werden. Dieses Ergebnis hätte aufgrund zweier sehr gut bekannter Tatsachen vorausgesehen werden können. Erstens wur-den bei den alten Farbfilmen nur zwei Farben benutzt — aber es wurde nicht erkannt, wie gut sie sein können. Zweitens gelingt es nicht — auch wenn YOUNG fand, daß alle Spektralfarben und Weiß durch die Mi-schung von drei Farben erzeugt werden können —, *jede* Farbe zu mischen, die gesehen werden kann. Zum Beispiel lassen sich so kein Braun und ebensowenig die Metallfarben wie Silber und Gold mischen. Es stimmt also etwas nicht mit den drei Farben, ganz zu schweigen von nur zwei.

60 Farbunterscheidungskurve. Sie zeigt, wie der geringste wahrnehmbare
Wellenlängenunterschied ($\Delta\lambda$) sich mit der Wellenlänge des Lichts
(λ) ändert. Er sollte dort am kleinsten sein (beste Farbunterscheidung),
wo die Normalreizkurven (Abb. 59) am steilsten sind. Dies trifft ungefähr zu.

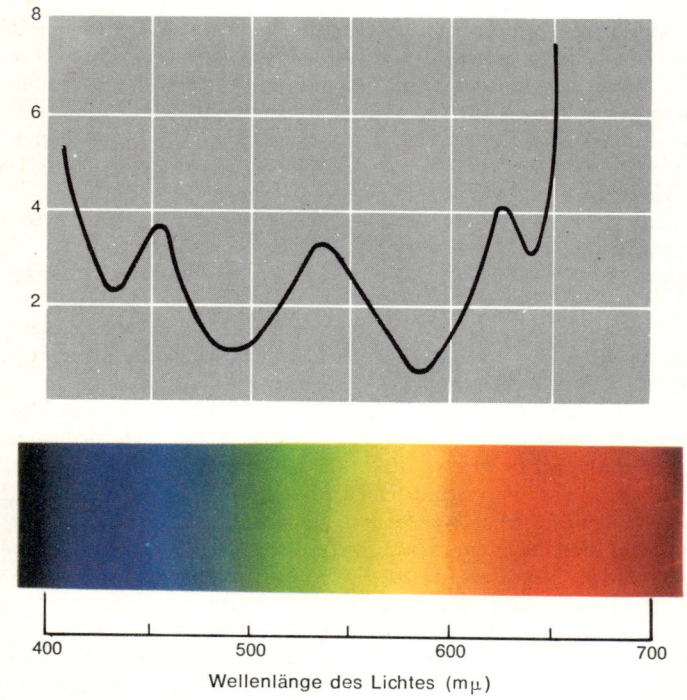

Wellenlänge des Lichtes (mμ)

Betrachtet man ein Kodachrom-Diapositiv auf einer Leinwand, dann
sieht man alle Farben, die wir sehen können. Es enthält aber nur die drei
Farben aus dem YOUNGschen Experiment. Der Farbfilm ist nichts anderes als ein komplexes räumliches Arrangement von drei Farbfiltern,
und trotzdem sehen wir durch sie Braun und die anderen Farben, die
YOUNG mit seinen drei Farben nicht erzeugen konnte. Es scheint, daß,
wenn drei Farben in ein komplexes Muster geordnet werden — oder
noch besser: wenn sie Gegenstände darstellen —, mehr Farben gesehen werden, als wenn dieselben Farben als einfaches Muster wie in Abb. 58 angeboten werden.

Dies bedeutet, daß jede einfache Darstellung des Farbensehens zum Fehlschlag verurteilt ist: Farben hängen nicht nur von der Reizung durch Wellenlängen und Intensität ab, sondern auch davon, ob die Muster als dargestellte Gegenstände akzeptiert werden. Das erfordert aber höhere Gehirnprozesse, die äußerst schwierig zu erforschen sind. Braun ist eine Art gesättigtes Gelb (es kann durch Reizung mit gelbem Licht nach Adaptation des Auges mit der Komplementärfarbe von Gelb erzeugt werden). Normalerweise erfordert es aber Kontraste, Muster und vorzugsweise die Interpretation von Lichtbezirken als Oberfläche von Gegenständen, bevor Braun gesehen wird. Trotzdem ist Braun im täglichen Leben eine der gewöhnlichsten Farben. Die Augen tendieren dazu, Weiß nicht als eine besondere Mischung von Farben zu akzeptieren, sondern eher die allgemeine Beleuchtung, wie sie auch immer sein mag. So sehen wir auf der Landstraße das Scheinwerferlicht weiß. In der Stadt aber, wo es mit hellen weißen Lichtern verglichen werden kann, sieht es recht gelb aus. Dasselbe gilt für Kerzen- oder Lampenlicht. Das bedeutet, daß die Lage kompliziert wird, wenn das Bezugssystem für das, was als Weiß angesehen wird, verändert wird. Erwartung und vorhergehende Kenntnis der normalen Farbe der Gegenstände ist von Bedeutung. Es ist wahrscheinlich, daß Gegenstände wie Apfelsinen oder Zitronen in einer kräftigeren und natürlicheren Farbe gesehen werden, wenn man sie als solche erkennt. Aber auch dies ist sicher nicht die ganze Erklärung. LAND war sorgfältig darauf bedacht, Gegenstände zu verwenden, deren Farben den Beobachtern nicht bekannt sein konnten. Zum Beispiel Drahtrollen, die mit Plastik überzogen waren, und farbig gewebte Stoffe. Dennoch kam er zu seinen überraschenden Resultaten.

Wie auch immer die endgültige Beurteilung ausfallen mag, und die Meinungen gehen sehr weit auseinander, es ist klar, daß LANDS Arbeit den komplizierten Beitrag des Gehirns zur sensorischen Information bei der Integration von Empfindungen zur Wahrnehmung von Gegenständen hervorhebt. Man konzentriert sich beim Nachdenken über das Sehen zu leicht nur auf das Auge und vergißt dabei das Gehirn.

Farbenblindheit

Es ist sehr bemerkenswert, daß sogar die häufigste Form von Farbsinnstörungen, bei der Rot mit Grün verwechselt wird, erst im 19. Jahrhundert entdeckt wurde. Der Chemiker John DALTON bemerkte damals, daß er gewisse Substanzen nicht durch ihre Farben unterscheiden konnte, obgleich dies anderen Personen offenbar keine Schwierigkeit machte. Der Grund liegt ohne Zweifel z. T. darin, daß wir Gegenstände aufgrund einer großen Zahl an Kriterien benennen. Wir bezeichnen das Gras als grün, obgleich wir nicht wissen, ob diese Empfindung für verschiedene Menschen dieselbe ist. Gras ist eine bestimmte Pflanzenart, die auf Rasenplätzen gefunden wird, und die Farbempfindung, die es hervorruft, bezeichnen wir alle als »grün«. Aber wir identifizieren Gras auch noch durch andere Charakteristika als durch seine Farbe — wie Form der Halme, ihre Dichte usw. Und wenn wir dazu neigen, seine Farbe zu verwechseln, sind in der Regel genügend zusätzliche Kennzeichen vorhanden, damit wir es als Gras erkennen. Wir wissen, daß es grün sein sollte, und nennen es so, auch wenn das zweifelhaft sein sollte.

Im Fall eines Chemikers, der Substanzen identifizieren will, gibt es jedoch Situationen, wo allein die Farbe der Substanz in der Flasche für die Identifikation benutzt werden kann. In einer solchen Situation wird seine Fähigkeit, Farben zu unterscheiden und zu benennen, getestet. Farbprüfungen beruhen alle darauf, die Farbe als einziges Merkmal zu isolieren. Es wird dann einfach nachzuweisen, ob jemand Farben in normaler Weise unterscheiden kann oder ob er die gleiche Farbe wahrnimmt, wenn andere Menschen verschiedene Farben erkennen.

Die häufigste Farbsinnstörung ist, wie wir bereits erwähnt haben, die Verwechslung von Rot und Grün. Es gibt jedoch auch andere Farbsinnstörungen. Rot-Grün-Störungen sind überraschend häufig. Bei annähernd 10 Prozent der Männer findet sich dieser Defekt ganz ausgeprägt. Bei Frauen ist er dagegen äußerst selten. Weniger häufig ist die Grün-Blau-Blindheit. Man unterscheidet, bei Annahme dreier verschiedener Rezeptorsysteme, drei Haupttypen von Farbblindheit. Sie wurden gewöhnlich als Rot-, Grün- oder Blaublindheit bezeichnet. Heute wird jedoch eine Bezeichnung nach Farben vermieden. Einigen Menschen fehlt eines der drei Zapfensysteme völlig, und man spricht von *Protanopen, Deu-*

teranopen oder *Tritanopen* (bei Ausfall entweder des ersten, zweiten oder des dritten farbempfindlichen Systems). Zum Verständnis der Farbsinnstörung trägt das nicht viel bei. Diese Menschen benötigen nur zwei Farben zur Darstellung aller Spektralfarben, die sie sehen können. YOUNGS Farbenmischungstheorie gilt also zwar für die meisten Menschen, aber nicht für die extremen Fälle von Farbenblindheit. Häufiger findet sich nur eine verringerte Empfindlichkeit gegenüber einigen Farben und kein vollständiger Ausfall eines Farbsystems. Wie oben erwähnt, unterscheidet man *Protanopie, Deuteranopie* und *Tritanopie*. Dabei ist eine Tritanopie äußerst selten. Menschen mit diesen Mängeln werden als Farbanomale bezeichnet. Sie benötigen zwar drei Farben beim Mischen einer Spektralfarbe im Farbvergleich, verwenden diese jedoch gegenüber Normalen in anderen Proportionen.

Das Verhältnis von rotem und grünem Licht beim Farbvergleich gegen ein monochromatisches Gelb ist das wichtigste Maß für die Farbanomalität. Es wurde entdeckt (1881 von Lord RALEIGH), daß Menschen, die Rot mit Grün verwechseln, entweder mehr Rot oder mehr Grün benötigen, um ein vergleichbares Gelb darzustellen. Zur Prüfung des Farbensehens wurden spezielle Instrumente gebaut. In ihnen wird dicht neben einem monochromatischen Gelb-Feld ein rot-grünes Mischfeld angeboten. Die relativen Intensitäten von Rot und Grün in der Mischung können variiert werden, bis die Mischung vom Beobachter als mit dem monochromatischen Gelb identisch gesehen wird. Das Verhältnis wird von einer Skala abgelesen, die den Grad der Protanopie und Deuteranopie anzeigt. Solche Instrumente nennt man Anomaloskop.

Gelb scheint solch eine reine Farbe zu sein, daß oft angenommen wurde, es müßte besondere Gelbrezeptoren geben. Aber es kann sehr einfach mit einem Anomaloskop gezeigt werden, daß Gelb immer durch eine tatsächliche Mischung von Rot und Grün gesehen wird.

Ein Beobachter stelle im Anomaloskop einen exakten Farbvergleich zwischen gemischtem und monochromatischem Licht ein. Danach betrachte er ein helles rotes Licht, um das Auge auf Rot zu adaptieren. Wenn die Netzhaut auf Rot adaptiert ist, soll er wieder ins Anomaloskop sehen und entscheiden, ob die beiden Felder noch dieselbe Farbe haben. Er wird dann beide Felder als *grün,* und zwar identisch grün sehen. Der Farbvergleich wird also durch die Adaptation auf Rot *nicht* gestört, und so wird

Gibt es einen besonderen »Gelbrezeptor«? Dieses Experiment ermöglicht die Antwort. Dabei wird ein *Anomaloskop* benutzt, ein Instrument, das ein rot-grünes Mischfeld (das gelb erscheint) neben einem monochromatischen Gelbfeld anbietet. Das gemischte Gelb wird dem monochromatischen angeglichen, so daß es genau gleich aussieht.

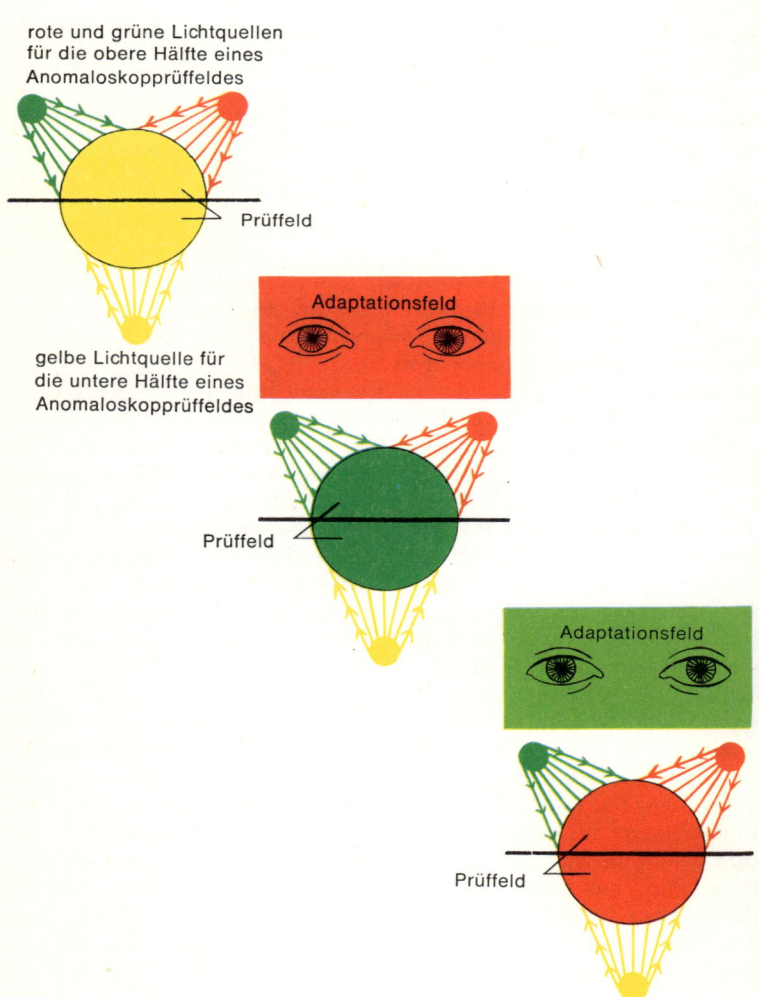

rote und grüne Lichtquellen
für die obere Hälfte eines
Anomaloskopprüffeldes

Prüffeld

Adaptationsfeld

gelbe Lichtquelle für
die untere Hälfte eines
Anomaloskopprüffeldes

Prüffeld

Adaptationsfeld

Prüffeld

Nachfolgende Adaptation auf rotes oder grünes
Licht bewirkt keine Veränderung im Farbvergleich
der beiden Felder. Daraus folgt, daß es keinen getrennten Mechanismus für
das Gelbsehen geben kann. Gelb entsteht immer durch die kombinierte
Aktivität des roten und des grünen Rezeptorsystems.

kein anderes Verhältnis von Grün und Rot im Mischfeld benötigt, um das
monochromatische Gelb darzustellen. Es ist deshalb aufgrund der Einstellung des Anomaloskops nicht festzustellen, daß der Beobachter auf
Rot adaptiert war. Trotzdem sieht er adaptiert etwas ganz anderes —
ein lebhaftes Grün anstelle von Gelb. Dasselbe gilt für die Adaptation
auf Grün — beide Felder werden im *gleichen* Rot erscheinen. Der Farbvergleich stimmt immer noch (Abb. 61).
Wenn es aber einen getrennten Gelb-Rezeptor gäbe, wäre das unmöglich. Bei getrenntem Gelb-Rezeptor würde das monochromatische Feld
gelb gesehen werden, trotz der Adaptation auf Rot oder Grün, welche
dann nur das Mischfeld verändern müßte. Ein einfacher Rezeptor könnte
nicht durch Adaptation auf der Spektrumskala verschoben werden.
Aber Gelb, das durch Mischung von roten und grünen Rezeptorsystemen
gesehen wird, muß verschoben werden, wenn die Empfindlichkeit des
roten oder grünen Systems isoliert durch Adaptation verändert wird. Es
kann also kein anderes System geben, das zusätzlich in den beiden Feldern aktiv ist, sonst würden sie durch Adaptation auf farbiges Licht nicht
in gleicher Weise verändert werden. Ein spezieller Gelb-Rezeptor ist daher auszuschließen.
Der Versuch kann mit anderen Farben mit gleichem Ergebnis wiederholt
werden. Das zeigt, daß keine Farbe ein spezielles System besitzt. Dasselbe Resultat wird bei anomalen Beobachtern erzielt: die anfängliche
Einstellung ist zwar verschieden, aber auch sie wird durch Adaptation
nicht beeinflußt.
Das führt zu einer eigenartigen Schlußfolgerung. Wenn das Anomaloskop nicht zwischen dem normalen Auge vor und nach Farbadaptation
differenzieren kann, so kann Anomalie nichts mit Farbadaptation zu
tun haben. Aber genau das wird von den Farbanomalien gewöhnlich
angenommen. Es soll sich bei ihnen um eine Verminderung der Empfindlichkeit eines oder mehrerer Farbsysteme der Netzhaut durch teil-
weisen Verlust eines Fotopigments handeln. Das muß falsch sein. Die
Ursache der Anomalien ist nicht bekannt. Es mag viele Ursachen geben,
aber die Anomalien sind sicher nicht durch einen einfachen Fotopigment-
mangel bedingt, sonst würde das Anomaloskop nicht funktionieren.

62   René DESCARTES (1596—1650), vielleicht der Philosoph, der die Wissenschaften am meisten beeinflußt hat. Es ist heute schwierig, sich dem von ihm konzipierten Dualismus von Geist und Materie zu entziehen, der alle modernen Gedankengänge der Psychologie durchdringt. Er beschrieb das Phänomen der Größen- und Formkonstanz, lange bevor es experimentell untersucht wurde.

9 | Wahrnehmungstäuschungen

Die Wahrnehmung kann in vielerlei Hinsicht falsche Wege einschlagen. Eine ganze Welt kann von ihr erschaffen und irrtümlich für Wirklichkeit gehalten werden. Dies kann während Intoxikationszuständen oder bei Geisteskrankheiten vorkommen. Neben den Halluzinationen, in denen das Erleben keine Beziehung mehr zur Wirklichkeit zeigt, kann es auch bei normalen Menschen zur illusionären Verkennung der Umwelt kommen. In diesem Kapitel werden wir die Halluzinationen nur kurz erwähnen, dafür aber auf Fehlwahrnehmungen, die Illusionen verschiedener Art verursachen, ausführlicher eingehen.

Halluzinationen und Träume

Halluzinationen sind Träumen ähnlich. Sie können visueller oder akustischer Natur sein oder auch andere Sinne wie Geruch oder Berührung betreffen. Sie können sogar verschiedene Sinnesqualitäten gleichzeitig besitzen, wenn sie besonders real erlebt werden. Halluzinationen können auch suggestiv bedingt sein, wie in den Fällen, wo mehrere Leute zusammen Ereignisse bezeugen, die niemals stattgefunden haben.

Es gibt zwei Weisen, Halluzinationen zu interpretieren, und beide reichen tief in die Geschichte des Denkens. Träume und Halluzinationen haben immer Staunen erregt und oft auch mehr, denn sie beeinflussen die Aktivität von Menschen und haben manchmal bizarre und schreckliche Folgen.

Für den Mystiker sind Träume und Halluzinationen Einblicke in eine andere Welt der Wirklichkeit und Wahrheit. Einige moderne Denker betrachten das Gehirn als ein Hindernis für das Verständnis, als ein Filter zwischen uns und einer überphysikalischen Wirklichkeit, welches diese Wirklichkeit nur dann klar zu sehen erlaubt, wenn seine normale Funktion durch Medikamente oder Krankheit gestört ist. Die wirklichkeitsnäheren Philosophen, einschließlich der Empiriker, vertrauen jedoch nur dem gesunden Gehirn. Halluzinationen, obgleich interessant und vielleicht anregend, sind für sie nicht mehr als mit Mißtrauen und Furcht zu begegnende Fehlanzeigen des Gehirns. Aldous HUXLEY vertritt und beschreibt in *Pforten der Wahrnehmung* sehr lebendig den Standpunkt des Mystikers, aber die Mehrzahl der Neurologen und Philosophen glaubt, daß Wahrheit nur durch die physikalischen Sinne, und zwar besonders durch Hören und Sehen gefunden werden kann. Ein Gehirn aber, das durch Drogen oder Krankheit gestört ist, arbeite unzuverlässig, und man könne ihm nicht als Vermittler der Wahrheit vertrauen.

Den Empirikern zeigen Halluzinationen und Träume die spontane Aktivität des Nervenzentrums, das unkontrolliert durch sensorische Information arbeitet. Eine voll entwickelte Halluzination tritt auf, wenn die Spontanaktivität außer Kontrolle gerät.

Der Gehirnchirurg Wilder PENFIELD erzeugt Halluzinationen, indem er Gehirngebiete mit schwachen elektrischen Strömen reizt. Gehirntumoren können länger dauernde visuelle oder akustische Reizerscheinungen verursachen, und auch die *Aura,* die einen epileptischen Anfall einzuleiten pflegt, kann mit Halluzinationen verschiedener Art einhergehen. In diesen Fällen wird das Wahrnehmungssystem nicht durch die normalen Signale von den sensorischen Rezeptoren aktiviert, sondern durch einen zentralen Reiz. Es scheint, daß das Gehirn immer spontan tätig ist und daß normalerweise diese Aktivität durch sensorische Signale kontrolliert wird. Wenn diese unterbunden werden (wie in einer Isolierkammer), schlägt die Gehirnaktivität über die Stränge, und anstatt die Umwelt wahrzunehmen, werden wir zunehmend von Halluzinationen beherrscht, welche schrecklich und gefährlich oder auch nur irritierend und unterhaltend sein können.

Es gibt viele sogenannte halluzinogene Drogen, welche sehr eindrucksvolle, phantasiereiche Halluzinationen verursachen, die oft mit affektiven Veränderungen einhergehen. Es ist von größtem Interesse, warum gerade das Gehirn auf geringste Konzentrationen gewisser Substanzen so stark anspricht. Ähnlich lebhafte, szenenhafte Bilder können im halbwachen Zustand auftreten (hypnagoge Bilder). Trotz geschlossener Augen erscheinen uns dabei die lebendigsten Szenen von der Wirklichkeitsnähe eines Farbfilms.

Halluzinationen können auch bei Menschen auftreten, die in Einzelhaft im Gefängnis isoliert oder experimentell in Isolierkammern untergebracht werden, in denen die Beleuchtung nur gering oder durch Spezialbrillen diffus vermindert ist und sich über Stunden und Tage nichts ereignet. Es scheint, daß beim Fehlen sensorischer Reize das Gehirn unkontrolliert zu arbeiten beginnt und Phantasien erzeugt, die die ganze Vorstellung beherrschen. Es könnte sein, daß dies eine Teilursache der Schizophrenie ist, bei der der Kranke mit der Umwelt oft nur geringen Kontakt hat und eine Art funktioneller Isolierung besteht. Die Effekte der Isolierung sind aber nicht nur vom Klinischen interessant, sie bedingen auch Gefahren im Alltagsleben. So können Arbeiter in Industriebetrieben für Stunden effektiv isoliert sein, wenn die Kontrolle des Arbeitsprozesses von Automaten übernommen wird, die nur in seltenen Notfällen eine manuelle Korrektur erfordern. Ebenso könnte bei der Raumfahrt der Pilot über lange Perioden isoliert sein. Diese Gefahr ist einer der Gründe, weshalb man Raumfahrtkapseln für mehrere Menschen entwickelt hat.

Nach Meinung des Autors gibt es keinen Beweis für die Auffassung der Mystiker hinsichtlich der Halluzinationen. Denn sie übermitteln, auch wenn sie noch so lebendig und real erscheinen, wahrscheinlich niemals Informationen, deren Richtigkeit geprüft werden kann. Allerdings mag die unkontrollierte Aktivität des Gehirns versteckte Motive und Befürchtungen aufdecken.

Störende Bildmuster

Es gibt Muster, welche man nur sehr ungern betrachtet. Sie sind meist sehr einfach und bestehen gewöhnlich aus sich wiederholenden Linien. Die Strahlenserien wie in Abb. 63 oder parallele Linien wie in Abb. 64 wurden kürzlich von D. M. McKAY untersucht. Er nimmt an, daß das visuelle System durch die ständige Wiederholung des Musters gestört wird. Denn wenn ein kleiner Teil dieses Musters angeboten wird, kann das übrige einfach durch die Feststellung bestimmt werden: »Der Rest ist gleich.« McKAY nimmt an, daß das visuelle System normalerweise die Redundanz von Objekten benutzt, um bei der Informationsanalyse Arbeit zu sparen. Das Strahlenbild ist ein so extremer Fall eines redundanten Bildes, daß das System dadurch durcheinander gerät. Es ist nicht ganz klar, warum das so ist; man kennt andere Figuren, die im Grunde genauso redundant sind und das System nicht stören. Trotzdem ist das ein interessanter Gedanke, und er ist wert, ihn weiterzuverfolgen. Die Strahlenfigur hat einen seltsamen Nacheffekt. Betrachtet man sie einige Sekunden, erscheinen wellige Linien, die für kurze Zeit bestehen bleiben, wenn der Blick auf ein homogenes Feld, z. B. eine strukturlose Wand, gerichtet

63 Eine Strahlenfigur, die von McKay untersucht wurde. Ist es die Redundanz der Figur, die das Gehirn verwirrt? Oder reizen die direkt nebeneinander liegenden Linien bei jeder kleinen Bewegung der Augen das Bild-Netzhaut-System? Wird eine leere Wand nach Betrachtung dieser Figur angesehen, dann kommt es zu einem Nacheffekt, als ob Reiskörnchen sich auf der Wand bewegten. Die runden Linienmuster, die man beim Betrachten der Figur sieht, könnten Wellenmuster von Nachbildern sein.

64 Dicht nebeneinander liegende parallele Linien haben einen ähnlichen
Effekt wie McKays Strahlen.

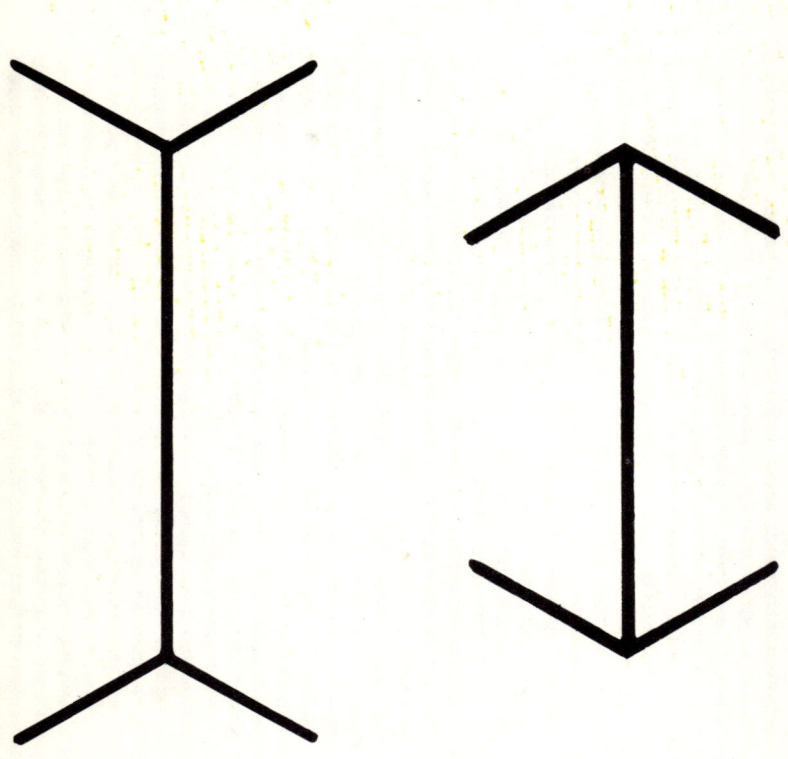

wird. Es ist strittig, ob das Strahlenmuster diesen Effekt bewirkt, weil durch geringe Augenbewegungen die vielen Linien auf der Retina verschoben werden und eine verstärkte Aktivierung der *on-* und *off*-Neurone verursachen. Wenn dies jedoch die Erklärung ist, entspricht dieser Effekt der Wahrnehmungsstörung durch Flimmerlicht. Wie dem auch sei, das visuelle System wird auf jeden Fall gestört, und dieser Effekt sollte beachtet werden, wenn monoton sich wiederholende Muster zu Dekorationszwecken verwandt werden.

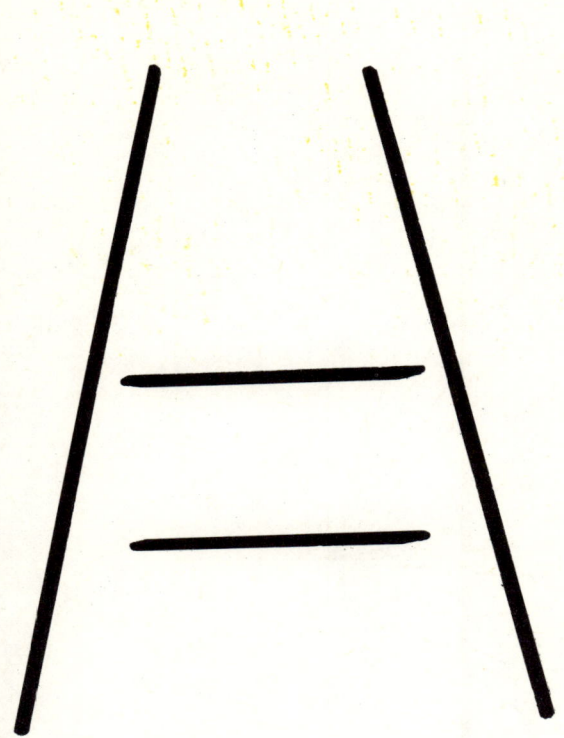

Optische Täuschungen

Manche einfache Figuren werden verzerrt gesehen, und diese Verzerrungen können ziemlich groß sein. Ein Teil einer Figur kann bis zu 20 Prozent zu lang oder zu kurz erscheinen, und eine gerade Linie kann so gebogen aussehen, daß man sich nur schwer von ihrer Geradheit überzeugen läßt. Wir nehmen diese Täuschung an der jeweiligen Figur alle in gleicher Weise wahr. Es wurde festgestellt, daß dasselbe auch für Tiere gilt. Dies kann nachgewiesen werden, indem man ein Tier darauf dressiert, die längere von zwei Linien auszuwählen. Es wird dann eine

67 Das HERINGsche Muster oder die *Fächertäuschung*. Die strahlenförmigen Linien biegen die geraden Linien, die über sie geführt werden. (Dies ist ein Beispiel für eine Täuschung, wo ein Teil den anderen beeinflußt, während die MÜLLER-LYER-Pfeile von sich aus schon täuschen.)

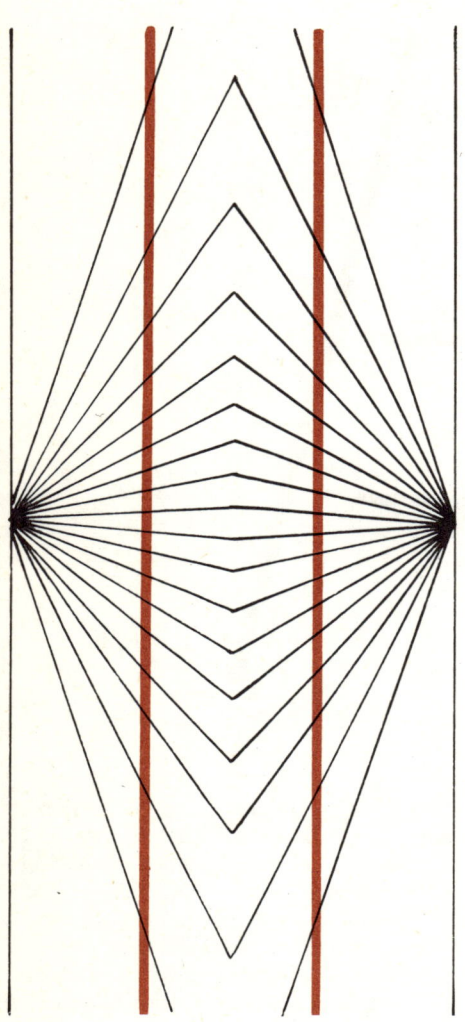

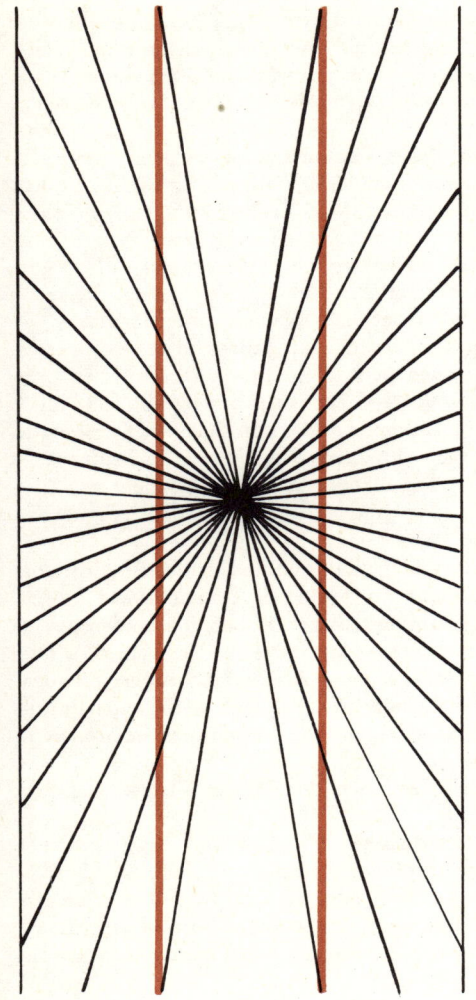

Linie aussuchen, die für uns, infolge einer Täuschung, länger aussieht, obgleich sie tatsächlich dieselbe Länge hat wie eine Vergleichslinie. Bei Tauben und Fischen ließ sich das nachweisen. All dies läßt annehmen, daß solche Täuschungen eine gemeinsame Grundlage haben. Sie sind wert, untersucht zu werden.

Viele Theorien haben versucht, diese Phänomene zu erklären. Aber die meisten können leicht experimentell widerlegt oder als zuwenig exakt, um nützlich zu sein, abgelehnt werden. Wir werden kurz einige Theorien betrachten, welche eindeutig zu widerlegen sind, bevor wir versuchen, eine zutreffendere Theorie zu entwickeln. Aber zuerst sollten wir selbst einige Täuschungen betrachten. Die Abb. 65—67 zeigen die meisten bekannten Täuschungen. Sie tragen die Namen ihrer Entdecker — meistens deutsche Psychologen des vergangenen Jahrhunderts —, aber es ist zweckdienlich, einige von ihnen auch deskriptiv zu bezeichnen.

Eine der bekanntesten ist die MÜLLER-LYER-Täuschung (Abb. 63 a und b). Sie besteht aus zwei Pfeilen gleicher Länge, von denen der eine nach außen und der andere nach innen gerichtete Pfeilspitzen an beiden Enden zeigt. Der Pfeil mit nach außen offener Spitze sieht länger aus, obgleich beide tatsächlich gleich lang sind. Wir werden diese Figur die *Pfeiltäuschung* nennen.

Das zweite Beispiel ist ebenfalls sehr geläufig und unter der Bezeichnung PONZO-Figur bekannt. Sie besteht aus nur vier Linien. Zwei laufen gleichlang nebeneinander, aber konvergent gezeichnet, die beiden anderen sind parallel zwischen ihnen angeordnet (wie in der Abb. 66). Die Linie in dem engen Teil des Raums, der durch die konvergierenden Linien eingeschlossen wird, sieht länger aus, obgleich auch beide Parallelen in Wirklichkeit dieselbe Länge haben. Wir wollen dies die *Schienentäuschung* nennen.

Abb. 67 a und b zeigen zwei Versionen der HERING-Täuschung. Ich werde sie *Fächertäuschung* nennen.

Schließlich gibt es Bilder, in welchen ein Quadrat und ein Kreis verzerrt gesehen werden, wenn sie in einem Feld mit radiären oder kreuzschraffierten Linien betrachtet werden (Abb. 68 a und b). Wir brauchen diese nicht besonders zu benennen, denn wir werden nicht oft auf sie zurückkommen, und sie sind nichts anderes als verfeinerte HERINGsche Fächertäuschungen.

Die Täuschungen lassen sich in zwei Gruppen unterteilen: ein Teil der Fehlwahrnehmungen wird durch einen bestimmten Hintergrund hervorgerufen (z. B. die Fächertäuschung), während andere (z. B. die Pfeiltäuschung) durch sich selbst täuschen. Diese Art der Täuschung ist am deutlichsten in der Abb. 69 zu sehen, welche die Pfeilspitzen ohne die Schäfte zeigt. Die Spitzen verschieben sich, obgleich keine anderen Linien auf dem Bild sind. Bei den Fächertäuschungen werden dagegen die Strahlen der Fächer unverzerrt gesehen. Aber jede Figur, die auf sie plaziert wird, zeigt eine bestimmte Verzerrung. Sie verursachen also Täuschungen, ohne sich dabei selbst zu verändern.

Psychologen haben in den letzten hundert Jahren versucht, die Täuschungen zu erklären. Aber erst in letzter Zeit beginnen wir zu verstehen, warum manche Bilder das Wahrnehmungssystem in Unordnung bringen.

Widerlegbare Theorien

1. Ablenkung der Augen. Nach dieser Theorie veranlassen die Merkmale, die die Täuschung hervorrufen, die Augen an die »falsche Stelle« zu schauen. Bei der Pfeiltäuschung soll der Blick durch die Pfeilköpfe über die Linien hinausgelockt werden, wodurch ihre Länge falsch eingeschätzt wird. Eine andere Theorie nimmt an, daß unser Blick zwischen die Linien geführt wird. Aber das kann nicht stimmen. Das Bild der Pfeile kann auf der Netzhaut fixiert werden, indem man es optisch stabilisiert (oder einfacher durch Erzeugen eines Nachbilds der Figur mit einem Blitzlicht). Die Augenbewegungen können dann das Bild nicht verschieben, aber die Täuschungen treten weiterhin unvermindert auf.

Die Theorie über die Augenablenkung wird manchmal in anderer Form dargestellt, vielleicht um diese Schwierigkeit zu vermeiden. Dabei sollen nicht tatsächliche Augenbewegungen, sondern die Tendenz zu Augenbewegungen die Täuschungen verursachen. Wir können dies durch folgende Überlegung mit Sicherheit ablehnen. Die Augen können sich zur gleichen Zeit nur in eine Richtung bewegen oder eine Tendenz dazu haben. Die Täuschungen können aber zur gleichen Zeit in beliebigen Richtungen auftreten. Man betrachte das Pfeilpaar in Abb. 65. Während der erste Pfeil verlängert erscheint, wird der zweite gleichzeitig verkürzt gesehen. Wie könnte dies von einer Augenbewegung herrühren — oder

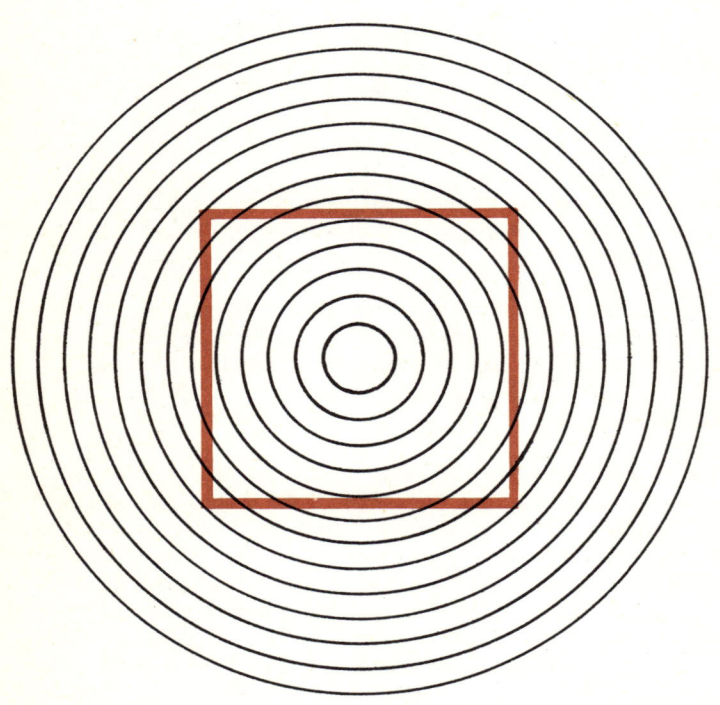

auch von einer Intension zu einer Augenbewegung —, welche gleichzeitig
nur in einer Richtung auftreten kann. Die Augenbewegungstheorien sind
danach nicht haltbar.

2. Die Unschärfetheorie. Bei der Pfeiltäuschung ist zu erwarten,
daß die Figur mit den nach außen gehenden Spitzen zu lang und die mit
nach innen gerichteten Spitzen zu kurz erscheint, wenn die Sehschärfe
zu gering wäre, um die Ecken deutlich zu erkennen. Dies läßt sich zeigen,
wenn man ein Stück Pauspapier über die Figur legt. Man stellt dann eine
geringe Änderung der Längen fest. Der Effekt ist jedoch bei weitem

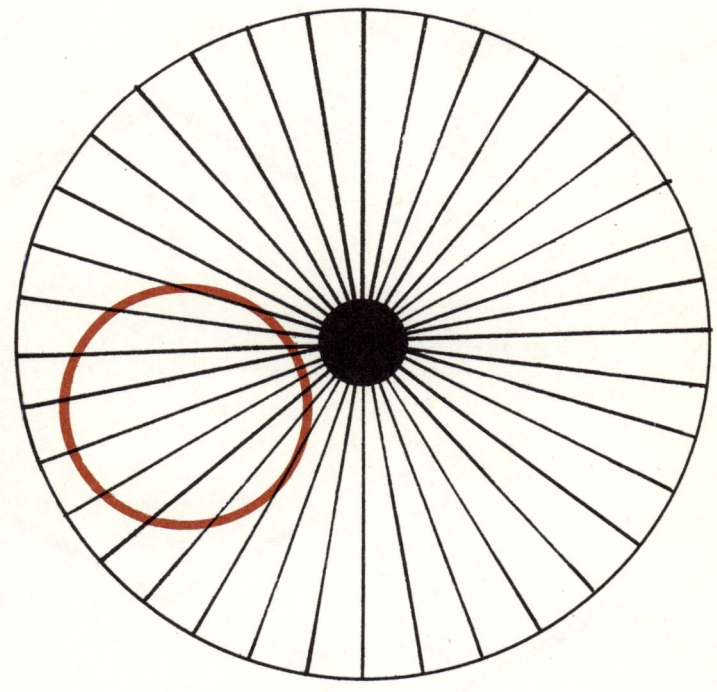

zu gering, um diese Theorie ernsthaft zu erwägen. Außerdem würde sie die anderen Täuschungen nicht erklären.

3. Die Verwirrungstheorie. Diese Theorie nimmt an, daß bestimmte Formen das Wahrnehmungssystem »verwirren«. Es ist eine jener Theorien, die leider in der Psychologie weit verbreitet sind und die nicht mehr als ziemlich irreführende Feststellungen dessen sind, was wir erklären wollen. Es fehlt jeder Hinweis, *warum* das Wahrnehmungssystem gerade durch diese und keine andere Gestalt verwirrt werden sollte, oder warum die Täuschung nur zu Verzerrungen in bestimmte Richtun-

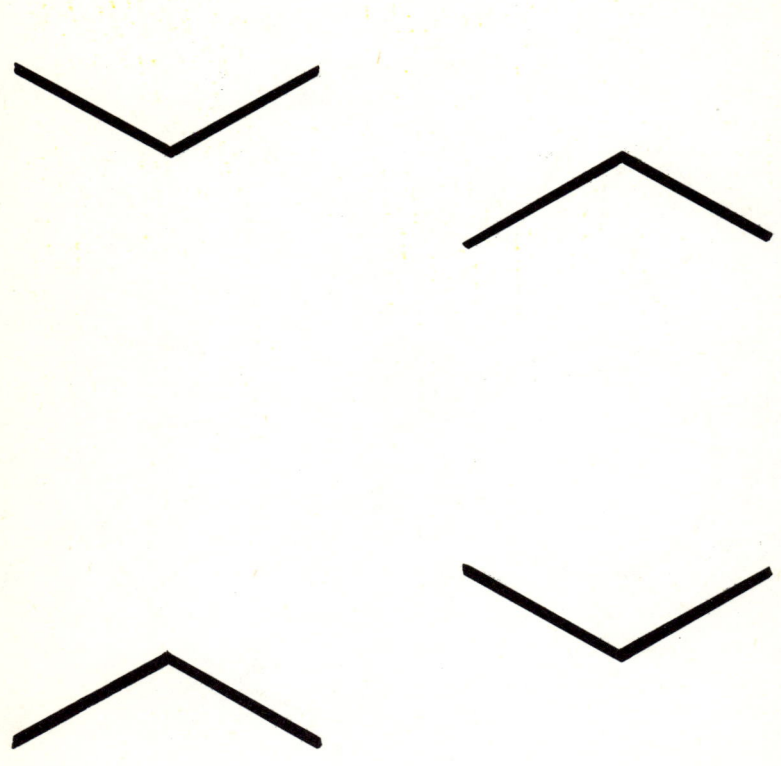

gen führt. Eine Erklärung muß, um nützlich zu sein, das fragliche Phänomen mit anderen Phänomenen in Beziehung bringen. Aber die Verwirrungstheorie der Illusionen versagt, wenn man sie auf irgend etwas anderes anwenden will, und ermöglicht daher kein Verständnis. Wir können sie ablehnen, da sie nicht einmal versucht, das Phänomen zu erklären.

4. Die Motivationstheorie. Diese Theorie wurde von Theodor Lipps vertreten und gründet sich auf die Vorstellungen des amerikanischen Psychologen R. H. Woodworth. Dabei wird angenommen, daß der Beob-

achter sich beim Betrachten mit Teilen der Figur (z. B. mit den Pfeilern eines Gebäudes) identifiziert und dadurch emotional angesprochen wird, was sich auf den Sehvorgang ähnlich entstellend auswirken soll, wie eine Gemütsbewegung ein intellektuelles Urteil verzerren kann. Bei der Pfeiltäuschung, so wurde argumentiert, würden die nach außen gerichteten Spitzen uns eine Ausdehnung nahelegen, und die würde dann auch gesehen.

Es ist wahr, daß eine überstarke Säule unter dem schwachen Gesims eines Gebäudes plump wirkt, und vielleicht bilden wir uns ein, wie Herkules, der die Last des Himmels von Atlas' Schultern nahm, die Funktion einer Säule zu erfüllen. Die Karyatiden griechischer Tempel (Abb. 70) verkörpern (buchstäblich) diesen Gedanken in der Architektur. Aber obgleich für die Ästhetik von unmittelbarer Bedeutung, kann er für eine Theorie der optischen Täuschungen kaum ernst genommen werden. Die Pfeilfigur z. B. täuscht uns ganz unabhängig von unserer Laune. Sie tut dies auch noch, wenn eine anfängliche emotionale Regung längst in Langeweile erstorben wäre. Es mag Wahrnehmungseffekte durch starke emotionale Erregung geben. Die Täuschungsfiguren scheinen aber geradezu jedes emotionalen Inhalts beraubt und sind hierfür viel zu systematisch, mit Ausnahme für eben jene, die sie zu erklären versuchen. Doch ernstlich: diese Täuschungen sind tatsächlich bei allen Beobachtern identisch, obwohl es ja recht unterschiedliche Gefühlsregungen gibt.

5. Die Prägnanztheorie. Der Prägnanzgedanke ist für die Wahrnehmungstheorie der deutschen Gestaltpsychologen von großer Bedeutung. Prägnant heißt knapp, treffend, ohne viel Beiwerk. Ein »prägnantes« Bild ist eines, das auf Charakteristisches anstelle allzugroßer Detailtreue Wert legt. Täuschungen sollen danach auf Prägnanzmerkmale zurückzuführen sein, die die Entfernung von Dingen, die nicht zueinandergehörig scheinen, vergrößern, bzw. für Dinge, die zusammenzugehören scheinen, verkleinern.

Die Bedeutung des Prägnanzgedankens ist zweifelhaft. Sicherlich werden zufällige und regelmäßige Anordnungen von Punkten in verschiedener Weise gruppiert. Manche werden daher einer bestimmten Struktur zugehörig aufgefaßt, andere verworfen oder zu neuen Mustern organisiert (Abb. 1). Aber kein Punkt scheint dabei seine Position infolge einer solchen Gruppierung zu verändern, und dies wäre doch wohl eine un-

70 Manns genug für den Job? Vielleicht identifizieren wir uns selbst mit Säulen, so daß es ein spezifisch menschliches Größenmaß für das Tragen dieser Last gibt. Dies ist der Grundgedanke der »Einfühlungstheorie«, die in der Ästhetik eine große Rolle spielt. Sie wurde auch schon als Grundlage der visuellen Täuschungen vorgeschlagen.

vermeidliche Voraussetzung für die Gültigkeit dieser Theorie der optisch-geometrischen Täuschungen.

6. Die Perspektivetheorie. Diese Theorie hat eine lange Geschichte, auf die wir nicht einzugehen brauchen. Ihr Hauptgedanke ist, daß die Täuschungsfiguren Tiefe durch Perspektive suggerieren und daß diese Tiefensuggestion Größenänderungen hervorruft.

Es scheint sicherlich richtig, daß Täuschungsfiguren als flache Projektionen typischer dreidimensionaler Strukturen aufgefaßt werden können. Dies ist ein sehr wichtiger Punkt, denn er führt zu einem fast vollständigen Verständnis der Täuschungen.

Man betrachte die ersten drei Täuschungsfiguren (Abb. 65—67). Jede von ihnen stimmt ohne weiteres mit typischen Ansichten dreidimensionaler Gegenstände überein. Die Täuschungsbilder können als flache Projektionen eines dreidimensionalen Raums — einfache perspektivische Zeichnungen — interpretiert werden, und folgende Verallgemeinerung ist möglich: Jene Teile der Täuschungsbilder, welche entfernte Gegenstände darstellen, sind vergrößert, diejenigen, die nahen Gegenständen entsprechen, sind verkleinert.

Dies kann deutlich in der Pfeiltäuschung gesehen werden. Der Pfeil mit den nach außen gehenden Spitzen könnte die innere Ecke eines Raums darstellen (Abb. 65 a und 71). Die nach innen gerichteten Pfeile könnten die äußere Ecke eines Gebäudes repräsentieren (Abb. 65 b und 72). Ebenso entspricht die Schienentäuschung konvergenten Perspektivelinien; sie erweckt den Eindruck, die obere Horizontale sei weiter entfernt als die untere (Abb. 66 und 73).

Es soll jedoch gleich betont werden, daß, obgleich die Täuschungsbilder typische ebene Projektionen dreidimensionaler Konfigurationen zu sein scheinen, jede auch immer etwas ganz Verschiedenes darstellen *könnte*. Die Pfeilfiguren könnten einen Schornsteinfeger an ein Dach erinnern. Die konvergierenden Linien der Schienentäuschung könnten einfacher als konvergierendes Linienpaar als parallele Linien, die infolge zunehmender Entfernung konvergieren, aufgefaßt werden.

Die landläufige Perspektivetheorie stellt einfach fest, daß diese Bilder Tiefe suggerieren und daß, sofern dieser Suggestion gefolgt wird, die entfernten Bestandteile objektiv größer erscheinen. Aber warum sollte der Eindruck von Entfernung eine Änderung in der scheinbaren Größe her-

71 Eine Innenecke. Die Ecken zwischen Decke und Wänden und zwischen Boden und Wänden bilden dasselbe Netzhautbild wie die MÜLLER-LYER-Pfeiltäuschung mit nach innen gerichteten Pfeilspitzen.

vorrufen? Ferner, warum sollte die Suggestion einer größeren Entfernung eine Größenzunahme hervorrufen, wo doch entfernte Objekte regelmäßig bei zunehmender Entfernung *kleiner* gesehen werden? Die Theorie sagt keine Vergrößerung, sondern eine Verkleinerung der Dinge voraus, die infolge der Perspektive weiter entfernt`zu sein scheinen. Und hier sollte ja gerade das Gegenteil bewiesen werden!

74 Größenkonstanz. Das Netzhautbild eines Objekts wird bei jeder Verdoppelung der Objektdistanz um die Hälfte kleiner. Aber das Objekt scheint nicht in demselben Maß zu schrumpfen. Das Gehirn kompensiert die Bildverkleinerung infolge der Entfernung durch einen Prozeß, den wir Konstanzberechnung nennen. (Hier findet sich das Geheimnis der geometrisch-optischen Täuschungen.)

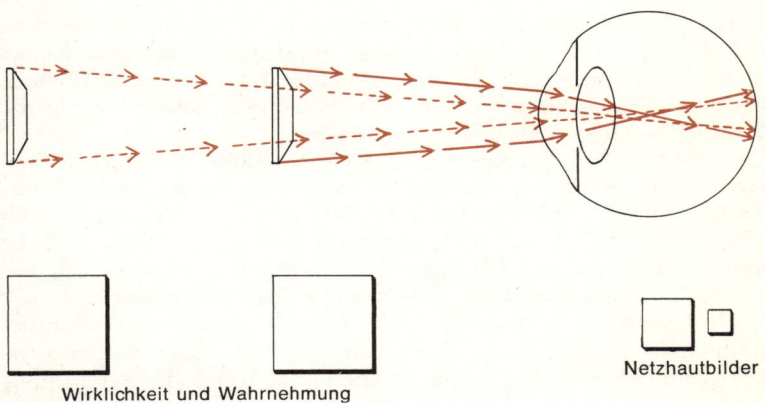

Wirklichkeit und Wahrnehmung

Netzhautbilder

Einer Antwort entgegen

Obgleich die Vorhersage der Perspektivetheorie also paradox ist, ist sie weit besser als Vorhersagen, die gar keine Beziehungen zu den Tatsachen haben. Es scheint, daß die Perspektiveidee doch etwas Wichtiges enthält. Wir werden jetzt versuchen, eine Theorie der Täuschungen zu entwickeln, welche die Perspektivesuggestion berücksichtigt, aber zu korrekten Aussagen führt und gleichzeitig die Täuschungen mit anderen Wahrnehmungserscheinungen in Verbindung bringt. Es ist wert, hierfür etwas Zeit zu verwenden, denn gerade durch den Nachweis von Beziehungen zwischen verschiedenen Phänomenen fördern wir ihr Verständnis. Täuschungen bleiben dann nicht länger triviale Modelleffekte, sondern werden zu Instrumenten, mit denen grundlegende Prozesse des Sehens untersucht werden können.

Es gibt einen Wahrnehmungsprozeß, welcher leicht Täuschungen verursacht — die Größenkonstanz. Sie ist Ausdruck der Tendenz des Wahrnehmungssystems, von der Sehdistanz abhängige Veränderungen der Netzhautbilder wieder auszugleichen. Es handelt sich um einen bemerkenswerten und faszinierenden Vorgang, den wir unter bestimmten Umständen an uns selbst beobachten können. Wenn er versagt, kommt es anstelle einer Stabilisierung zu Instabilitäten und Täuschungen im Sehfeld. Die Verknüpfung von Wahrnehmungskonstanz mit Täuschungen ist eine relativ neue Vorstellung. Wir werden Experimente beschreiben, mit denen dies untersucht werden soll. Aber zuvor müssen wir auf die Wahrnehmungskonstanz noch näher eingehen.

Das Bild eines Gegenstands verdoppelt seine Größe, wenn dessen Entfernung auf die Hälfte vermindert wird. Das ist von der geometrischen Optik bekannt und gilt sowohl für die Kamera wie für das Auge. Warum dies so ist, soll die Abb. 74 zeigen. Was dagegen eigentümlich ist und sicherlich einige Erklärung erfordert, ist die Tatsache, daß, obgleich das Netzhautbild bei abnehmender Entfernung zunimmt, *der Gegenstand weiter in ungefähr gleicher Größe gesehen wird*. Man betrachte beispielsweise die Zuhörer in einem Theater. Die Gesichter scheinen alle dieselbe Größe zu haben, während tatsächlich die Netzhautbilder der entfernteren weit kleiner als die der nahen sind. Oder man halte eine Hand eine Armlänge und die andere halb so weit vor sich und vergleiche sie. Sie erscheinen in fast gleicher Größe, obgleich das Netzhautbild der weiter entfernten Hand nur die halbe (lineare) Größe der näheren Hand hat. Hält man aber die nähere Hand so, daß sie sich mit der weiter entfernten deckt, dann erscheinen sie sehr unterschiedlich groß. Dieses kleine Experiment sollte man nicht unterlassen.

Die Größenkonstanz wurde von DESCARTES 1637 in seiner *Dioptrique* beschrieben. »Ich brauche abschließend nichts Besonderes über die Art, wie wir Größe und Form der Gegenstände sehen, zu sagen. Sie wird vollständig dadurch bestimmt, wie wir die Entfernung und Stellung ihrer Teile sehen. Ihre Größe wird entsprechend unserem Wissen oder unserer Meinung von ihrer Entfernung unter Berücksichtigung der Bildgröße, die sie auf die Rückseite des Auges werfen, beurteilt. Es ist nicht die absolute Größe der Bilder, die wichtig ist. Diese sind natürlich in der Nähe 100 mal größer, als wenn die Objekte 10 mal weiter weg sind. Aber trotzdem sehen wir die Objekte nicht 100 mal größer [die Fläche, nicht die lineare Dimension ist gemeint]. Im Gegenteil, sie erscheinen in fast gleicher Größe, zumindest solange wir nicht durch eine zu große Entfernung irregeführt werden.«

Eine klarere Darstellung der Größenkonstanz findet sich auch bei keinem späteren Psychologen. DESCARTES fährt weiter fort und beschreibt, was wir heute Formkonstanz nennen: »Ebenso leitet sich auch die Beurteilung von Formen deutlich von unserem Wissen oder von unserer Meinung her, die wir von der Stellung der verschiedenen Teile der Gegenstände zueinander haben. Sie stimmen daher oft nicht mit den Bildern im Auge überein. Denn diese Bilder enthalten Ovale und Rhomben, wenn wir Kreise und Quadrate sehen.«

Die Fähigkeit des Wahrnehmungssystems, Entfernungsänderungen zu kompensieren, ist sehr ausführlich besonders durch den englischen Psychologen Robert THOULESS um 1930 untersucht worden. THOULESS maß das Ausmaß der Konstanz unter verschiedenen Bedingungen und für verschiedene Menschentypen. Dafür brauchte er nur sehr wenig, nämlich nichts Komplizierteres als Lineale und Pappstücke. Um die Größenkonstanz zu messen, stellte er ein Pappquadrat in eine bestimmte Entfernung vom Beobachter. Näher zum Beobachter plazierte er eine Reihe verschieden großer Quadrate. Die Versuchsperson hatte dann nur das Quadrat aus der Quadratserie auszuwählen, das so groß wie das weiter entfernte erschien. Aus den wirklichen Größen konnte das Ausmaß der Größenkonstanz leicht berechnet werden. THOULESS fand, daß seine Versuchspersonen gewöhnlich eine Quadratgröße wählten, die ungefähr der wirklichen Größe des weiter entfernten Quadrates entsprach, obgleich sein Netzhautbild kleiner war als das des näheren Quadrats. Die Konstanz war gewöhnlich für ziemlich nahe Gegenstände fast vollkommen. Bei entfernten, spielzeugkleinen Gegenständen versagte sie. Die Konstanz wurde auch nicht aufrechterhalten, wenn einige Tiefenhinweise zur Verfügung standen. Sehr kritische Versuchspersonen zeigten eine geringere Konstanz, und dies galt ebenso für bildende Künstler. Wie DESCARTES vor 300 Jahren angedeutet hat, gibt es ein Maßsystem unserer Wahrnehmung, welches verschieden entfernt aufgestellte Objekte in »ungefähr gleicher Größe erscheinen läßt, wenigstens solange wir nicht über ihre Entfernung getäuscht werden«.

THOULESS maß ebenso die Formkonstanz. Er schnitt dazu eine Reihe von Papprhomben oder Ellipsen von verschiedener Exzentrizität aus. Die Versuchspersonen hatten dann festzustellen, welcher dieser Pappscheiben mit einem Pappquadrat oder Kreis, die in einem Winkel zur Sehlinie aufgestellt waren, übereinstimmten. Dabei waren die Vergleichskartone (Rhombus oder Ellipse) senkrecht zur Sehlinie der Versuchsperson aufgestellt. Auch hierbei zeigte sich, daß die Konstanz annähernd, aber nicht ganz vollkommen war und daß bei verschiedenen Versuchspersonen das Ausmaß der Konstanz erheblich schwankt. Sehr kritische Personen und geübte Künstler neigten zu einer geringeren Konstanz. Einige Beobachter konnten die Höhe ihrer Wahrnehmungskonstanz mehr oder weniger nach Belieben in dieser experimentellen Situation verändern.

Es ist möglich, die Konstanzmechanismen an uns selbst zu beobachten. Das ist sehr eindrucksvoll und geht sehr rasch.

Zuerst erzeugt man ein gutes klares Nachbild, indem man ein helles Licht fixiert (gut geeignet hierzu ist auch ein Fotoblitzlicht). Dann betrachtet man eine Wand oder eine Leinwand. Das Nachbild wird nun auf der Leinwand gesehen, und seine Größe wird sich nach der Entfernung der Leinwand richten. Das Experiment ist also einfach dies: sieht man ein gutes klares Nachbild, so blicke man auf einen nahen Hintergrund, z. B. auf ein Buch oder eine Handfläche und dann auf eine weitentfernte Wand des Raums. Man wird dann sehen, daß sich die Größe des Nachbilds eindrucksvoll ändert. Es ist klein, wenn es in der Nähe, und sehr viel größer, wenn es in der Ferne zu liegen scheint. Bei verdoppelter Schirmdistanz wird das Nachbild fast doppelt so groß gesehen. Diese Beziehung zwischen Größe und Entfernung ist als EMMERTsches Gesetz bekannt.

Die Vergrößerung des Nachbilds mit zunehmender Entfernung ist auf den Konstanzmechanismus zurückzuführen, der normalerweise die Verkleinerung der Netzhautbilder bei Zunahme der Entfernung kompensiert. Das Nachbild auf der Netzhaut bleibt konstant und wird nicht kleiner: auf diese Weise können wir unser eigenes Konstanzsystem beobachten.

Wir wenden uns jetzt wieder den Täuschungen zu. Wenn der Konstanzmechanismus dazu tendiert, auch Entfernungen, die durch perspektivische Tiefenmerkmale ausgelöst werden, zu kompensieren, sind die beobachteten Größenentstellungen in den Täuschungsfiguren zu erwarten. Dies ist eine sehr vernünftige Theorie. Sie hat den großen Vorzug, nichts zu postulieren, was wir nicht schon wissen. Sie verbindet zwei gutbekannte Phänomene und nimmt an, daß die Verzerrungen durch den Konstanzmechanismus bedingt werden, sofern dieser falsch angewandt wird. Da die Täuschungsfiguren in Wirklichkeit flach sind, ist leicht einzusehen, daß, wenn die perspektivischen Merkmale die Konstanz bestimmen, sich eine Fehlanzeige ergeben muß. Die Teile der Bilder, die entfernter erscheinen, würden vergrößert werden. Genau das ist zu beobachten.

Es ist einfacher, eine Theorie aufzustellen, als sie zu beweisen. Und in der Theorie, wie wir sie bisher beschrieben haben, gibt es eine große Schwierigkeit. Die Täuschungsfiguren erscheinen in der Regel eben. Wir müssen also erstens erklären, warum die Täuschungsfiguren trotz ihrer perspektivischen Merkmale eben erscheinen, und zweitens, wie es überhaupt unter diesen Bedingungen zur Konstanz kommen kann, wenn nach dem EMMERTschen Gesetz die Konstanz durch die scheinbare Entfernung bestimmt wird. Es sind, glaube ich, diese Schwierigkeiten, welche ernstere Erwägungen dieser Theorie bis vor kurzem verhindert haben. Wir müssen sehen, ob sie zu überwinden sind.

Die erste Komplikation ist nicht zu groß. Wenn wir die Bilder ansehen, sehen wir nicht nur sie, sondern auch das Papier, auf welche sie gezeichnet werden. Die Bilder erscheinen in einer Ebene, weil sie auf einer flachen Oberfläche liegen. Was geschieht, wenn wir die Bilder von der Oberfläche trennen? Das geschieht am einfachsten, indem man Drahtmodelle der Bilder macht und diese mit Leuchtfarbe anstreicht, damit sie im Dunkeln leuchten. Beobachtet man dann die leuchtenden Täuschungsfiguren monokular im Dunkeln, um eine stereoskopische Information über ihre wahre Tiefe oder deren Fehlen zu vermeiden, wird man feststellen, daß sie dreidimensional erscheinen. Die Pfeilfigur sieht z. B. nicht mehr flach aus: Sie sieht wie eine Ecke aus. Der Pfeil mit den nach außen gehenden Spitzen sieht wie eine von innen, der mit den nach innen gehenden Spitzen wie eine von außen gesehene Ecke aus, was perspektivisch zu erwarten ist. Sie sind von wirklichen dreidimensionalen Drahtmodellen nicht unterscheidbar. Diese Beobachtung zeigt, warum sie normalerweise in einer Ebene erscheinen. Die Papierstruktur vermittelt mit der Bildperspektive konkurrierende Informationen und verhindert, daß sie in der Tiefe liegend wahrgenommen werden. Dies ist für den Künstler sehr wichtig, denn die Struktur seines Papiers oder seiner Leinwand wird immer mit der Anordnung und anderen Tiefenmerkmalen seiner Arbeit konkurrieren und eine dreidimensionale Darstellung erschweren. Macht man den Untergrund uniform, so kommt es zu einer deutlicheren Tiefenwahrnehmung. Das ist der Grund, warum Farbdiapositive in einem einfachen Betrachtungsgerät eine größere Tiefe zeigen können, als wenn sie auf einen Schirm projiziert werden. Dies gilt besonders, wenn die Beleuchtung zu schlecht ist, um kleine Fehler in der Oberfläche der Diapositive manifest werden zu lassen.

Die zweite Schwierigkeit — daß nach dem EMMERTschen Gesetz die Konstanz von der scheinbaren Entfernung abhängt — läßt sich nicht so leicht überwinden. Diese Theorie wird aber mit Entschiedenheit vertreten. ITTLESON, der zur Unterstützung fünf bekannte Psychologen, die über dieses Problem gearbeitet haben, zitiert, stellt fest: »Die Größenkonstanz, darin herrscht allgemein Übereinstimmung, ist abhängig von einer genauen Entfernungsschätzung.« Trotzdem bestreite ich diese Annahme, da ich glaube, daß sie nicht nur falsch ist, sondern auch die Entwicklung einer adäquaten Theorie gehemmt hat.

Die Wahrnehmungstäuschungen erscheinen gewöhnlich in einer Ebene, und es ist richtig, daß Größenkonstanz von der scheinbaren Entfernung abhängt wie im EMMERTschen Gesetz; aber daraus folgt nicht, daß die Größenkonstanz notwendigerweise mit der scheinbaren Entfernung verknüpft ist. Es besteht kein Grund anzunehmen, warum sie nicht durch Tiefenmerkmale ausgelöst werden sollte, auch wenn diese durch andere Informationen widerrufen werden, wie beispielsweise, wenn perspektivische oder Täuschungsbilder auf strukturiertem Papier gezeichnet werden. Wenn wir zeigen könnten, daß dies möglich ist, dann haben wir die Täuschungen erklärt und zusätzlich etwas Neues über das Konstanzproblem gelernt.

Wir müssen daher nach unabhängigen Beweisen suchen, die zeigen, daß falsch gesetzte Konstanz zu Verzerrungen führt. Dies ist eine ziemlich komplizierte Sache, aber hier sind einige Argumente dafür:

Einmal können wir Figuren benutzen, bei denen die Tiefenwahrnehmung doppeldeutig ist. Diese Figuren (z. B. der NECKER-Würfel, Abb. 4) verursachen wechselnde Tiefenwahrnehmungen, obgleich das Netzhautbild — der Eingang zum Gehirn — konstant bleibt. Betrachten wir nun sorgfältig einen NECKER-Würfel, so werden wir bemerken, daß, obgleich eine Fläche mit der anderen fortwährend ihre Tiefenanordnung vertauscht, dabei keine Größenänderung auftritt. Dies läßt uns sofort erkennen, daß die Größenkonstanz nicht durch die Tiefe hervorgerufen oder bestimmt wird, die die auf Papier gezeichneten Linien suggerieren.

75 Die Linie, die durch die Ecke des NECKER-Würfels gezeichnet ist,
erscheint an den Enden leicht nach unten gebogen, obgleich sie in Wirklichkeit gerade
ist. Sie erscheint in derselben Weise gebogen, wenn der Würfel invertiert, also in umgekehrter Tiefe gesehen wird. Daraus folgt, daß die vorgetäuschte Biegung nicht
mit der scheinbaren Tiefe erklärt werden kann. Leuchtet jedoch der Würfel,
dann biegt sich die Linie mit jeder Stellungsänderung des Würfels.

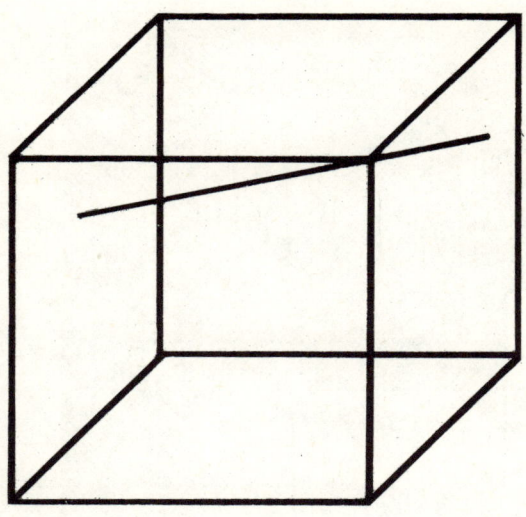

Machen wir nun einen leuchtenden Würfel (ein mit Leuchtfarben ge-
strichenes Drahtmodell, das im Dunkeln leuchtet und keinerlei struk-
turierten Hintergrund besitzt), so erhalten wir damit ein ganz anderes
Ergebnis. Wenn sich der Leuchtwürfel invertiert, verändert er seine
Form. Stets wird die Fläche, die weiter entfernt erscheint, größer gesehen,
obgleich beide Flächen in Wirklichkeit dieselbe Größe besitzen. So können wir das EMMERTsche Gesetz auf die Inversionsfiguren übertragen.
Wenn wir einen dreidimensionalen Würfel machen, erscheint dieser,
wenn er invertiert wird, als eine abgeflachte Pyramide. Dabei wird die
scheinbar nähere Fläche kleiner als die scheinbar entferntere gesehen: die
Größenkonstanz arbeitet jetzt rückwärts, aufgrund der scheinbaren
und nicht der wirklichen Tiefe. Sie erzeugt dadurch Täuschungen, wenn
sich die Tiefenwahrnehmung umkehrt. Dies läßt annehmen, daß die Tiefenwahrnehmung für die Größenkonstanz entscheidend ist. Aber wir
wollen die folgende Überlegung machen. Man nehme eine auf Papier ge-

76 Wie kann eine Täuschung gemessen werden? Der Beobachter sieht eine einzelne Pfeilfigur und eine Vergleichslinie, die so einzustellen ist, daß sie gleich groß wie der Schaft der Täuschungsfigur erscheint. (Die Messung ist jedoch nur möglich, wenn die Täuschung nicht auch logisch paradox ist.)
Die Abbildung zeigt die Rückansicht des Apparats.

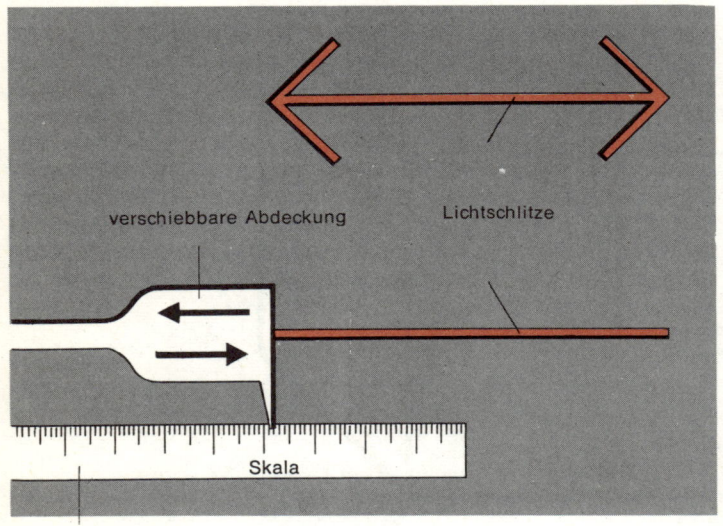

zeichnete Würfelfigur, der eine Linie wie in Abb. 75 hinzugefügt wird. Diese Linie erscheint, obgleich tatsächlich gerade, an der Ecke des Würfels gebogen. Beobachtet man die Gerade sorgfältig, wenn der Würfel seine (widersinnige) Tiefenanordnung umkehrt, dann wird man sehen, daß die Gerade immer noch in gleicher Weise gebogen erscheint. Würde dagegen eine ähnliche Gerade zu einem wirklichen dreidimensionalen leuchtenden Würfel hinzugefügt, dann ist das Resultat ganz anders: die Gerade wird zwar immer noch gebogen erscheinen (durch Konstanzmechanismen), aber die Biegungsrichtung ändert sich, sowie der Würfel seine scheinbare Tiefe verändert.
Die Biegung der Geraden über die Würfelecke wird nicht dadurch bestimmt, ob die Ecke nach außen oder innen gerichtet erscheint, sondern einfach dadurch, ob diese Ecke typischerweise eine innere oder äußere sein wird. Dies ist wichtig, denn es läßt vermuten, daß die vorgetäuschte Biegung der Geraden nicht durch Konstanzmechanismen verursacht wird,

77 Wie kann die subjektive Tiefenwahrnehmung gemessen werden? Die (flache) Figur wird von hinten beleuchtet, um Strukturen zu vermeiden, die eine paradoxe Tiefe ergeben könnten. Die Figur wird nur mit einem Auge gesehen, das andere von einem gekreuzten Polarisationsfilter verdeckt. Eine einstellbare Bezugsmarke (Lichtpunkt) wird durch Reflexion auf einem halbversilberten Spiegel in die Figur projiziert. Die Bezugsmarke wird mit *beiden* Augen gesehen und kann auf die scheinbare Entfernung jedes beliebigen Bildteils eingestellt werden. Auf diese Weise wird das binokulare Sehen benutzt, um monokulare Tiefe zu messen.

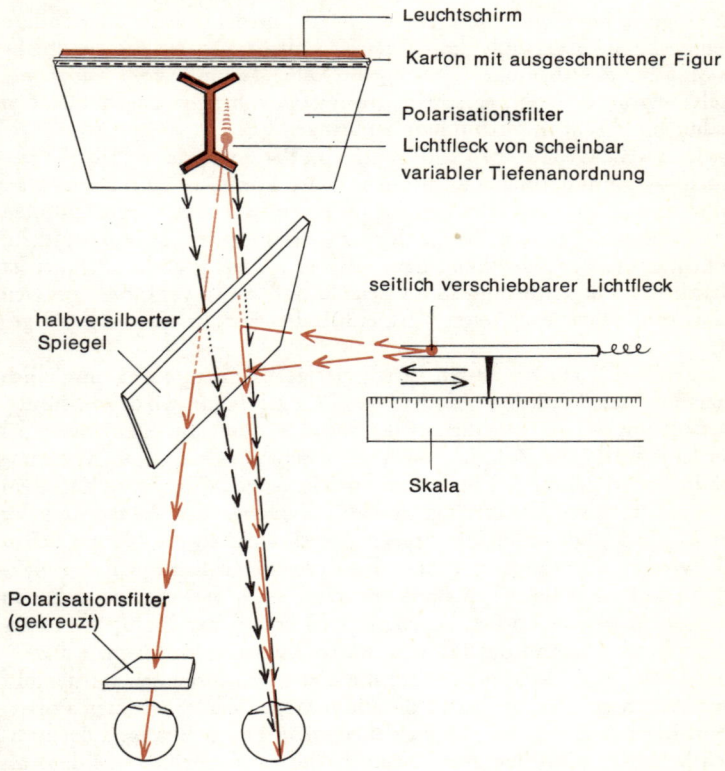

Leuchtschirm

Karton mit ausgeschnittener Figur

Polarisationsfilter

Lichtfleck von scheinbar variabler Tiefenanordnung

seitlich verschiebbarer Lichtfleck

halbversilberter Spiegel

Skala

Polarisationsfilter (gekreuzt)

die auf die scheinbare Tiefe ansprechen, sondern direkt von Tiefenmerkmalen abhängt. Und zwar auch dann, wenn diese durch die Papierstruktur, welche den Würfel flach erscheinen läßt, abgeschwächt werden. Wenn wir eine solche Gerade quer über einen *leuchtenden* Würfel legen, dann verändert sich die Biegungsrichtung der Geraden, sowie der Würfel seine scheinbare Tiefenanordnung ändert, d. h., daß das EMMERTsche Gesetz wirksam wird.

Es ist möglich, die scheinbare Tiefe, die durch perspektivische oder andere Tiefenmerkmale gegeben ist, mit einer Technik zu messen, die ein objektives Maß für die scheinbare Tiefe ergibt. Diese Technik (vom Autor entwickelt) macht es möglich, scheinbare Tiefenwahrnehmungen mit den Täuschungen direkt in Verbindung zu bringen.

Es ist leicht, die Größe einer Täuschung von der Art, wie wir sie hier betrachten — Veränderungen nach Größe oder Form —, zu messen. Man kann es tun, indem man dem Beobachter einen Satz von Vergleichslinien oder Gestalten zeigt und ihn auffordert, diejenige davon auszusuchen, die am meisten der Täuschungsfigur, wie er sie sieht, gleicht. Dabei ist natürlich die Vergleichslinie so zu zeigen, daß sie unverändert gesehen werden kann. Eine Reihe von Vergleichslinien wird in der Abb. 76 gezeigt.

Die scheinbare Tiefe zu messen ist schwieriger. Es mag sogar unmöglich erscheinen. Man betrachte jedoch Abb. 77. Die Figur wird von hinten beleuchtet angeboten, um die Struktureffekte auszuschließen. Sie wird außerdem durch ein Polarisationsfilter gesehen. Ein zweites Polarisationsfilter wird gekreuzt zum ersten vor ein Auge gehalten, so daß kein Licht von der Figur dieses Auge erreicht. Zwischen den Augen und der Figur ist ein halbdurchlässiger Spiegel, durch welchen die Figur gesehen wird, welcher aber auch eine oder mehrere kleine Lichtquellen reflektiert, die auf einer optischen Bank montiert sind. Sie scheinen daher in der Figur zu liegen: optisch liegen sie wirklich in der Figur, vorausgesetzt, daß der Abstand des Lichts von den Augen dem zwischen der Figur und den Augen entspricht. Aber die kleinen Lichtquellen werden mit beiden Augen gesehen, während die Figur wegen der gekreuzten Polarisationsfilter nur mit einem Auge gesehen wird. Durch Bewegen der Lichter entlang der optischen Bank können sie so angeordnet werden, als lägen sie in derselben Entfernung wie jeder beliebige Figurenteil. Wenn die Figur perspektivische oder andere Tiefenmerkmale besitzt, dann werden die Lichter durch den Beobachter nicht auf die wirkliche Entfernung von der Figur eingestellt, sondern auf die scheinbare Entfernung des Figurenteils, den der Beobachter mit den Lichtern vergleicht. Für Menschen mit normaler binokularer Tiefenwahrnehmung ist dies eine einfache Aufgabe. Sie ergibt ein gutes Maß für die scheinbare Tiefe.

Diese Technik zeigt, daß die Täuschungsfiguren tatsächlich entsprechend

78 Die Kreis-Kultur der Zulus. Die Zulus haben wenig Erfahrung mit geraden Linien oder Ecken. Sie unterliegen den Täuschungsfiguren nicht in demselben Maß wie Menschen, die in der »rechtwinkligen« westlichen Kultur aufgewachsen sind.

ihrer perspektivischen Merkmale in der Tiefe gesehen werden, und die Täuschung ist um so ausgeprägter, je stärker die Tiefenmerkmale sind. Wir haben also Täuschung mit Tiefe in Verbindung gebracht.

Verzerrungen und Perspektive

In der westlichen Welt sind die Räume fast immer rechteckig; und viele Gegenstände, wie Kästen, haben rechtwinklige Ecken. Viele Dinge, wie Straßen und Eisenbahnen, zeigen sich als lange parallele Geraden, die perspektivisch konvergieren. Menschen der westlichen Welt leben in einer visuellen Umgebung, die reich an perspektivischen Entfernungsmerkmalen ist. Wir können fragen, ob Menschen, die in einer anderen Umgebung leben — mit wenigen rechten Winkeln und wenigen parallelen Geraden —, Täuschungen unterliegen, welche wir mit der Perspektive in Verbindung bringen. Glücklicherweise wurden verschiedene Untersuchungen über die Wahrnehmung von Menschen gemacht, die in einer solchen Umgebung leben, und ihre Ansprechbarkeit auf einige der Täuschungsfiguren wurde gemessen. Allerdings bleibt auch hier noch eine Anzahl spezifischer Fragestellungen offen.

Menschen, die in einer besonders ausgeprägten aperspektivischen Welt leben, sind die Zulus. Ihre Welt wurde als eine »Kreis-Kultur« beschrieben — ihre Hütten sind rund und haben runde Türen; sie pflügen ihr Land nicht in geraden Furchen, sondern in Kurven, und wenige ihrer Besitzungen haben Ecken oder gerade Begrenzungen. Sie sind deshalb ideale Versuchspersonen für unseren Zweck. Es wurde festgestellt, daß sie zwar der Pfeiltäuschung in einem geringen Maße, aber kaum den anderen Täuschungsfiguren unterliegen.

Es wurden auch Untersuchungen an Menschen, die in dichten Wäldern leben, durchgeführt. Solche Menschen sind insofern interessant, da sie infolge der nur kleinen Lichtungen keine visuelle Entfernungserfahrung besitzen. Bringt man sie aus ihrem Wald heraus und zeigt ihnen entfernte Gegenstände, so sehen sie diese nicht entfernt, sondern nur klein. Menschen der westlichen Zivilisation erleben eine ähnliche Täuschung, wenn sie von einer Höhe hinabsehen. Von einem hohen Fenster sehen die Gegenstände zu klein aus, obgleich von Schornsteinfegern und Männern, die auf dem Gerüst und den Trägern eines Wolkenkratzers arbeiten, berichtet wird, daß sie die Gegenstände unter ihnen nicht verändert wahrnehmen. Es scheint, daß praktische Erfahrung für die Eichung der visuellen Objektwahrnehmung wichtig ist.

Das wird durch die Beobachtung eines Mannes deutlich, der als Kleinkind erblindete und nach einer Operation im mittleren Alter wieder sehen konnte (siehe Kapitel 11). Kurz nach der Operation dachte er, daß er sich von seinem 10—14 m hohen Krankenhausfenster sicher auf die Erde hinunterlassen könnte. Obgleich er hierbei die Erde unmittelbar unter sich sah, war seine Schätzung von vertrauten horizontalen Entfernungen ziemlich gut. Wie die Zulus unterlag er keinen der üblichen Täuschungen, außer, im geringen Grade, der Pfeiltäuschung.

Die Pfeiltäuschung wurde bei einigen Tieren gemessen, besonders an Tauben und Fischen. Die Technik besteht darin, die Tiere zu dressieren, von zwei Linien die längere auszusuchen. Wenn dies gelingt, werden ihnen Pfeilfiguren mit objektiv gleichen Schaftlängen angeboten. Wählen sie dann den Pfeil aus, der uns länger erscheint? Von Tauben wie von Fischen wurden positive Ergebnisse berichtet. Es scheint also, daß auch Tiere Täuschungen ausgesetzt sind.

Die Beispiele aus nicht-westlichen Kulturräumen, wo nur wenig perspektivische Ansichtsobjekte existieren (obgleich es auch dort immer eine Perspektivevorstellung geben wird, wenn auch nur durch Bewegungsparallaxe, die eine »dynamische Perspektive« bewirkt), zeigen, daß die Täuschungen vermindert sind bzw. weitgehend fehlen, wenn nur wenige perspektivische Schlüssel verfügbar sind. Die Erfahrung des seit seiner Kindheit blinden Mannes läßt außerdem annehmen, daß Täuschungen zum Teil von der früheren visuellen Erfahrung abhängen. Das Beweismaterial aus Tierversuchen legt nahe, daß Täuschungen nicht auf das menschliche Wahrnehmungssystem beschränkt sind, sondern auch in weniger entwickelten Augen und Gehirnen auftreten. Es würde interessant sein, Tiere in einer an Perspektive armen Umgebung aufzuziehen und danach ihre Täuschungen zu messen. Wir sollten erwarten, daß dann keine Täuschungen auftreten. Das Experiment wurde im Laboratorium des Autors an Fischen versucht. Leider starben sie vorzeitig, wenn auch vermutlich nicht infolge von Wahrnehmungsstörungen.

In Verbindung mit den nicht-westlichen Völkern ist es vielleicht interessant zu erwähnen, daß sie nur wenig oder gar nichts mit Zeichnungen oder Fotografien von vertrauten Objekten anfangen können. Dies galt ebenso für den Mann, der erst als Erwachsener sehen lernte. Es ist wahrscheinlich, daß perspektivische Merkmale nur nach beträchtlicher Erfahrung benutzt werden, wenn sie mit der Tastempfindung in Verbindung gebracht werden können, und daß nur dann geeignete perspektivische Schlüssel Größenänderungen flacher Figuren hervorrufen.

10 | Kunst und Wirklichkeit

Die Perspektive, wie wir sie kennen, ist in der abendländischen Kunst noch sehr jung. In der bis jetzt bekannten primitiven Kunst und in der Kunst aller früheren Kulturen bis zur italienischen Renaissance gibt es keine Perspektive. In der hochentwickelten formalen Malerei der alten Ägypter sind Köpfe und Füße im Profil und nie perspektivisch verkürzt dargestellt. Dadurch ähneln die Bilder zuweilen etwas Kinderzeichnungen. Chinesische Zeichnungen und Bilder sind in dieser Hinsicht am eigenartigsten. Entfernung wird nach formalen Regeln ausgedrückt, die geometrisch unverständlich sind und die oft Linienführungen ergeben, welche für uns eine Umkehrung der Perspektive bedeutet, z. B. Linien, die mit zunehmender Entfernung eher divergieren als konvergieren. Es ist ein außergewöhnliches Faktum, daß die einfache geometrische Perspektive so spät entwickelt wurde — weit später als das Feuer oder das Rad —, obgleich sie im gewissen Sinn schon immer beim Sehen vorhanden war. Aber findet sich Perspektive in der Natur? Ist sie tatsächlich eine Entdeckung oder nur eine Erfindung der Renaissancekünstler?

Die Gesetze und Prinzipien der Perspektive wurden zuerst von LEONARDO DA VINCI (1452—1519) in seinem *Trattato della Pittura* klar beschrieben. Es ist eine Anleitung für junge Künstler, in der die Perspektive, die Anordnung der Oberflächenmuskeln, der Aufbau der Augen von Menschen und Tieren und die Botanik behandelt werden. Er nannte die Perspektive »den Zügel und das Leitwerk der Malerei« und beschrieb sie folgendermaßen: »Perspektive ist nichts anderes als das Sehen einer Ebene hinter einer glatten transparenten Glasscheibe, auf deren Oberfläche sich alle Dinge dem Sehpunkt in Pyramiden nähern. Und diese Pyramiden werden in der Glasebene durchschnitten.«

LEONARDO behandelte die Perspektive von Zeichnungen als einen Zweig der Geometrie. Er beschrieb, wie die Perspektive direkt auf eine Glasscheibe gezeichnet werden kann: eine Technik, die von niederländischen Meistern und, in einer späteren Form, bei der *camera obscura* verwandt wurde. Bei der *camera obscura* wurde zusätzlich eine Linse zur Erzeugung eines Bildes benutzt, das dann auch unmittelbar nachgezeichnet werden konnte. Die Projektion wird dabei allein durch die geometrische Anordnung bestimmt. Diese Darstellung entspricht der sogenannten *geometrischen Perspektive*. Aber LEONARDO erkannte deutlicher als viele spätere Autoren, daß hierbei nicht nur die reine Geometrie von Bedeu-

79 Dieser CANALETTO ist ein gutes Beispiel für Perspektive. Es ist wert
sich zu überlegen, ob er die geometrische Perspektive so gezeichnet hat,
wie sie seinem Netzhautbild entsprach, oder so, wie er sie gesehen hat,
nachdem sein Größenkonstanzmechanismus die Bildverkleinerung infolge
der Entfernung kompensiert hatte. Die Frage könnte beantwortet werden,
indem man die Szene fotografiert und die geometrische Perspektive
auf der Fotografie mit der des Bildes vergleicht.

80 Ein ägyptisches Bild. Die Gestalten sind in charakteristischen Stellungen
ohne Perspektive dargestellt. Perspektive wird erst seit der italienischen
Renaissance in der Kunst verwandt.

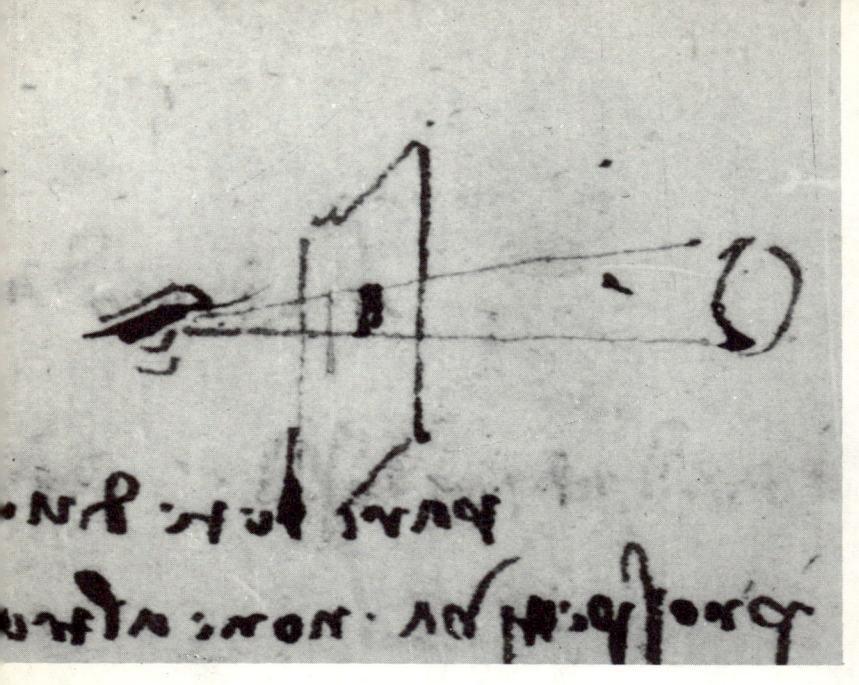

tung ist. Er beschreibt in seiner Darstellung der Perspektive auch die Wirkungen des Dunstes und der Bläue des Himmels mit zunehmender Entfernung und betont die Wichtigkeit von Schatten und Schraffierungen in Zeichnungen bei der Anordnung der Gegenstände. Diese Erwägungen gehen über die reine Geometrie hinaus. Aber sie sind, wie wir sehen werden, für den Gebrauch der Perspektive von großer Bedeutung. Sie sind erforderlich, um die Perspektive eindeutig zu machen.

Jede perspektivische Projektion ist zweideutig — korrekte Perspektive kann eine notwendige, aber nie eine ausreichende Voraussetzung für die räumliche Darstellung sein. Man betrachte eine einfache Ellipse, wie in der Abb. 84. Diese kann einen elliptischen Gegenstand in normaler oder einen kreisförmigen Gegenstand in schräger Sicht darstellen. Die Figur zeigt also nicht eindeutig ein bestimmtes Objekt. Sie könnte vielmehr irgendein Objekt aus einer unendlichen Anzahl verschiedener Objekte sein, die unter einem bestimmten Gesichtswinkel betrachtet werden. Die Kunst der Zeichner und Maler besteht zum großen Teil darin, aus der unendlichen Reihe möglicher Interpretationen einer Figur uns immer nur gerade eine Gestalt von einem ganz bestimmten Blickwinkel aus aufneh-

men zu lassen. Hier ist‚ die Geometrie zu Ende, und die Wahrnehmung
beginnt. Um die Zweideutigkeit der Perspektive zu begrenzen, muß der
Künstler perzeptorische Entfernungsmerkmale ausnützen, die auch monokular wirksam sind. Die binokularen Schlüssel durch Konvergenz und
Disparation sind ihm ebenso wie die Bewegungsparallaxe verwehrt.
Diese Merkmale würden gegen ihn arbeiten. Gemälde besitzen daher gewöhnlich bei monokularer Betrachtung und still gehaltenem Kopf eine
zwingendere Räumlichkeit.
Wir stehen zwei Wirklichkeiten gegenüber. Das Gemälde selbst ist ein
physikalischer Gegenstand, und unsere Augen werden es als solches flach
an der Wand sehen. Aber es kann ebenso ganz andere Gegenstände her-
aufbeschwören — Menschen, Schiffe, Gebäude im Raum. Es ist des
Künstlers Aufgabe, uns zu veranlassen, die eine Wirklichkeit auszuschei-
den und nur die zweite zu akzeptieren, damit wir seine Welt und nicht
nur Farbflächen auf einer flachen Oberfläche sehen.
Wie wir am Beispiel der Ellipse gesehen haben, kann eine Figur einen
gegebenen Gegenstand unter einem bestimmten Gesichtswinkel darstellen oder auch jeden anderen aus einer unendlichen Reihe etwas verschiedener Objekte, die unter einem anderen Sehwinkel gesehen werden. Das
bedeutet, daß, falls die Figur eindeutig sein soll, wir wissen müssen, was
das Objekt wirklich ist — was seine Form ist — oder wie es im Raum
liegt. Es ist sehr viel einfacher, vertraute als unvertraute Gegenstände
darzustellen. Wissen wir, was für ein Gegenstand dargestellt ist, dann
wissen wir auch, in welcher Lage er sich befinden muß, um sich so zu
projizieren, wie ihn der Künstler gezeichnet hat. Ist es klar, daß die Ellipse
beispielsweise einen kreisförmigen Gegenstand darstellt, dann wissen wir,
daß dieser in einem bestimmten schrägen Winkel liegen muß, und der
Winkel bestimmt die Abweichung, die der Künstler auf die ebene Fläche
gezeichnet hat. Wir alle wissen, daß Räder, Teller und die Pupille des
menschlichen Auges kreisförmig sind. Bei solch vertrauten Objekten ist
die Aufgabe des Künstlers leicht. Wir können an der Aussagekraft einfacher Strichzeichnungen sehen, wie leicht es ist, Form, Raumbezogenheit
und Entfernung darzustellen, wenn wir den gezeichneten Gegenstand
kennen. Man betrachte die Zeichnung des Jungen mit dem Reifen auf
der Karikatur (Abb. 85). Es ist ganz klar, daß die Ellipse einen Kreis
unter einem schrägen Winkel darstellt, weil wir wissen, daß sie einen

82 Chinesische »Perspektive«. Sie ist sehr eigenartig, weder geometrisch noch
so, wie die Welt infolge unserer Konstanzmechanismen erscheint.
Vermutlich übernahmen die Chinesen ganz konventionelle symbolische Darstellungen.

83 Ein frühes Beispiel der Perspektive:
die *Verkündigung* von CRIVELLI (etwa 1430—1493).

LIBERTAS · ECCLESIASTICA

Reifen darstellt und Reifen kreisförmig sind. Der Reifen in dieser Figur entspricht völlig der ohne weitere Hinweise dargestellten Ellipse in Abb. 84. Aber jetzt wissen wir, was es sein soll: wir wissen, als was wir sie zu sehen haben. Es wäre weit schwieriger für den Zeichner gewesen, einen verbogenen Reifen abzubilden.

Man sehe sich die amöbenförmige Gestalt des verschütteten Weines in der Abb. 86 an. Sie wird auf einer flachen Oberfläche (der Straße) liegend gesehen, obgleich die Form allein genausogut eine unendliche Zahl von Gestalten in verschiedener Raumanordnung darstellen könnte. Angenommen, wir verzichten auf den Rest der Zeichnung, so daß sich kein Anhaltspunkt mehr ergibt für das, was dargestellt sein soll. Abb. 87 zeigt nur die Pfütze. Sie könnte dann ebensogut irgend etwas ziemlich Formloses sein, was uns aufrecht gegenüber steht. (Sieht es nicht etwas höher in der vollständigen Zeichnung aus, wo es deutlich eine Pfütze auf dem Boden ist, als wenn es nur als unbestimmbare Gestalt angeboten wird? Aktiviert die Zuordnungsmöglichkeit die Konstanzmechanismen?) Obgleich die Figur so einfach ist, erweckt sie eine Reihe von Assoziationen — besonders über das, was passiert, wenn wir Flaschen fallen lassen —, und dieses Wissen bestimmt, wie wir die amöboide Gestalt sehen.

Wir können auch ein anderes Beispiel nehmen, wieder das einer Ellipse in einer Karikatur. Aber sie illustriert etwas ganz anderes. Die Ellipse in

86 und 87 Die Pfütze *unten* steht eindeutig waagrecht auf dem Boden —
das ist einfach so bei Pfützen.
Rechts: Dieselbe Pfützengestalt wie in der Karikatur. Wie steht sie nun im Raum?
Die isolierten Konturen könnten auch vertikal im Raum stehen.

Abb. 88 beispielsweise ist von einigem Interesse, denn sie ist nicht perspektivisch dargestellt, und doch liegt sie eindeutig auf dem Boden. Sie wird als ein Kreis gesehen. Das Kind darunter könnte ein elliptisches Loch ausschneiden, und doch würden wir vermuten, daß es einen Kreis ausschneidet. Unsere Sehposition wird dadurch in eine bestimmte Höhe über den Boden gebracht, ohne jede Beeinflussung durch irgendein anderes Merkmal der Zeichnung, sondern nur durch unsere Interpretation der Bedeutung der Gestalt, die wiederum von unseren Vorstellungen über kleine Jungen abhängt.

Wenn ein Künstler geometrische Perspektive anwendet, zeichnet er nicht das, was er sieht. Er stellt sein Netzhautbild dar. Wie wir wissen, kann dies sehr verschieden ausfallen, denn was gesehen wird, wird durch Konstanzmechanismen verändert. Eine Fotografie entspricht dem Netzhautbild, nicht der Szene, wie wir sie sehen. Beim Vergleichen einer Zeichnung mit dem Bild eines Fotografen, das von genau derselben Stellung aus aufgenommen wurde, können wir bestimmen, in welchem Maß der Künstler sich die Perspektive zu eigen gemacht hat und inwieweit er die Welt zeichnet, wie er sie sieht, nachdem seine Netzhautbilder durch Konstanzmechanismen verändert worden sind. Gewöhnlich sehen entfernte Objekte in einer Fotografie zu klein aus — es ist eine allgemeine und traurige Erfahrung, daß eine großartige Bergkette fotografiert zu einer erbärmlichen Reihe von Maulwurfshügeln wird.

Das ist eine kuriose Angelegenheit. Die Kamera vermittelt zwar klare geometrische Perspektive, aber da wir die Welt nicht so sehen, wie sie sich auf die Netzhaut oder eine Kamera projiziert, sieht die Fotografie falsch aus. Es sollte uns daher nicht überraschen, daß für die Primitiven

Fotografien von nur geringer oder gar keiner Bedeutung sind. Es war tatsächlich ein glücklicher Zufall, daß die Perspektive vor der Kamera entdeckt wurde, denn sonst hätten wir vielleicht Schwierigkeiten, die Fotografien anders als geisterhafte Verzerrungen aufzufassen. Und Fotografien können verzerrt aussehen, besonders wenn die Kamera nicht horizontal gehalten wurde. Eine aufwärts auf ein großes Gebäude gerichtete Kamera verursacht den Eindruck, daß der Bau nach hinten umstürzt. Und trotzdem ist dies die richtige Perspektive. Türme erscheinen tatsächlich etwas geneigt, allerdings nicht so stark wie auf einer Fotografie, die aus der gleichen Position und mit einer der Augenrichtung entsprechenden Kameraeinstellung gemacht wurde. Einige Architekten haben erkannt, daß beim Aufwärtssehen die visuelle Entfernungskompensation weniger gut ist, und haben ihre Türme vom Boden zur Spitze etwas divergierend gebaut. Das berühmteste Beispiel ist der großartige Campanile von GIOTTO in Florenz. Hier hat der Künstler als Architekt umgekehrte Perspektive wirklich angewandt, um die Unzulänglichkeit des Auges bei der Korrektur der Perspektive zu kompensieren. Auch auf der horizontalen Ebene gibt es hierfür Beispiele, wie den Markus-Platz in Venedig, welcher nicht rechtwinklig ist, sondern zur Kathedrale hin divergiert. Dadurch erscheint er als wirkliches Rechteck, wenn die Kathedrale über den Platz hinweg betrachtet wird. Ähnliche »Entstellungen« der Wirklichkeit zur besseren Anpassung an Auge und Gehirn findet man in einigen Tempeln des alten Griechenland, z. B. am Parthenon.

Wir beginnen zu verstehen, warum es so lange dauerte, bis die Perspektive von den Künstlern übernommen wurde. In einer bestimmten wichtigen Hinsicht sind perspektivische dreidimensionale Darstellungen falsch, da sie nicht die Welt, wie sie gesehen wird, sondern eher die (idealisierten) Netzhautbilder abbilden. Wir sehen aber nicht unsere Netzhautbilder; und wir sehen auch nicht die Welt entsprechend der Größe und Formen unserer Netzhautbilder, denn diese werden durch die Konstanzmechanismen wirksam modifiziert. Sollte daher der Künstler die Perspektive nicht einfach ignorieren und die Welt zeichnen, wie er sie sieht?

Wenn der Künstler die Perspektive ganz und gar vernachlässigt, wirken seine Bilder und Zeichnungen flach, sofern er nicht andere Entfernungsmerkmale mit ausreichendem Nachdruck verwenden kann. Das scheint

88 Eine andere Ellipse. Dieses Mal nehmen wir an, es ist ein Kreis. Wir
sehen ihn flach, weil wir wissen, daß der Junge unter dem Boden (der uns
beinahe leibhaftig vor Augen steht) in der Regel ein rundes Loch aussägen würde.

89 Unmöglich? Wir nehmen an, daß der Raum rechtwinklig ist, obgleich er
es in Wirklichkeit nicht ist. Deshalb sehen die Figuren verschieden groß aus.
Dies ist ein Bild aus AMES' verzerrtem Raum. Wir sind so an rechtwinklige
Zimmer gewöhnt, daß wir auch mit der Rechtwinkligkeit dieses Raumes
rechnen. Doch eben das ist unser Fehler.

aber fast unmöglich zu sein, denn wenn es ihm gelingen würde, Tiefe
durch andere Merkmale vorzutäuschen, würde das Bild unwirklich erscheinen, da diese anderen Merkmale das Konstanzsystem des Beobachters veranlassen, die nicht perspektivisch dargestellten entfernten Objekte zu vergrößern. Dies bedeutet, daß der Künstler Perspektive ge-

90   Die Geometrie von AMES' verzerrtem Raum. Die weiter entfernte Wand ist gegenüber dem Beobachter (und der Kamera) auf der linken Seite zurückgesetzt. Die linke Figur steht weiter entfernt. Die Wände und Fenster sind aber so entworfen, daß sie sich auf der Netzhaut wie die eines normalen rechtwinkligen Zimmers abbilden. Die Gestalten erscheinen daher gleich weit entfernt, aber verschieden groß. (Die Frau rechts in diesem Raum erscheint so fast doppelt so groß.)

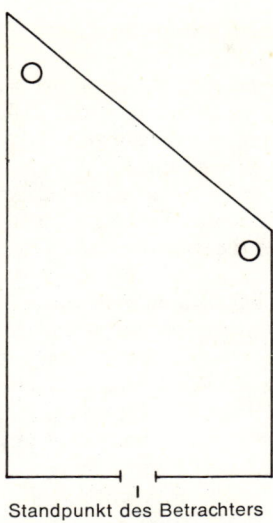

Standpunkt des Betrachters

brauchen und entfernte Objekte kleiner zeichnen sollte, wenn des Beobachters Konstanzmechanismus durch die von jenem angebotenen Tiefenmerkmale beeinflußt wird. Könnte uns der Künstler tatsächlich alle normalen Tiefenmerkmale zugänglich machen, so müßte er die vollständige Perspektive dergestalt anwenden, daß dem Beobachter Größen und Entfernungen so erscheinen, als ob er die ursprüngliche dreidimensionale Szene betrachtete. Aber — und dies ist wichtig — der Künstler kann nicht hoffen, alle in der Wirklichkeit vorhandenen Tiefenhinweise zu übermitteln. Daher muß er eine modifizierte Perspektive anwenden.

Kehren wir zu den Täuschungsfiguren zurück (Abb. 65—67), die Größenveränderungen hervorrufen. Da sie alle Perspektiven enthalten und da sie eine Vergrößerung typischer, perspektivisch entfernter Merkmale verursachen, ist es bemerkenswert, daß diese Täuschungen die perspektivisch bedingten Verzerrungen in Zeichnungen zu verringern neigen.

Perspektive-Demonstrationen von Ames

Ein amerikanischer Psychologe, A. Ames, der zunächst Maler war, verfertigte eine Reihe von scharfsinnigen und außergewöhnlich eindrucksvollen Veranschaulichungen der Perspektive-Wahrnehmung. Am berühmtesten ist sein »verzerrter Raum«. Dieser ist ein seltsam geformtes Gehäuse, welches die Größe eines normalen Raumes haben kann. Die eine Ecke der weiter entfernten Wand ist zurückgesetzt, so daß sie nicht normal zum Beobachter liegt. Aber durch Beachtung der Perspektive wurde erreicht, daß dieser deformierte Raum dasselbe Netzhautbild wie ein normaler rechtwinkliger Raum verursacht. Denn ebenso wie es stets eine unendliche Reihe von Anordnungen und Ausrichtungen von Gegenständen gibt, welche einem bestimmten Netzhautbild entsprechen, gibt es eine unendliche Reihe von deformierten Räumen, welche gleiche Netzhautbilder wie die eines normalen Raums hervorrufen (Abb. 90).
Wie sieht so ein verzerrter Raum von Ames aus? Ganz so, wie ein normales rechtwinkliges Zimmer! Hierin liegt wirklich nichts Überraschendes — er muß wie ein normaler Raum aussehen, wenn er nach strenger perspektivischer Regel gebaut und von der richtigen Stelle betrachtet wird, weil sein Netzhautbild dem eines gewöhnlichen Raumes entspricht. Aber stellen wir nun Gegenstände in den Raum, so passieren sehr sonderbare Dinge. Ein Gegenstand, der in die entfernte Ecke gestellt wird, wird verkleinert. Er sieht zu klein aus, weil das Bild kleiner ist, als es bei der scheinbaren Entfernung von diesem Teil des Raumes erwartet würde. Ein Erwachsener kann deshalb so verkleinert werden, daß er kleiner als ein winziges Kind erscheint (Abb. 89). Es ist wichtig, daß dieser Effekt auch noch auf Fotografien funktioniert. Man benötigt dazu nicht einmal den Raum, um diesen Effekt zu erhalten, denn die Fotografie gibt dasselbe Netzhautbild wie der Raum.
Offenbar sind wir so an rechtwinklige Räume gewöhnt, daß wir axiomatisch akzeptieren, daß es eher die Objekte sind — der Erwachsene und das Kind —, die eine abnorme Größe haben, und nicht daß der Raum deformiert ist. Aber eigentlich ist dies Grund genug für eine Wette, es *könnten* sowohl die Gegenstände als der Raum, aber auch beides atypisch sein. Hier setzt das Gehirn auf das falsche Pferd, denn der Untersucher hat die Entscheidung beeinflußt. Mit die interessanteste Erfahrung

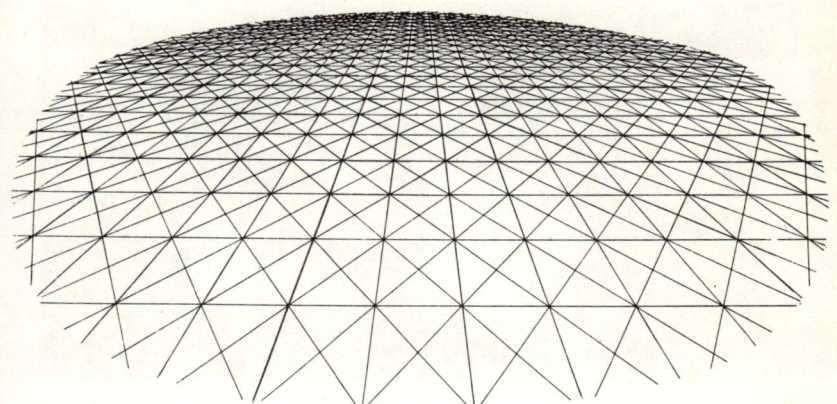

aus AMES' verzerrtem Raum ist die Folgerung, daß Wahrnehmung auf der besten Bewertung aller verfügbaren Hinweise beruht. Es ist berichtet worden, daß Frauen ihre Ehemänner in diesem »Raum« nicht verkleinert sehen — sie sehen ihre Ehemänner normal und den Raum statt dessen so, wie er wirklich ist. Man sieht, was der Glaube vermag!

Zusammengefaßt ergibt sich aus AMES' leerem, deformiertem Raum nichts Neues über die Wahrnehmung. Sofern er richtig gebaut ist, muß er wie ein normaler rechtwinkliger Raum aussehen, der vom Blickpunkt des Beobachters aus die gleiche Projektion verursacht. Genauso muß er auch für eine Kamera aussehen oder für jede denkbare optische Vorrichtung oder andersartige Augen, welche keine anderen Informationen über Entfernungen verwerten. Aber wenn Objekte (wie etwa Menschen) hinzugefügt werden, macht der Raum deutlich, daß der Wahrnehmungsvorgang ungleiche Wetten mit einschließt. Die extreme Verzerrung eines Raumes ist z. B. so unwahrscheinlich (wenigstens für »westliche Augen«), daß die Wahrnehmung versagt, wenn diese Wirklichkeit eine zu geringe Wahrscheinlichkeit hat. Dies spricht für die Bedeutung früherer Erfahrung und des Lernens für die Wahrnehmung. Es sind nur vertraute Objekte (Ehemänner), welche in dem Raum unverändert erscheinen. Vertrautheit mit dem Raum, besonders durch Betasten seiner Wände, wenn

92 Ein geschickter Trick, durch den die Tiefenwahrnehmung verkehrt wird.
Die beiden Quadratpaare sehen gleich aus, obgleich das eine tatsächlich in umge-
kehrter Tiefenbeziehung angeordnet ist. — Von den beiden Spielkarten ist der
Kreuzjunge näher am Beobachter!

auch nur mittels eines Stockes, verringert allmählich seinen entstellenden
Effekt auch auf andere Objekte. Schließlich erscheint er mehr oder
weniger so, wie er ist — in der Tat deformiert.
Eine andere bekannte Demonstration von Ames ist das »rotierende Fenster.« Dieses ist ein ebener, nichtrechtwinkliger, fensterähnlicher Gegenstand, der langsam mittels eines kleinen Motors gedreht wird. Auf
das »Fenster« sind Schatten gemalt (so daß, wenn es rotiert, die Lichtquelle, die scheinbar die gemalten Schatten wirft, sich auf unglaubwürdige
Weise mitdrehen muß, da die »Schatten« auf dem »Fenster« keine Län-
genänderungen zeigen). Was man dabei sieht, ist eine komplexe Serie
von Täuschungen. Derart bleibt die Richtung der Rotation doppeldeutig
und scheint sich spontan zu ändern. (Dies ist der »Windmühleneffekt«,
den man beobachtet, wenn die sich drehenden Flügel von der Seite gegen
den Himmel gesehen werden. Die Drehrichtung scheint sich umzukehren, während man sie beobachtet.) Jeder kleine mit dem rotierenden
Fenster verbundene Gegenstand scheint sich plötzlich in der falschen
Richtung zu bewegen, wenn seine Bewegung korrekt, die des Fensters
dagegen falsch gesehen wird. Außerdem kann sich die Fenstergröße
deutlich verändern — ein bemerkenswerter und eindrucksvoller Effekt:
es scheint sich ganz enorm auszudehnen. Offenbar ist der Konstanzme-

93 Eine Vorrichtung, um den auf der vorigen Seite gezeigten Effekt von Tiefenwahrnehmung durch scheinbares Überlappen zu erzielen. Das nähere Quadrat und die Spielkarte sind ausgeschnitten, um das entferntere Quadrat und die entferntere Spielkarte nicht zu verdecken. Das ist so unwahrscheinlich, daß unsere Tiefenwahrnehmung verkehrt wird. Dies zeigt, daß das Verdecken von entfernteren Objekten durch nähere ein wichtiges Tiefenmerkmal ist; also ein Vorgang, der eine gewisse Vertrautheit mit der Welt der Gegenstände voraussetzt.

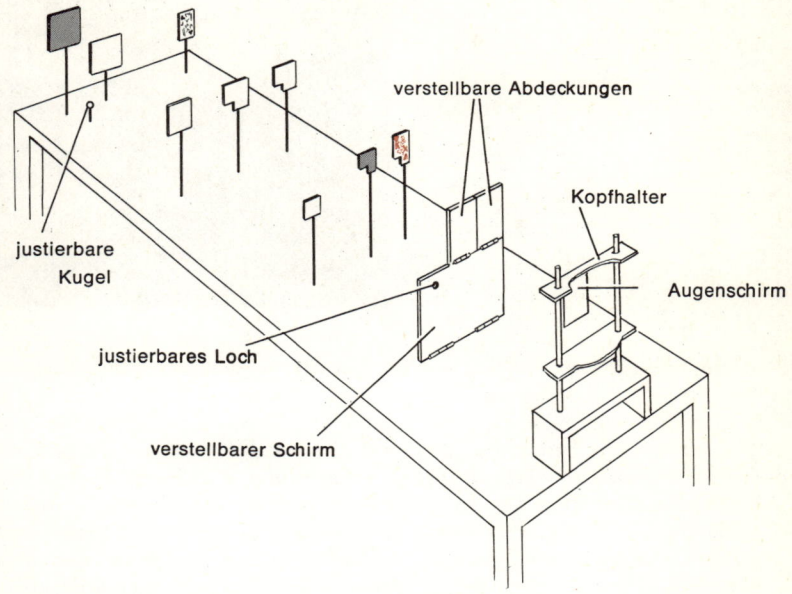

chanismus gestört worden, ohne daß man die Störung in einer so komplizierten Situation allerdings näher beschreiben kann. Die Demonstration ist äußerst eindrucksvoll, aber zu kompliziert, um sinnvoll für die Forschung verwendet zu werden.

Gibsons Gradienten

Die Arbeit von J. J. GIBSON, vor allem über die Tiefenwahrnehmung, ist mit Recht berühmt. GIBSON untersucht besonders die Bedeutung der Strukturgradienten (Abb. 91) und der Bewegungsparallaxe bei der Bestimmung der scheinbaren Entfernung. Er hat immer wieder auf die Wichtigkeit hingewiesen, Normalsituationen im Freien zu untersuchen. Er glaubt (in seinen späteren Arbeiten), daß adäquate Analysen der Effekte verschiedener retinaler Reizmuster für die Erklärung der Wahr-

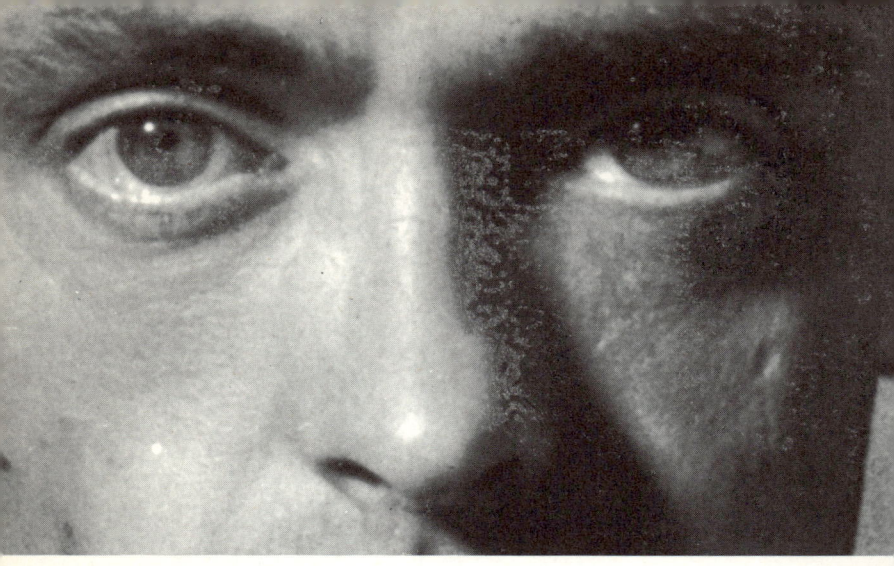

nehmung ausreichen sollten, und argumentiert gegen neurologische oder kybernetische Modelle von Wahrnehmungsprozessen.

GIBSON hat viele elegante Experimente für Situationen entworfen, die Tiefe erzwingen, besonders hinsichtlich der von HELMHOLTZ in den Vordergrund gestellten Tiefenwahrnehmung infolge von Verdecken weiter entfernter durch nahe Objekte, welche so stark ist, daß sie die stereoskopische Tiefe in Frage stellen bzw. unterdrücken kann. Eine der schönsten Demonstrationen von GIBSON ist, den *weiter* entfernten Gegenstand so zu entwerfen, daß er scheinbar über dem näheren liegt und diesen teilweise verdeckt. GIBSON benutzte dazu Spielkarten, aus denen bestimmte Teile herausgeschnitten waren wie in Abb. 92 und 93.

Durch Ausspielen der verschiedenen Tiefenmerkmale gegeneinander (z. B. durch Umkehrung mittels optischer Vertauschung der Augen oder durch GIBSONS Trick mit den Spielkarten) ist es möglich, die relative Bedeutung der verschiedenen Merkmale für die Tiefenwahrnehmung zu schätzen. Dabei wurde auch die sogenannte Luftperspektive berücksichtigt, welche durch die unterschiedliche Luftdurchsichtigkeit bei Dunst erklärt wird, wodurch entfernte Objekte blauer und undeutlicher erscheinen. Sie wurde von LEONARDO, HELMHOLTZ und späteren Autoren beschrieben.

Mit der neuen Technik, die im letzten Kapitel erläutert wurde und mit der die scheinbare Tiefe objektivierbar ist, sollte es möglich sein, die Leistung der verschiedenen Tiefenmerkmale zu messen.

Es ist zur Zeit noch keineswegs klar, wie weit die Maler Merkmale benützen, die normalerweise bei der Wahrnehmung der Welt eine Rolle
spielen, und wie weit sie Techniken entwickeln, welche dem Kenner wirksame Merkmale vermitteln, obgleich sie nicht in der Natur vorkommen
oder normalerweise von den Augen nicht gebraucht werden.

Schattierungen und Schatten

Schatten zeigen die Richtung an, von der das Licht auf die Objekte fällt
oder auch wo ein zweites Objekt den Weg des Lichtes unterbricht. Der
Schatten kann von vorstehenden Konturen eines Objektes verursacht
werden — wenn beispielsweise die Struktur durch den Schatten zum Ausdruck gebracht werden soll, und dann werden sowohl Oberflächenstruk-
tur wie Beleuchtungsrichtung durch die Form und Schattenrichtung angezeigt. Dies ist eine Sache von überraschender Bedeutung. Schatten sind
wichtig, denn sie ermöglichen dem einzelnen Auge etwas, das der binokularen Tiefenwahrnehmung sehr nahe kommt. Die durch die Schatten
angezeigte Lichtquelle ersetzt das fehlende Auge des Malers.
Man betrachte eine von vorn bei starker Seitenbeleuchtung gemachte Por-
trätaufnahme. Das Profil der Nase wird auf die Wange geworfen
(Abb. 94). Der Schatten ermöglicht so einen doppelten Eindruck von der
Nase. Wir erhalten denselben Effekt, wenn wir den Mond durch ein
Teleskop ansehen — und unser Wissen von den Profilen der Kraterwälle
und dem Mondgebirge rührt tatsächlich von der Beobachtung ihrer Schatten her, die durch schräges Sonnenlicht entstehen.
Wir haben bereits erwähnt, daß die Tiefenwahrnehmung durch optischen
Austausch der Augen umgekehrt werden kann, d. h., wenn jedes Auge die
normale Information des anderen Auges erhält (siehe Kapitel 4). Interessant ist, daß auch die Tiefe, die durch die Schatten der als »Auge« wir-
kenden Lichtquelle induziert wird, invertiert werden kann, wenn deren
übliche Position verändert wird. Dabei ist entscheidend, daß das Licht
normalerweise von oben kommt: die Sonne kann nicht unterhalb des
Horizonts scheinen, und künstliches Licht wird gewöhnlich hoch angebracht. Kommt die Beleuchtung von unten, neigen unsere Augen (als ob
sie vertauscht wären) zu umgekehrter Tiefenwahrnehmung.
Dieser Effekt wurde von verschiedenen früheren Forschern erwähnt: Da-

95 *(Oben)* Ein Mondmodell, dessen Berge und Krater durch ihre Schatten plastisch erscheinen. *(Unten)* Dasselbe Modell, nur umgekehrt. Was ein Berg war, kann jetzt als Vertiefung gesehen werden: die Schattenrichtung zeigt eine andere Tiefe an.

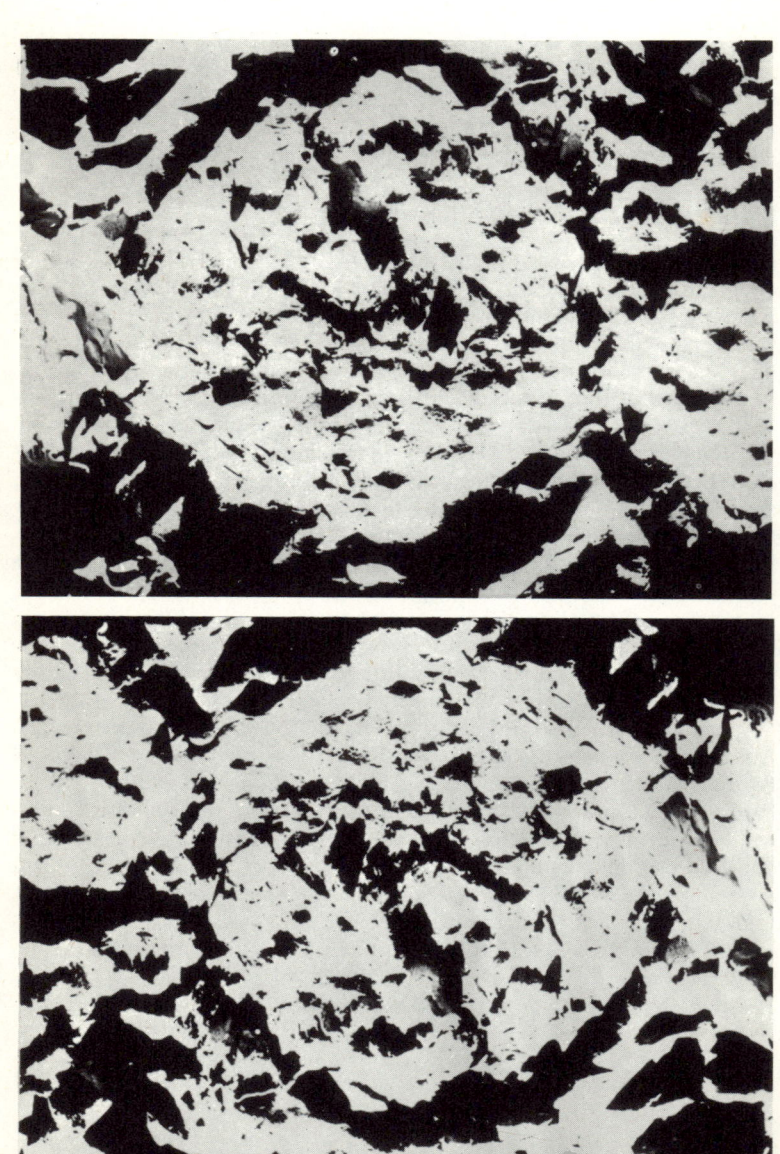

96 Buchstaben? Es sind lediglich Schatten, doch wir erkennen Objekte,
die solche Schatten werfen würden. Bei genauerem Hinsehen stellen wir
fest: Es gibt gar keine erhabenen Buchstaben, die Schatten werfen, auch wenn
wir sie »sehen«. Das Gehirn erfindet manchmal Gegenstände, um das, was
dem Auge angeboten wird, sinnvoll zu machen.

SHADOW

vid BREWSTER berichtet darüber in seinen *Letters on Natural Magic*
(»Briefe über natürliche Magie«). Er beschreibt dort, wie bei Änderung
der Beleuchtungsrichtung auf eine Medaille von oben nach unten deren
Vertiefungen zu Erhebungen und Erhebungen zu Vertiefungen werden,
d. h. ein *Intaglio* wird zur *Kamee* und umgekehrt. Dies wurde bei einem
Treffen der *Royal Society* durch ein Mitglied beobachtet, der eine Münze
durch ein Mikroskop ansah. BREWSTER sagte darüber: »Die Täuschung...
ist das Ergebnis der Wirksamkeit unserer Sinne, wobei wir die Form der
Körper aufgrund des Wissens beurteilen, das wir von Licht und Schatten erworben haben.« Er experimentiert dann mit diesem Effekt weiter
und findet, daß er bei Erwachsenen ausgeprägter ist als bei Kindern. Er
stellt fest, daß die visuelle Tiefenwahrnehmung umgekehrt werden kann,
selbst wenn die wahre Tiefenanordnung durch Betasten angezeigt wird.
Es handelt sich hier um eines der ersten psychologischen Experimente.
Wir wissen jetzt, daß Hühner demselben Effekt unterliegen, und bei
ihnen wenigstens ist er angeboren.
Der gleiche Effekt kann auftreten, wenn der Mond durch ein Teleskop
beobachtet wird. Das mag sogar zu einer Gefahr für Raumflüge bei Beurteilung einer Mondlandung werden (Abb. 95).
Obgleich Schatten mit Gegenständen in Verbindung gebracht und als ein
Teil von ihnen aufgefaßt werden, erscheinen sie normalerweise ganz eindeutig und werden selten mit den Objekten selbst verwechselt. Schatten
sind wahrnehmungsmäßig so wirksam, daß sie eine Wahrnehmung von
Objekten verursachen können, die gar nicht vorhanden sind. Dies ist sehr
deutlich in dem Schriftbild der Abb. 96 zu sehen. Wir sehen dort Buchstaben in Naturgröße, aber in Wirklichkeit sind nur die Schatten von
imaginären Buchstaben dargestellt.

97 Der Steilwandversuch. Bei diesem Experiment von Mrs. Eleanor GIBSON wird an Kleinkindern und jungen Tieren geprüft, ob sie über einen mit einer Glasscheibe bedeckten »Abgrund« kriechen. Das Kleinkind tut dies nicht, es sieht also offensichtlich die Vertiefung und die Gefahr.

11 | Muß Sehen gelernt werden?

Eine sehr alte Frage in der Psychologie ist: Wie erfahren wir die Welt? Die Philosophen lassen sich in zwei Gruppen unterteilen: in die metaphysische, die glaubt, daß wir mit einem bestimmten Wissen über die Welt geboren werden — und die empirische, die behauptet, daß alles Wissen der sensorischen Erfahrung entstammt. Für die Metaphysiker ist es klar, daß man im Lehnstuhl sitzend bei genügend konzentriertem und richtigem Denken Entdeckungen über die Welt machen kann — sogar solche Entdeckungen wie die Zahl der Planeten —, ohne daß man sich die Mühe machen muß aufzustehen, um einen Blick zum Himmel zu tun. Für die Empiriker ist diese Auffassung Unsinn.

Über 2000 Jahre hielten die Metaphysiker ihre Behauptung aufrecht, indem sie auf die Mathematik und besonders auf die Geometrie hinwiesen, wo neue Tatsachen fortlaufend nicht durch Experimente oder Beobachtung, sondern durch das Denken und durch Jonglieren mit Symbolen entdeckt wurden. Erst im letzten Jahrhundert wurde deutlich, daß mathematische Entdeckungen von besonderer Art sind; sie erbringen kein Wissen über Gegenstände, sondern von der möglichen Anordnung von Symbolen. Mathematische Entdeckungen betreffen die Mathematik, nicht die Welt. Wir wissen, daß nicht nur eine Geometrie möglich ist: andere Geometrien können erdacht werden, und es ist eine rein empirische Frage, welche für unsere Welt am geeignetsten ist. Mathematik ist nützlich, um die Schritte eines Arguments deutlich zu machen, indem man die Schritte zwischen Problem und Folgerung automatisch macht — wenn sich ergibt, daß eine geeignete Methode gefunden worden ist — und indem man Daten in brauchbaren Formen anbietet. Aber Mathematik bietet keine neuen Erkenntnisse über die Welt in dem Sinn an, wie Tatsachen durch Beobachtungen entdeckt werden.

Es gibt jedoch viele Tiere, welche eine Menge über die Welt der Objekte zu wissen scheinen, bevor sie sie jemals erfahren haben. Insekten spielen erfolgreich Verstecken mit Raub- und Beutetieren, bevor sie Zeit gehabt haben zu lernen. Zugvögel nehmen den Sternhimmel zu Hilfe, um über eintönige Ozeane zu fliegen, auch wenn sie niemals den Himmel gesehen haben. Wie ist das möglich, wenn die Empiriker Recht haben und sich unser ganzes Wissen von den Sinnen herleitet?

Die experimentelle Psychologie ist ein Kind der Philosophie, und die Nachwirkung alter Kontroversen ist immer noch in ihr lebendig. Auch

Psychologen unterscheiden zwischen angeborenen und erlernten Reaktionen. Angeborene Reaktionen laufen ohne vorhergehende Erfahrung ab. Erlernte Reaktionen sind dagegen nur nach vorausgehenden Erfahrungen möglich. Trotzdem entspricht diese Unterscheidung in der Psychologie nicht der der Philosophen. Für die Philosophen lautet die Frage: Können wir etwas wissen, bevor wir etwas wahrgenommen haben? Die Frage des Psychologen ist: Können wir überhaupt etwas wahrnehmen, bevor wir gelernt haben, die Wahrnehmung zu benützen? Diese Fragen werden trotz ihrer Verschiedenheit oft verwechselt. Uns interessiert nur die zweite, die Frage der Psychologen. Und es ist sicher, daß Insekten und Vögel auf gewisse Objekte bei ihrer ersten Begegnung richtig reagieren. Sie übernehmen durch Vererbung »Wissen«, welches in stammesgeschichtlichen Katastrophen gewonnen wurde.

Was von einem einzelnen gelernt wird, kann nicht direkt auf seine Nachkommen vererbt werden. Der genetische Kode kann jedoch durch natürliche Auslese so modifiziert werden, daß ein Lebewesen befähigt wird, auf Objekte oder Situationen, denen es erstmals gegenübersteht, adäquat zu reagieren. Verhaltensmuster und die Fähigkeit, Objekte wie althergebrachte Feinde zu erkennen, sind für das Überleben einer Kreatur genauso wichtig wie sein anatomischer Bau. Denn Glieder und Sinne sind nutzlos, wenn ihre Leistung nicht ausgenützt wird: unnütz wie ein Werkzeug, dessen Zweck man nicht kennt. Genauso wie einfache Reflexe ohne vorausgehende Lernvorgänge dazu dienen, ein junges Tier vor dem Fallen oder Ersticken zu schützen, kann eine angeborene Wahrnehmungsleistung ein Tier vor Gefahr schützen.

Die primitivsten Tiere sind weitgehend auf angeborene Wahrnehmungsmechanismen angewiesen. Doch ihr Wahrnehmungsbereich ist klein, und sie reagieren nur in stereotyper Weise. Bei einigen Insekten lassen sich Lernvorgänge nachweisen. Trotzdem ist bei ihnen das angeborene Wissen dominant. Das Lernvermögen scheint weitgehend auf die Position des Bienenkorbs oder eines anderen Unterschlupfs beschränkt zu sein, damit nach der Futtersuche sicher nach Hause gefunden wird. Die Bienen brauchen nichts über die Blumen zu lernen. Die Biene saugt, wo ihre Vorfahren den Nektar fanden, denn durch ihn überlebten sie. Das Muster der Blütenblätter, das den Weg zum Nektar zeigt, ist im Gehirn der Bienen eingeprägt, da Bienen ohne diese Fähigkeit verhungerten.

Wenn man akzeptiert, daß sich der Organismus durch natürliche Auslese entwickelt, dann wird man nicht besonders überrascht sein, dasselbe beim Verhalten und der Wahrnehmung festzustellen.

Was im Rahmen einer empirischen Naturbetrachtung wirklich überraschend sein würde, wäre der Nachweis eines unmittelbaren »Erkennens« von künstlichen oder unwichtigen Gestalten. Z. B. wenn es ein Kind gäbe, das eine Sprache erkennt, die es nicht gelernt hat. Dies wäre frappierend, denn das Wissen konnte nicht genetisch kodiert worden sein. Aber es gibt bisher keinen schlagenden Beweis für diese Art von unmittelbar angeborenem Wissen. Das mag hier wie selbstverständlich erscheinen. Aber vor nicht allzu langer Zeit glaubten Metaphysiker noch ernsthaft daran, daß die Zahl der Planeten durch bloßes Denken ohne Beobachtung gefunden werden könnte. Und es war diese Behauptung, die selbstverständlich erschien, während die Auffassung des Empirikers als widersinnig galt und den Tatsachen hohnzusprechen schien.

Herstellung der Sehfähigkeit bei als Kleinkind Erblindeten

Der Mensch durchläuft als Kind eine lange Periode völliger Hilflosigkeit. Während dieser Zeit ist es äußerst schwierig zu entdecken, wieviel er von der Welt wahrnimmt, weil der Säugling fast völlig passiv ist und nicht entsprechend reagieren kann. Die Frage für den Psychologen ist daher: Was muß der menschliche Säugling erst lernen und was ist ihm angeboren? Der große amerikanische Psychologe William JAMES beschreibt die Welt des Babys als eine »blühende, summende Verwirrung«, aber ist sie wirklich so? Wie läßt sich herausfinden, wie die visuelle Welt des Babys aussieht? Diese Frage hat die Aufmerksamkeit von Philosophen gefesselt, die von der Möglichkeit fasziniert waren, über die Entwicklung des Sehens bei einem Baby dadurch etwas zu erfahren, daß man einen blindgewordenen Menschen nach den Seherlebnissen fragte, die er nach Wiederherstellung seiner Sehkraft zunächst gehabt hat. Es ist natürlich selten für einen blinden Menschen, die Sehkraft wieder zu erlangen. Aber es gibt einige Fälle, wie wir gleich sehen werden.

Die Erfahrung eines blinden Mannes wurde von DESCARTES in seiner *Dioptrique* durchdacht. DESCARTES betrachtet, wie ein blinder Mann die Welt durch Abtasten mit einem Stock entdeckt. Er sagt: ». . . Ohne lange

Übung ist diese Art der Wahrnehmung ziemlich verwirrend und unscharf. Aber wenn man blindgeborene Menschen berücksichtigt, die diese Art der Wahrnehmung ihr ganzes Leben lang benutzt haben, dann wird man feststellen, daß sie Dinge mit einer sehr großen Genauigkeit fühlen. Man könnte fast sagen, daß sie mit ihren Händen sehen.«

Man kann daraus folgern, daß diese Art des Lernens für das normale Kind notwendig sein könnte, um seine Sehwelt aufzubauen.

John LOCKE (1632—1704) erhielt einen berühmten Brief von MOLYNEUX, welcher diese Frage aufwarf: »Denk dir einen blindgeborenen und nun erwachsenen Mann, der gelernt hat, durch seinen Tastsinn zwischen einem Würfel und einer Kugel aus dem gleichen Metall zu unterscheiden. Nimm ferner an, daß Würfel und Kugel auf einem Tisch liegen und der Blinde plötzlich sehen kann. Wäre er imstande, ohne die Gegenstände zu berühren, Kugel und Würfel zu unterscheiden und zu benennen? ... Der rasche und scharfsinnig urteilende Frager antwortet: Nein. Denn obgleich er die Erfahrung gemacht hat, in welcher Weise die Kugel oder der Würfel seinen Tastsinn beeinflußt, so weiß er doch nicht, wie sie seinen Sehsinn beeinflussen.«

LOCKE nimmt dazu folgendermaßen Stellung: »Ich stimme mit diesem scharfsinnigen Herrn, den ich stolz meinen Freund nenne, überein; auch ich bin der Meinung, daß der blinde Mensch nicht sofort fähig sein wird, mit Gewißheit zu sagen, welches die Kugel und welches der Würfel war ...«

Hier wurde also ein psychologisches Experiment vorgeschlagen. Was früher Angelegenheit philosophischer Spekulationen war, wurde damit Gegenstand experimenteller Forschung.

George BERKELEY (1685—1753), der irische Philosoph, hat sich ebenfalls mit dem Problem befaßt. Er sagt: »Um unsere Gedanken von den Vorurteilen, welcher Art sie auch sein mögen, frei zu machen, die wir hinsichtlich der Frage haben, mit der wir uns beschäftigen, ist nichts geeigneter, als den Fall eines blindgeborenen und später nach Heranwachsen zum Sehen gebrachten Menschen durchzudenken. Obgleich es vielleicht keine einfache Aufgabe ist, uns selbst von der Erfahrung, die das Sehen uns vermittelt, zu befreien, um fähig zu sein, unsere Gedanken in genau dieselbe Situation wie die des blinden Menschen zu bringen, müssen wir uns nichtsdestoweniger so weit wie möglich bemühen, darüber vernünftige Vorstellungen zu bilden, was in ihm vor sich geht.« BERKELEY fährt weiter fort, indem er sagt, daß wir nicht erwarten sollten, ein solcher Mensch wisse etwas von »hoch oder tief, aufrecht oder umgekehrt. Denn die Objekte, für die er bis jetzt Ausdrücke wie oben und unten, hoch und tief anzuwenden gewohnt war, waren nur solche, die er berührt oder sonst durch seinen Tastsinn wahrgenommen hatte. Aber die eigentlichen Objekte des Sehens verursachen einen neuen Vorstellungsbezug, welcher vollkommen getrennt und verschieden von dem ersten ist und welcher auf keine Weise sich selbst durch Berührung wahrnehmbar machen kann.«

BERKELEY stellt weiter fest, daß es seiner Meinung nach einige Zeit erfordern würde zu lernen, Berührung und Sehen miteinander in Verbindung zu bringen. Dies ist eine klare Feststellung der Notwendigkeit, in der Kindheit Erfahrungen zu machen, die die Wahrnehmung erst ermöglichen. Und sie wird allgemein von den Empirikern und auch Philosophen besonders betont.

Es gab verschiedene wirkliche Fälle der Art, wie sie sich MOLYNEUX vorgestellt hat. Der berühmteste ist der eines 13 Jahre alten Jungen, über den CHESELDON 1728 berichtet hat. Insgesamt wurden etwa 60 Fälle beschrieben. Der erste stammt aus dem Jahr 1020. Den letzten, ein Mann, der vom 10. Lebensmonat bis zum 52. Lebensjahr blind war, hat vor einigen Jahren der Verfasser mit einem Kollegen zusammen selbst untersucht.

Einige der berichteten Fälle entsprechen etwa den Erwartungen der empirischen Philosophen. Sie konnten zuerst nur wenig sehen und auch einfache Objekte und Formen nicht benennen bzw. unterscheiden. Manchmal war eine lange Übergangsperiode erforderlich, bevor ein brauchbares Sehvermögen erlangt wurde. In vielen Fällen blieb das Sehvermögen überhaupt schlecht. Einige gaben den Versuch, Sehen zu lernen, auf und kehrten in ein Leben der Blindheit zurück, nicht selten nach einer Zeit ernster emotionaler Verwirrung. Auf der anderen Seite sahen einige fast unmittelbar ganz gut. Dies trifft besonders für diejenigen zu, welche intelligent und aktiv waren und während ihrer Blindheit eine gute Ausbildung erhalten hatten. Die immer wieder auftretende Schwierigkeit, die diese Menschen bei der Benennung einfachster Objekte nur aufgrund des Sehens haben, und die langsame Entwicklung des Sehens überhaupt beeindruckten den kanadischen Psychologen D. O. Hebb besonders. Er maß dieser Tatsache größte Bedeutung bei und meint, daß sie zeigt, wie wichtig beim Kind Lernvorgänge für die Wahrnehmung sind.

Es ist jedoch wichtig zu bemerken, daß nicht alle der beschriebenen Kranken extreme Schwierigkeiten beim Sehen zeigen oder das Sehen nur langsam lernen. Wir müssen uns auch darüber klar sein, daß die Operation selbst zwangsläufig die Optik des Auges verschlechtert, so daß kein gutes Bild erwartet werden kann, solange das Auge postoperativ noch nicht völlig geheilt ist. Dies ist vielleicht besonders wichtig für die Fälle, bei denen die Linse wegen eines grauen Stars entfernt werden mußte; und das betraf früher alle Fälle. Bei der anderen Art operativ heilbarer Blindheit — der Trübung der Hornhaut — wird das Auge als Ganzes weniger geschädigt. Die Fälle von Hornhautübertragung sind jüngeren Datums: der Fall, den ich glücklicherweise selbst untersuchen konnte, gehört zu dieser Gruppe.

Der Fall S. B.

Es handelt sich um einen 52jährigen Mann, den wir S. B. nennen. Er war, als er blind war, ein aktiver und intelligenter Mann, der sogar Fahrradtouren machte. Sein Freund führte ihn dabei an der Schulter. Den weißen Blindenstock ließ er oft zu Hause, weshalb er manchmal gegen ein parkendes Auto oder einen abgestellten Lieferwagen lief, wobei er sich gelegentlich verletzte. Er bastelte gern mit einfachen Werkzeugen in seinem Gartenschuppen. Sein ganzes Leben lang versuchte er, sich die Welt vorzustellen, wie sie einem Sehtüchtigen erscheint. Er wusch seines Schwagers Auto und versuchte dabei, sich dessen Form möglichst wirklichkeitsnah einzuprägen. Er sehnte sich nach dem Tag, an dem er sehen könnte, obgleich seine Augen zunächst als hoffnungslos aufgegeben wurden. Kein Chirurg wollte riskieren, eine gespendete Hornhaut zu verschwenden. Aber schließlich wurde die Operation doch versucht, und sie gelang. Doch obgleich die Operation erfolgreich war, war das Ende eine Tragödie.

Als der Verband zum erstenmal von seinen Augen entfernt wurde, so daß er nicht mehr länger blind war, hörte er die Stimme des Chirurgen. Er wandte sich in Richtung der Stimme, sah aber nichts als einen verschwommenen Fleck. Er stellte sich vor, daß dies wegen der Stimme ein Gesicht sein mußte, denn sehen konnte er es nicht. S. B. nahm also nicht plötzlich die Umwelt wahr wie wir, wenn wir unsere Augen öffnen.

Innerhalb weniger Tage vermochte er aber seine Augen ganz gut zu gebrauchen. Er konnte die Krankenhauskorridore ohne Hilfe entlanggehen und sogar die Uhrzeit von einer großen Wanduhr ablesen. Sein ganzes Leben hatte er zuvor nur eine Taschenuhr ohne Glas benutzt, auf der er die Zeit durch Betasten der Uhrzeiger bestimmte. Er stand schon in der Dämmerung auf und beobachtete von seinem Fenster die vorbeifahrenden Autos und Lastwagen und war über seine ungewöhnlich schnellen Fortschritte im Sehenlernen begeistert.

Als er das Krankenhaus verließ, nahmen wir ihn nach London mit und zeigten ihm viele Dinge, die er auch vom Berühren her nicht kannte. Er wurde dabei seltsamerweise sehr mutlos. Im Zoo konnte er die meisten Tiere genau benennen, da er Haustiere gestreichelt und sich erkundigt hatte, wie sich andere Tiere von den Katzen und Hunden, die er vom Berühren kannte, unterschieden. Außerdem war er auch vertraut mit Spieltieren und Tierfiguren. Er gebrauchte sicherlich seine früheren Tasterfahrungen und Beschreibungen sehender Menschen, um gesehene Objekte zu benennen. Und er tat dies überwiegend dadurch, daß er nach ihren charakteristischen Merkmalen suchte. Doch er fand die Welt eintönig und war beunruhigt durch abblätternde Farben und Flecken an Dingen. Er liebte helle Farben und wurde niedergeschlagen, wenn ihre Helligkeit verblaßte. Seine Depression wurde immer ausgeprägter, seine Aktivität ließ immer mehr nach, drei Jahre später starb er.

Verstimmungen scheinen bei Menschen, die das Sehen nach vielen Jahren Blindheit wiedererlangen, fast immer aufzutreten. Ihre Ursachen sind wahrscheinlich verwickelt. Aber zum Teil scheinen sie durch die Erkenntnis bedingt zu werden, was ihnen alles entgangen ist — und zwar nicht nur im Bereich der visuellen Erfahrung, sondern auch an praktischen Arbeitsmöglichkeiten, die ihnen während der Jahre der Blindheit versagt waren. Einige kehrten sogar sehr bald zu dem lichtlosen Leben zurück und machten keinen weiteren Versuch zu sehen. Oft schaltete S. B. abends kein Licht an und saß lieber im Dunkeln.

Wir versuchten zu entdecken, wie seine visuelle Welt aussah, indem wir ihm Fragen stellten und mit ihm verschiedene einfache Wahrnehmungs-

teste durchführten. Als er noch im Krankenhaus war und bevor er depressiv wurde, gab er sich große Mühe bei seinen Urteilen und Antworten. Wir fanden, daß seine Entfernungswahrnehmung eigentümlich war, und dies gilt auch für frühere Fälle. Er dachte z. B., er könne gerade noch die Erde unterhalb seines Fensters mit den Füßen berühren, wenn er sich mit seinen Händen hinunterlassen würde. Aber das Fenster lag in Wirklichkeit 10 oder 15 m über der Erde. Dann wieder konnte er Entfernungen und Größen ziemlich genau beurteilen, vorausgesetzt, daß er die Gegenstände bereits vom Berühren her kannte. Obgleich seine Wahrnehmung offensichtlich absonderlich war, war er selten von irgend etwas, das er sah, überrascht. Er zeichnete den Elefanten (Abb. 98), bevor wir ihm einen im Zoo zeigten. Aber als er einen wirklichen Elefanten sah, sagte er sofort: »Dort ist ein Elefant« — und meinte auch, daß der ungefähr so aussehe, wie er erwartet hatte. Über ein Objekt jedoch war er wirklich überrascht; und das war eines, das er nicht vom Betasten kennen konnte — der Mond. Wenige Tage nach der Operation sah er etwas, was er für einen Lichtreflex im Fenster hielt. (Er war für den Rest seines Lebens von Spiegelbildern fasziniert und konnte Stunden vor einem Spiegel im Wirtshaus verbringen und darin die Leute beobachten.) Doch dieses Mal war es kein reflektiertes Bild, was er sah, sondern der Mond im ersten Viertel. Er fragte die Oberin, was es war. Als sie es ihm sagte, meinte er, er hätte gedacht, dieser Mond würde wie das Viertel eines Kuchens aussehen!

S. B. lernte nie mit den Augen zu lesen. Er las *Braille,* wie es ihm in der

Blindenschule beigebracht worden war. Wir fanden aber, daß er große Buchstaben in Blockschrift und Zahlen durch Sehen erkennen konnte, ohne darin besonders unterwiesen worden zu sein. Dies überraschte uns sehr. Es stellte sich dann heraus, daß er die großen, aber nicht die kleinen Buchstaben in der Blindenschule gelernt hatte. Er erhielt dort Holzblöcke mit erhabenen Buchstaben, die durch Berührung gelernt werden konnten. Obgleich er die großen Blockbuchstaben beim Sehen sofort lesen konnte, dauerte es lange, bis er Kleinbuchstaben lernte. Und er war nie in der Lage, mehr als einfache Worte zu lesen. Die Feststellung, daß S. B. Buchstaben, die er bereits mit Hilfe des Tastsinns gelernt hatte, sofort mittels der Augen lesen konnte, zeigt klar, daß er imstande war, die frühere Tasterfahrung auf das neuerworbene Sehen zu übertragen. Dies ist für die Psychologen interessant, denn es bedeutet, daß das Gehirn nicht so streng unterteilt ist, wie es manchmal vermutet wird. Doch es macht auch die Übertragung der Feststellungen, die bei diesen Fällen gemacht wurden, auf den Normalfall des Kindes, das zu sehen beginnt, schwierig oder unmöglich. Der blinde Erwachsene weiß durch seinen Tastsinn und vom Hörensagen ziemlich viel über die Welt: er kann einige dieser Informationen zu Hilfe nehmen, um Objekte aufgrund geeigneter Merkmale zu identifizieren. Er muß außerdem seine neue Fähigkeit akzeptieren und ihr vertrauen, was ein Aufgeben langjähriger Gewohnheiten bedeutet. Sein Fall ist also wirklich kaum mit dem eines Kindes zu vergleichen.

Die Verwertung alter Tasterfahrungen kommt bei S. B. in Zeichnungen gut zum Ausdruck, die er für uns machte. Er begann damit im Krankenhaus und zeichnete danach noch etwa ein Jahr. Die Serie von Omnibuszeichnungen (in Abb. 99) veranschaulicht seine Unfähigkeit, irgend etwas zu zeichnen, das er nicht schon durch Berührung kannte. In der ersten Zeichnung haben die Räder Speichen, und Speichen sind ein charakteristisches Tastmerkmal für Räder. Die Fenster scheinen so dargestellt zu sein, wie er sie vom Berühren von innen her kannte. Am auffallendsten ist das völlige Fehlen der Vorderseite des Omnibusses, die er vermutlich nicht mit seinen Händen zu untersuchen in der Lage gewesen war. Noch nach sechs Monaten oder sogar ein Jahr später konnte er die Vorderseite nicht darstellen. Die allmähliche Anwendung von Schriftzeichen in den Zeichnungen zeigt seinen Fortschritt im Sehenlernen: die gekünstelten

99 *(Unten)* S. B.s erste Zeichnung von einem Bus (48 Stunden nach der operativen Hornhauttransplantation, die sein Sehvermögen wieder herstellte). Die Vorderseite, die er nicht vom Betasten her kannte, fehlt, und er konnte sie auch nicht ergänzen, als wir ihn aufforderten, es zu versuchen. *(Rechts oben)* Sechs Monate später. Er fügt jetzt Schriftzeichen hinzu; das Tastmerkmal eines Rades, die Speichen, sind nicht mehr dargestellt, aber die Vorderseite kann er immer noch nicht zeichnen. *(Rechts unten)* Ein Jahr später fügt er mehr Beschriftung hinzu, doch die Vorderseite fehlt noch immer!

Schriftzeichen auf der letzten Zeichnung bedeuteten für nahezu ein Jahr nach der Operation nichts für ihn, obgleich er Blockbuchstaben, die er früher durch Berührung gelernt hatte, noch im Krankenhaus erkannte. Es scheint, daß S. B. zwar seine frühere Tasterfahrung sofort verwerten konnte, daß er aber für eine lange Zeit beim Sehen weitgehend auf das beschränkt blieb, was er bereits kannte.

In dramatischer Weise wurde uns S. B.s Schwierigkeit, seinem Sehen zu vertrauen und es zu gebrauchen, immer dann deutlich, wenn er eine Straße überqueren mußte. Vor der Operation war er im Straßenverkehr völlig furchtlos. Er überquerte die Straßen allein, indem er beharrlich seinen Arm oder Stock vor sich hinhielt, während der Verkehr sich beruhigte, wie das Wasser vor Christus. Aber nach der Operation mußten wir ihn zu zweit in die Mitte nehmen und ihn über die Straße zwingen: er fürchtete sich wie nie zuvor in seinem Leben.

Kurz nach seiner Krankenhausentlassung und als seine Depression nur gelegentlich auftrat, benutzte er manchmal nur den Tastsinn, wenn er etwas identifizieren wollte. Wir zeigten ihm eine einfache Drehbank (eine Maschine, die er gern gehabt hätte), und er war begeistert. Wir zeigten sie ihm zuerst in einem Glaskasten im Science-Museum in London und öffneten den Glaskasten erst später. Vor dem geschlossenen Glaskasten konne er nichts sagen, außer daß der nächstgelegene Teil eine

100 FANTZ' Apparat *(rechte Seite)* für die Beobachtung der Augenbewegungen von Säuglingen, während ihnen verschiedene Muster oder
Objekte gezeigt werden. Hier wird dem Baby eine beleuchtete Kugel
gezeigt. Die Augenstellungen werden gleichzeitig fotografiert.
(Unten) Eine Gesichtsskizze und ein gesichtähnliches, zufälliges Muster.
Beides wurde Säuglingen gezeigt. Sie sahen länger auf die Gesichtsskizze
(was aus ihren Augenbewegungen geschlossen werden konnte).

Kurbel sein könne (es war die Kurbel des Querzuges). Als wir ihm er-
laubten, den Kurbelgriff zu berühren, schloß er seine Augen, legte die
Hand darauf und sagte sofort mit völliger Bestimmtheit, daß es ein
Kurbelgriff sei. Er tastete mit seinen Händen die übrige Drehbank mit
fest geschlossenen Augen für ungefähr eine Minute gründlich ab, öffnete
die Augen und erklärte, während er sie betrachtete: »Jetzt, nachdem
ich sie gefühlt habe, kann ich sie auch sehen.«
Obgleich viele Philosophen und Psychologen glauben, daß wir von diesen Fällen etwas über die normale Entwicklung der Wahrnehmung bei
Kindern erfahren können, bin ich geneigt anzunehmen, daß sie uns darüber kaum etwas aussagen. Wie wir gesehen haben, ist die wesentliche
Schwierigkeit, daß sich der Erwachsene mit seinem großen Wissen, das er
durch andere Sinne und durch Berichte von sehenden Menschen erworben hat, sehr von einem Kind unterscheidet, welches ohne jegliches Er-
fahrungswissen beginnt. Es ist außerordentlich schwierig, wenn nicht

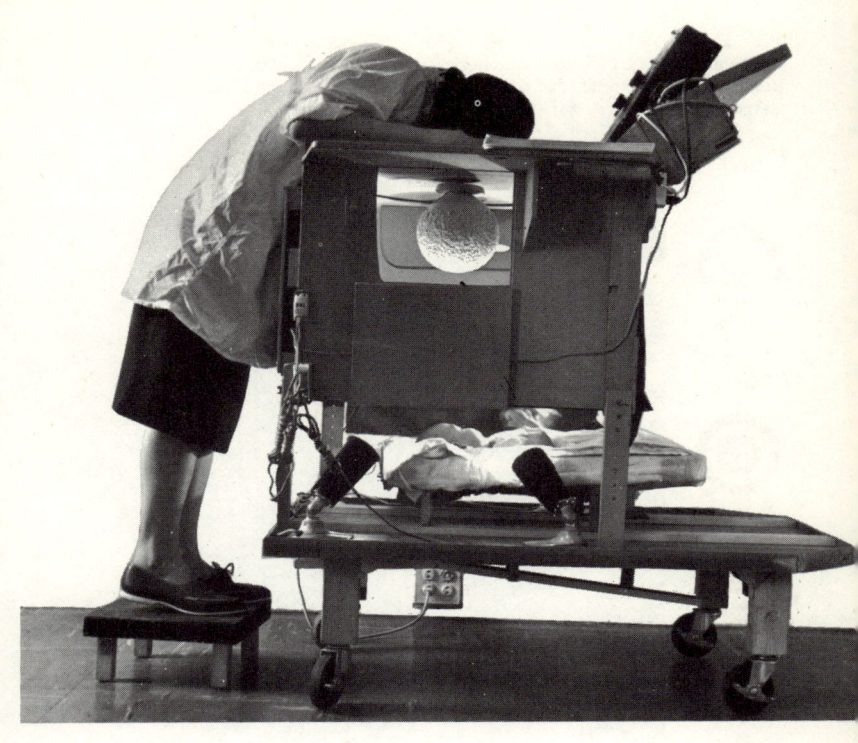

völlig unmöglich, diese Fälle für die Beantwortung von MOLYNEUXS Frage zu gebrauchen. Alle diese Fälle sind interessant und aufregend, aber zu guter Letzt erfahren wir durch sie doch nur wenig über die Welt des Kleinkindes, denn Erwachsene mit wiedergewonnenem, aber erst spät erlangtem Sehvermögen sind schließlich keine lebenden Fossilien von Säuglingen.

Beobachtungen an Säuglingen

Um zu entdecken, wieviel das menschliche Kind für das Sehen lernen muß, ist anderes Beweismaterial erforderlich. Wir müssen entweder direkt herausfinden, was ein Säugling sehen kann, oder wir müssen mehr darüber entdecken, wie weit Erwachsene lernen können, fremde Dinge zu sehen. Wir wollen zunächst Befunde betrachten, die an Kleinkindern selbst erhoben wurden.

101 Einige Ergebnisse von FANTZ' Untersuchungen über die Augenbewegungen von Säuglingen. Die horizontalen Balken zeigen den
prozentualen Zeitanteil, den sie jeweils für die links auf dem Diagramm
dargestellten Vorlagen aufwendeten.

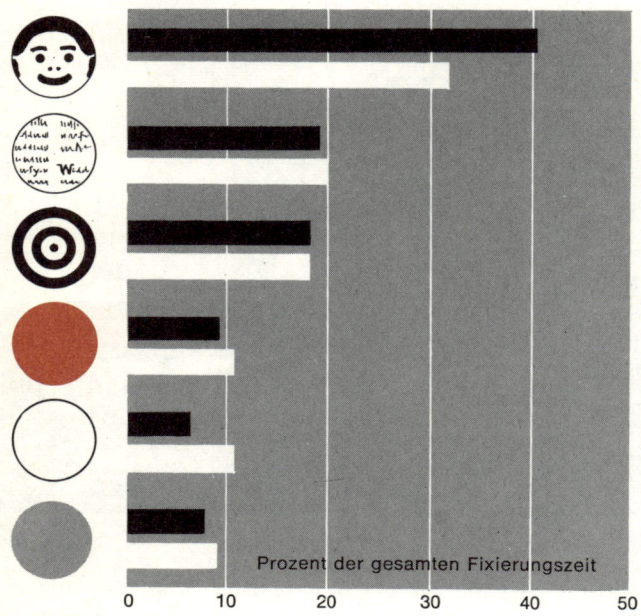

Augenbewegungen bei Säuglingen

von FANTZ wurde unlängst eine ganz andere Methode entwickelt, um zu
entdecken, wieviel die Säuglinge sehen können. Er umgeht soweit wie möglich die Schwierigkeit, daß Säuglinge fast keine kontrollierten Bewegungen durchführen, indem er das wenige ausnutzt, das ihnen zur Verfügung
steht: ihre Fähigkeit, die Augen auf für sie interessante Objekte zu richten. FANTZ legt Säuglinge bequem auf ihren Rücken, so daß sie nach
oben sehen. Er befestigt dann ein Figurenpaar auf einem großen Papp-
schirm über ihren Köpfen, so daß das Kind seine Augen darauf richten
kann (Abb. 100). Die Augen werden beobachtet und mit einer Film-
kamera fotografiert. Außerdem wird die Zeit gemessen, während der
die Augen auf jede der beiden Figuren gerichtet bleiben. Es stellt sich her-

aus, daß die Säuglinge ihre Augen länger auf eine gesichtsähnliche Zeichnung richten als auf eine Zeichnung, die zufällig angeordnet, die gleichen Linien enthält (Abb. 101). Es scheint, daß das Gesicht für Säuglinge ohne vorheriges Lernen ein bedeutungsvolles Objekt ist. Das ist eine neue, ebenso einfache wie wichtige Entdeckung.

Es wurde auch gefunden, daß Säuglinge anscheinend einfache runde Objekte flachen Darstellungen derselben Objekte vorziehen. Dies läßt vermuten, daß sie eine gewisse angeborene Tiefenwahrnehmung besitzen.

Diese Versuche könnten einen direkten Beweis für eine angeborene visuelle Reaktion auf biologisch wichtige Objekte darstellen. Aber auch dies ist nicht gesichert, denn das Gesicht der Mutter bleibt nicht verborgen. Es ist deshalb möglich, daß der frühe Vorrang gesichtsähnlicher Muster nicht angeboren ist, sondern außerordentlich schnell gelernt wurde, vielleicht in Verbindung mit dem Vergnügen beim Stillen.

Der Steilwandversuch (The visual cliff)

Mrs. Eleanor GIBSON machte sich eines Tages beim Picknick am Rande des *Grand Canyon* Gedanken darüber, ob ein kleines Kind in den Abgrund stürzen würde. Diesen Gedanken entwickelte sie zu einem sehr eleganten Versuch, für den sie einen sicheren Miniatur-*Grand-Canyon* entwarf. Die Vorrichtung ist auf Abb. 97 gezeigt. Man sieht dort eine zentrale »Brücke« mit einem normalen soliden Boden auf der einen Seite, während auf der anderen über der Vertiefung eine starke Glasscheibe angebracht ist. Ein Säugling (oder bei anderen Untersuchungen ein junges Tier) wird auf die zentrale Brücke gelegt und beobachtet, ob er auf das Glas über die Vertiefung kriecht. Dabei ergibt sich, daß das Kleinkind die Brücke nicht auf der Seite der Vertiefung verläßt. Es kann auch nicht dazu verleitet werden, wenn die Mutter es mit seiner Rassel in diese Richtung lockt. Dagegen wird es ganz zufrieden auf den normalen Boden auf der anderen Seite der Brücke kriechen. Es scheint also klar zu sein, daß Kinder im Kriechalter eine Vertiefung abschätzen können. Die Nützlichkeit des Vermögens, gefährliche Höhen wahrnehmen zu können, wird durch die Tatsache etwas vermindert, daß sie sich manchmal herumdrehen und nun rückwärts hinunterfallen würden, sofern der durchsichtige Boden nicht da wäre.

Versetzte Bilder

Dies ist ungefähr alles, was über das Sehen von Kleinkindern bekannt ist. Um weiter zu verfolgen, wie die Wahrnehmung gelernt wird, müssen wir nach anderen und weniger direkten Hinweisen suchen: Wie weit kann ein Erwachsener sich an bizarre Veränderungen innerhalb seiner Sehwelt gewöhnen?

Bevor KEPLER erkannte, daß das retinale Bild durch die Kreuzung des Lichtes in der Linse auf dem Kopf steht, nahm LEONARDO an, daß sich das Licht an zwei Stellen (in der Pupille und im Glaskörper) im Innern des Auges kreuzen muß, um ein aufrechtes Bild zu geben. Vermutlich glaubte LEONARDO, daß ein umgekehrtes Bild die Welt umgekehrt erscheinen ließe. Aber würde es das?

Diese Frage wurde von HELMHOLTZ sorgfältig diskutiert. Er behauptete, daß es nichts ausmacht, ob das Bild aufrecht oder umgekehrt ist, vorausgesetzt, daß es in eindeutiger Weise mit der äußeren Welt, wie sie durch Berührung und durch unsere anderen Sinne wahrgenommen wird, korreliert.

Er glaubte, daß wir das Sehen erlernen müssen, indem wir Sehempfindungen mit dem Tastsinn abstimmen, daß dabei jedoch keine besondere Beeinträchtigung durch die Umkehrung des Bildes erfolgt. HELMHOLTZ stützte sich bei seiner Behauptung, daß frühzeitiges Lernen für die Wahrnehmung wichtig ist, auf die Fälle von Erwachsenen, die blind geboren erst spät das Sehvermögen durch Operation erlangten. HELMHOLTZ konnte zwar auf diese Weise nicht beweisen, daß wir erst lernen müssen, die richtige Position wahrzunehmen. Aber er dachte, daß die Schwierigkeiten, die viele Patienten bei der Benennung der Objekte und bei der Entfernungsbeurteilung hatten, genügend Hinweise für seine empirische Theorie lieferten, nach der die Wahrnehmung erlernt werden muß. Wir haben einige der Schwierigkeiten gesehen, die bei der Interpretation dieser Fälle eine Rolle spielen.

Wir können HELMHOLTZ' Annahme übernehmen, nach der Lernen erforderlich ist, um die Dinge aufrecht zu sehen, wenn wir Experimente berücksichtigen, in denen das Netzhautbild absichtlich invertiert, d. h. das normalerweise umgekehrte Bild in ein aufrechtes verwandelt worden ist.

Umgekehrte Bilder

Die Experimente fallen in zwei Gruppen: in solche, bei denen die Stellung oder Orientierung des Bildes verändert, und in andere, bei denen das Bild absichtlich verzerrt wird. Wir werden mit den klassischen Arbeiten des englischen Psychologen G. M. STRATTON beginnen. Er trug Umkehrbrillen und nahm so aufrechte Netzhautbilder wahr.

STRATTON ersann verschiedene optische Vorrichtungen, um die Netzhautbilder zu verändern und umzukehren. Er benutzte Linsen- und Spiegelsysteme, einschließlich besonderer Fernrohre, die an Brillengestelle montiert waren, so daß sie dauernd getragen werden konnten. Diese Linsensysteme verursachten in der Vertikale und in der Horizontale eine Umkehrung. STRATTON fand, daß, wenn vor jedem Auge ein derartiges Umkehrsystem getragen wurde, um binokulares Sehen zu ermöglichen, die Beanspruchung zu groß war, weil die Konvergenz gestört wurde. Er benutzte deshalb nur ein Auge mit einem Umkehrsystem und deckte das andere ab. Wenn er keine Umkehrlinsen trug, hielt er beide Augen bedeckt. Anfänglich erschienen ihm Objekte umgekehrt, optisch einwandfrei, doch unecht und unwirklich. STRATTON schrieb dazu:

»... Die Erinnerungsbilder aus dem normalen Sehen blieben weiter der Standard und das Kriterium der Wirklichkeit. Dinge wurden so zwar in der einen Weise gesehen, aber gedanklich in einer ganz anderen Weise behandelt. Dies galt auch für meinen Körper. Denn ich empfand die Glieder meines Körpers da, wo sie gewesen wären, wenn die Umkehrlinsen entfernt worden wären; zu sehen waren sie jedoch in einer anderen Position. Die ältere taktile und visuelle Zuordnung war also immer noch die wirksamere.«

Später jedoch sahen die Gegenstände manchmal fast normal aus. STRATTONS erstes Experiment dauerte drei Tage. Während dieser Zeit trug er das »Instrument« ungefähr 21 Stunden lang. Er folgerte daraus: »Ich möchte fast sagen, daß das Hauptproblem — die Bedeutung der Umkehrung des Netzhautbildes für das aufrechte Sehen — durch das Experiment voll gelöst wurde. Denn wenn die Umkehrung der Netzhautbilder für das aufrechte Sehen absolut notwendig wäre..., ist es schwierig zu verstehen, daß eine Szene als Ganzes auch nur vorübergehend aufrecht erscheinen könnte, wenn das Netzhautbild nicht umgekehrt war.«

Die Gegenstände sahen jedoch gelegentlich normal aus, und so unternahm STRATTON mit seinem monokularen Umkehrsystem ein zweites Experiment. Dieses Mal trug er es über acht Tage. Am 3. Tag schrieb er: »Durch enge Räume zwischen Möbelstücken zu gehen erfordert weniger Sorgfalt als bisher. Ich konnte meine Hände beim Schreiben beobachten, ohne dabei unsicher oder verwirrt zu werden.« Am 4. Tag gelang es ihm schon leichter, die richtige Hand auszuwählen, was sich zunächst als besonders schwierig herausgestellt hatte. »Wenn ich meine Beine und Arme betrachtete und selbst wenn ich mich besonders auf die neue Orientierung in der visuellen Welt konzentrierte, schien das, was ich sah, eher aufrecht als umgekehrt.«

Am 5. Tag konnte STRATTON ohne Mühe ums Haus gehen. Wenn er sich aktiv bewegte, erschienen ihm die Gegenstände fast normal, aber wenn er sie sorgfältig untersuchte, tendierten sie sich zu verkehren. Teile seines eigenen Körpers schienen am falschen Platz zu sein, besonders seine Schultern, welche er natürlich nicht sehen konnte. Aber am Abend des 7. Tages genoß er zum erstenmal die Schönheit der Umgebung auf seinem Abendspaziergang.

Am 8. Tag entfernte er die Umkehrbrille und fand, daß ». . . die Szene eine seltsame Vertrautheit hatte. Die visuelle Anordnung wurde sofort als die alte aus den Tagen vor dem Experiment erkannt; jedoch gab die vollständige Umkehrung der Anordnung, an welche ich mich in der letzten Woche gewöhnt hatte, der Szene eine überraschende, verwirrende Atmosphäre, welche einige Stunden andauerte. Es war jedoch kaum das Gefühl, daß die Dinge auf dem Kopf standen.«

Man hat den Eindruck, wenn man die Berichte von STRATTON und späteren Forschern liest, daß zwar bei diesen Experimenten die visuelle Welt immer etwas eigenartig ist, daß sie aber die größten Schwierigkeiten haben mitzuteilen, was diesen Eindruck verursacht. Bevor ihre umgekehrte Welt normal wird, hören sie vielleicht schon auf zu bemerken, wie seltsam sie ist, bis ihre Aufmerksamkeit wieder von einem besonderen Merkmal angezogen wird, welches deutlich falsch aussieht. Wir lesen von solchen Situationen, in denen ein Schriftstück z. B. in der richtigen Anordnung im Sehbereich wahrgenommen wird und auf den ersten Blick ganz unauffällig aussieht. Versucht man es aber zu lesen, so wird es plötzlich umgekehrt gesehen.

STRATTON führte auch andere Experimente aus, die, obgleich weniger gut bekannt, genauso interessant sind. Er erfand eine Spiegelanordnung (Abb. 102), mit der ihm sein eigener Körper in einer anderen Lage erscheinen konnte. Er sah dann seinen Körper horizontal in Augenhöhe vor sich ausgebreitet. STRATTON trug dieses Spiegelarrangement drei Tage lang (ungefähr 24 Sehstunden) und berichtete: »Ich hatte das Gefühl, daß ich geistig außerhalb meines eigenen Körpers war. Es war natürlich nur ein vorübergehender Eindruck, aber ich hatte ihn verschiedene Male, und er war sehr lebendig, solange er andauerte. In dem Augenblick allerdings, wo kritisches Interesse entstand, war die Einfachheit des Zustands verschwunden, und meine sichtbaren Handlungen waren von einer Art geisterhafter Erscheinung ihrer selbst im Rahmen der älteren visuellen Vorstellung begleitet.«
STRATTON faßt seine Arbeit folgendermaßen zusammen: »Die verschiedenen Sinneswahrnehmungen, wohin sie sich letztlich auch erstrecken

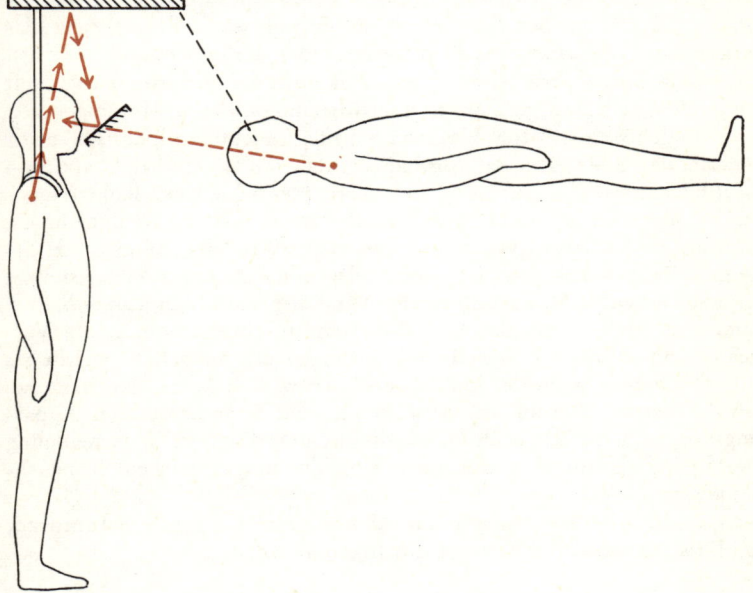

mögen, werden in einem harmonischen Raumsystem zusammengefaßt. Die Übereinstimmung besteht darin, daß unsere Erfahrungen unseren Erwartungen entsprechen. Die wesentlichen Bedingungen solcher Übereinstimmung sind die, welche notwendig sind, um eine zuverlässige Wechselbeziehung zwischen zwei Sinnen aufzubauen. Diese Auffassung stützte sich anfänglich nur auf Experimente mit umgekehrten Sinneswahrnehmungen. Sie läßt sich jetzt aber auf breiterer Grundlage interpretieren, da die späteren Experimente zu beweisen scheinen, daß ein durch den Tastsinn gegebener Ortswert visuell bestimmten Ortswerten korrelierbar ist. Und dies gilt nicht nur für jede Richtung, sondern auch für jede Entfernung innerhalb des Gesichtsfeldes.«

Verschiedene Forscher haben STRATTONS Arbeit weiter verfolgt. G. C. BROWN verdrehte über Prismen das Gesichtsfeld beider Augen um 75°. Er fand, daß dadurch die Leistungsfähigkeit der Tiefenwahrnehmung verringert wurde. Eine Verbesserung mit zunehmender Erfahrung war nicht zu sichern, obgleich er und seine Versuchsperson fanden, daß sie sich an die schräge Sehwelt gewöhnen. Später wiederholt EWERT das Experiment von STRATTON. Er benutzte, trotz der dabei von STRATTON festgestellten Schwierigkeiten, *zwei* Umkehrlinsen. EWERTS Arbeit hat den großen Verdienst, daß er systematische und objektive Messungen von der Fähigkeit seiner Versuchsperson machte, Objekte zu lokalisieren. Er folgerte, daß STRATTON das Ausmaß der dabei auftretenden Adaptation überschätzt hatte. Das führte zu einer noch unentschiedenen Kontroverse. Das Problem wurde von J. und J. K. PETERSON weiter verfolgt, die ein ähnliches binokulares System wie EWERT verwendeten. Noch nach 14-tägigem Tragen konnten sie keine vollständige Adaptation feststellen. Bei einer erneuten Untersuchung der Versuchsperson nach acht Monaten fanden sie, daß, sowie das Umkehrsystem aufgesetzt wurde, die Versuchsperson sofort die Verhaltensänderungen erkennen ließ, welche sie beim früheren Tragen der Umkehrbrille entwickelt hatte. Es scheint so, daß das Lernen eher auf die Ausbildung einer Serie besonderer Anpassungsvorgänge zurückzuführen ist, die die ursprüngliche Wahrnehmung überlagern, als auf eine Reorganisation des ursprünglichen Wahrnehmungssystems.

Die gründlichsten Experimente mit Menschen sind kürzlich in Innsbruck von ERISMANN und Ivo KOHLER durchgeführt worden.

KOHLER und seine Mitarbeiter trugen ihre Umkehrbrillen über lange Zeiträume. Sowohl STRATTONS als auch KOHLERS Experimente beziehen sich auf Berichte von Versuchspersonen über die während des Brillentragens erlebten Wahrnehmungsveränderungen. KOHLER betont die »innere Welt« der Wahrnehmung und folgt damit der europäischen Tradition, welche aus der deutschen Gestaltpsychologie hervorgegangen ist. Sie findet sich auch in den neueren Arbeiten von MICHOTTE über die Wahrnehmung der Kausalität (vgl. Kapitel 12). Diese Betonung ist der amerikanischen behavioristischen Überlieferung völlig fremd, und es ist sicherlich ungünstig, daß nur gelegentlich genaue Aufzeichnungen über die Bewegungen der Versuchspersonen während des Experiments veranlaßt wurden. Denn es ist schwierig, sich aufgrund der Berichte die »adaptierte« Welt der Versuchspersonen vorzustellen. Ihre Wahrnehmungen scheinen in seltsamer Weise verschoben und manchmal widersinnig zu sein. Z. B. wurden Fußgänger offenbar auf der richtigen Straßenseite gesehen, wenn die Netzhautbilder rechts-links vertauscht waren, ihre Kleidung schien aber seitenverkehrt! Schriftzeichen sind besonders verwirrend. Sie sehen bei kurzer Betrachtung normal aus. Betrachtet man sie aber sorgfältiger, so erscheinen sie in Spiegelschrift.

Der Tastsinn hat auf das Sehen großen Einfluß: während der frühen Adaptationsstadien neigen Objekte dazu, plötzlich normal auszusehen, wenn sie berührt werden. Ebenso kommt es zu einer Normalwahrnehmung, wenn die umgekehrte Erscheinung physikalisch unmöglich ist. Eine Kerze kann beispielsweise mit dem Docht nach unten gesehen werden, bis sie angezündet wird. Dann erscheint sie plötzlich normal mit der Flamme nach oben.

Diese Experimente bereiteten den Weg für verschiedene Untersuchungen, bei denen Tieren verschiedenartige Brillen angepaßt wurden. Eine Umkehrbrille bei einem Affen machte diesen für einige Tage unbeweglich. Er weigerte sich einfach, sich zu bewegen. Als er sich schließlich doch rührte, bewegte er sich rückwärts. Dies ist von einigem Interesse, da die Umkehrbrillen eine Umkehrung der Tiefenwahrnehmung verursachen können. Ähnliche Experimente wurden bei jungen und älteren Hühnern durchgeführt. Von PFISTER wurden rechts-links-vertauschte Prismen über den Augen von Hühnern befestigt und dann ihre Fähigkeit beobachtet, Korn zu picken. Das natürliche Verhalten der Hühner war erheblich be-

einträchtigt und zeigte auch keine entscheidende Verbesserung, nachdem sie drei Monate die Prismen getragen hatten. Derselbe Adaptationsmangel wurde von SPERRY bei Amphibien gefunden. Bei ihnen wurden die Augen um 180° verdreht; dann wurde festgestellt, daß sie ihre Zunge beim Fangen von Nahrung in die falsche Richtung bewegten. Sie wären verhungert, hätte man sie sich selbst überlassen. HESS erhielt ähnliche Ergebnisse mit jungen Hühnchen, die Prismen trugen, welche das Bild nicht umkehrten, sondern es lediglich um 7° nach rechts oder links verschoben. Er fand, daß diese Küken immer neben die Körner pickten und daß sie sich niemals an die Verschiebung der Bilder durch die Prismen anpaßten (Abb. 103). HESS folgert aus diesen Experimenten: »Offenbar kann das angeborene Bild, das das junge Huhn von der Lokalisation der Objekte in seiner visuellen Welt hat, immer dann durch Lernen nicht modifiziert werden, wenn gefordert wird, daß das Hühnchen eine Reaktion auszuführen lernt, die seiner angeborenen Reaktion entgegengerichtet ist.«
Es scheint also klar, daß Tiere eine viel geringere Adaptation zeigen. Tat-

104 Eine Vorrichtung, die von HELD und HEIN entworfen wurde, um das
Sehenlernen bei einem passiven Tier zu untersuchen. Das Kätzchen rechts
wird von dem aktiven Kätzchen auf der linken Seite bewegt. Beide
Kätzchen sind gleichen optischen Eindrücken ausgesetzt. Nur das aktive
Tier ist in der Lage, sich aufgrund der auf diese Situation begrenzten
Seherfahrung visuell adäquat zu verhalten.

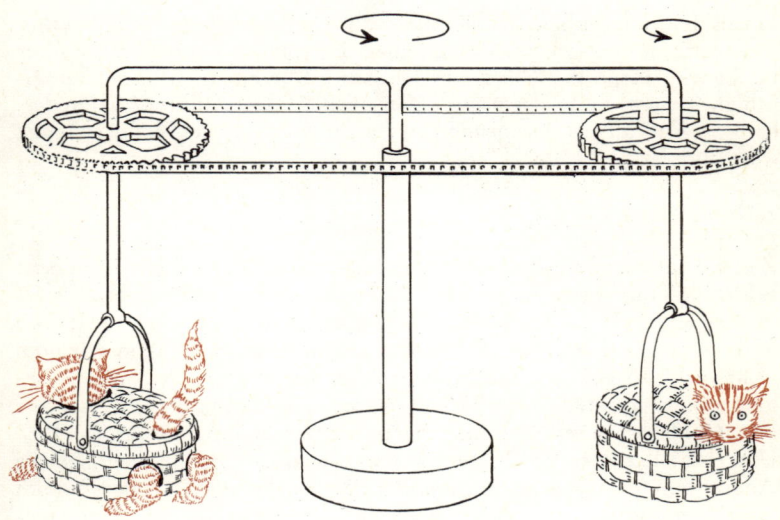

sächlich zeigen überhaupt nur bestimmte Affen eine gewisse Adaptation.
Es gibt einen neuen Hinweis dafür, hauptsächlich durch die Arbeit von
R. HELD und seinen Kollegen, besonders HEIN, daß eine Kompensation
von umgekehrten Bildern nur auftritt, wenn das Versuchstier aktive
Korrektionsbewegungen macht. HELD glaubt, daß aktive Bewegung für
solche Kompensationen wesentlich und daß sie überhaupt für das Lernen
der Wahrnehmung entscheidend ist. Einer von seinen Versuchen mit jungen Katzen ist besonders sinnreich und interessant. Er zog Katzen im
Dunkeln auf und erlaubte ihnen, nur in der Versuchssituation zu sehen
— welche, gelinde gesagt, sehr ungewöhnlich war. Zwei Katzen wurden
in Körbe gesetzt, die am entgegengesetzten Ende eines um sein Zentrum
drehbaren Balkens befestigt wurden. Auch die Körbe konnten sich drehen. Sie waren so angeordnet, daß die Rotation eines Korbes eine ähnliche Rotation des anderen Korbes verursachte (Abb. 104 zeigt die Anordnung). So machten beide Katzen zur gleichen Zeit weitgehend dieselbe visuelle Erfahrung. Eine Katze wurde einfach in den Korb gelegt,

so daß sie sich nicht bewegen konnte, während die andere motorisch aktiv war, denn sie bewegte mit ihren Beinen den eigenen Korb und den ihrer Nachbarin. HELD fand, daß nur die aktive Katze eine Wahrnehmungsfähigkeit entwickelte, das passive Tier blieb effektiv blind. Er nahm deshalb an, daß aktive Berührung für die Entwicklung der Wahrnehmung wesentlich ist.

Verzerrte Bilder

Zusammenfassend zeigen die Arbeiten über umgekehrte und verschobene Bilder, daß niedrigere Tiere als Menschen und Affen keine Adaptation erkennen lassen. Die Adaptation ist offenbar bei den Affen sehr begrenzt; und wie weit die Adaptation beim Menschen möglich ist, ist immer noch nicht völlig klar. Die mündlichen Berichte sind nicht ganz eindeutig. Es gibt wenige genaue Daten über motorische Adaptation, obgleich es sicher ist, daß Menschen sehr gut damit fertig werden, nachdem sie einige Tage Umkehrbrillen getragen haben. Wir wissen nicht mit Sicherheit, ob die Adaptation eine Reorganisation der Wahrnehmung ist oder einfach Überlagerung von alten Reaktionen durch neue. Es ist nicht einmal sicher, wieviel fundamentale Reorganisation erforderlich ist, sofern man bedenkt, daß wir genügend Erfahrungen über Netzhautbildverschiebungen beim Neigen des Kopfes vor einem Spiegel gemacht haben.

Bis jetzt haben wir nur Experimente betrachtet, in denen die Netzhautbilder invertiert oder gekippt wurden. Sie können aber auch in anderer Weise verändert werden. Das ist wichtig, weil dabei eher als durch einfache Veränderungen in der Beziehung zwischen Tast- und Sehwelt eine innere Neuorganisation im Wahrnehmungssystem selbst erforderlich wird. Man kann dies durch Tragen von besonderen Linsen erreichen, die das Bild auf der Netzhaut mehr verzerren als verschieben.

J. J. GIBSON fand, während er einen Versuch unternahm, bei dem er Prismen trug, die das Feld nach einer Seite (15° nach rechts) ausdehnten, daß die *Verzerrung* des Bildes, welche solche Prismen unvermeidlich zusätzlich zur Bildverschiebung hervorrufen, nach längerem Tragen der Prismen allmählich weniger auffallend wurde. Er fuhr fort, genaue Messungen über die Adaptation auf die von den Prismen hervorgerufenen Verbiegungen zu machen. Dabei fand er, daß deren Wirkung abnahm,

105 Ivo KOHLER hat festgestellt, daß die Augen, wenn sie nach der einen
Seite durch Grünfilter und nach der anderen durch Rotfilter sehen,
adaptieren und die Filterwirkung in beiden Blickrichtungen kompensieren.
Werden die Filter entfernt, sieht in Abhängigkeit von der Blickrichtung
die Seite, welche grün war, rot aus und umgekehrt. Diese Adaptation muß
im Gehirn vor sich gehen und nicht in den Augen.

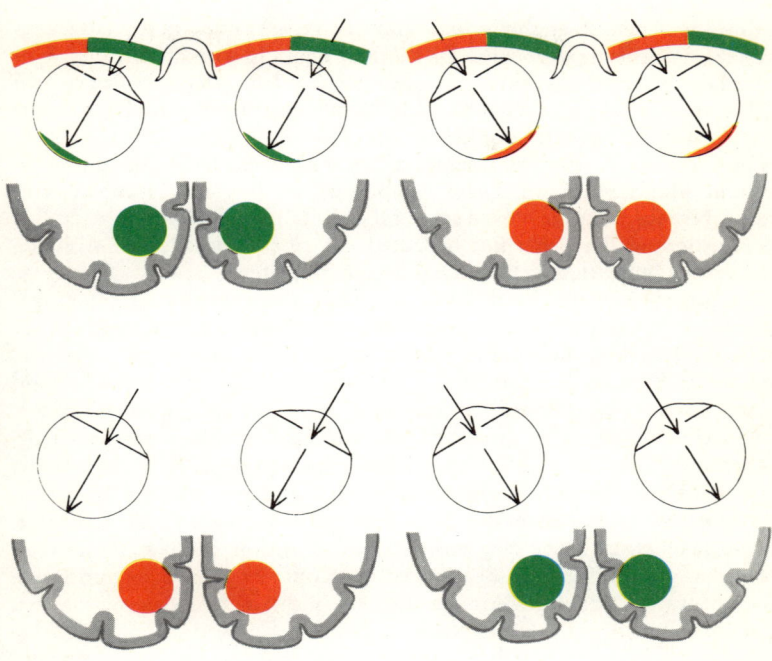

obgleich sich seine Augen frei bewegten. Tatsächlich war die Adaptation
etwas besser bei freier Betrachtung einer Figur ohne Einschränkung der
Augenbewegungen.

Es gibt eine andere Art der Adaptation, die auf den ersten Blick der von
GIBSON mit seinen verzerrenden Prismen und Linsen ähnelt, die aber in
ihrem Ursprung und ihrer Bedeutung für die Wahrnehmungstheorie
wahrscheinlich sehr verschieden ist. Sie ist als *figuraler Nacheffekt* bekannt und wurde in den letzten Jahren viel untersucht.

Figurale Nacheffekte entstehen, wenn eine Figur für einige Zeit (etwa
eine halbe Minute) mit still gehaltenem Auge betrachtet wird. Wird eine
gekrümmte Linie auf diese Weise fixiert und sofort danach eine gerade

Linie angesehen, so erscheint diese für wenige Sekunden in der entgegengesetzten Richtung verbogen. Dies ähnelt dem GIBSON-Effekt. Um figurale Nacheffekte zu erhalten ist aber entscheidend, daß die Augen still gehalten werden, während bei den Bildverzerrungen von GIBSON die Augen sich frei bewegen können.

Aus diesen Effekten geht hervor, daß das menschliche Wahrnehmungssystem adaptieren kann. Diese Adaptation ist aber nicht nur eine einfache Neuabstimmung von Tast- und Sehsinn, sondern kann auch eine Neujustierung des Sehraums bedeuten. Es gibt keine sicheren Anhalte, daß solche Berichtigungen auch bei Tieren auftreten.

Eine bemerkenswerte Entdeckung wurde kürzlich von Ivo KOHLER gemacht. Er trug Brillengläser, die nicht verzerrten, aber zur Hälfte rot und zur Hälfte grün gefärbt waren, so daß beim Blick nach links alles rot, beim Blick nach rechts alles grün aussah (Abb. 105). KOHLER fand einen neuen Adaptationseffekt, der nicht vorausgesehen werden konnte. Die Farbwirkung nahm allmählich ab, und als die Brille entfernt wurde, sahen alle Dinge beim Blick nach links grün und beim Blick nach rechts rot aus! Dieser Effekt ist sehr verschieden von dem normalen Nachbild, das entsteht, wenn man die Netzhaut durch farbiges Licht adaptiert. KOHLERS Effekt bezog sich nicht auf die Position des Netzhautbildes, sondern auf die Stellung der Augen im Kopf. Er muß also durch eine Kompensation herbeigeführt werden, die nicht in den Augen, sondern nur im Gehirn vor sich gehen kann.

Die Bildumkehrung mittels einfacher optischer Anordnungen ist nur begrenzt möglich. K. U. SMITH hat daher kürzlich hierfür eine neue Technik angewandt. SMITH gebraucht eine Fernsehkamera mit Bildschirm, die so angeordnet ist, daß die Versuchsperson ihre eigene Hand auf dem Schirm beobachten kann. Der Bildschirm ist elektronisch so mit der Kamera verbunden, daß jede gewünschte Umkehrung möglich ist.

Es ist sehr einfach, entweder links mit rechts oder oben und unten auf dem Bild zu vertauschen; Augen- und Handbewegungen werden dabei nicht beeinträchtigt. In dieser Anordnung wird die Hand neben der Versuchsperson hinter einen Vorhang gelegt, so daß sie nicht direkt gesehen werden kann. (Da die Apparatur kaum transportabel ist, sind Versuche auf kurze Sitzungen beschränkt. Mehrtägige kontinuierliche Umkehrungen sind nicht möglich.) Zusätzlich zur Bildumkehrung kann die Ka-

106 SMITHS Versuch, bei dem eine Fernsehkamera und ein Bildschirm
benutzt werden, um die Position oder die Größe, in der die Versuchsperson
die eigene Hand sieht, zu verändern. Sie kann auch bei erheblichen
Änderungen der Sehposition zeichnen und schreiben.

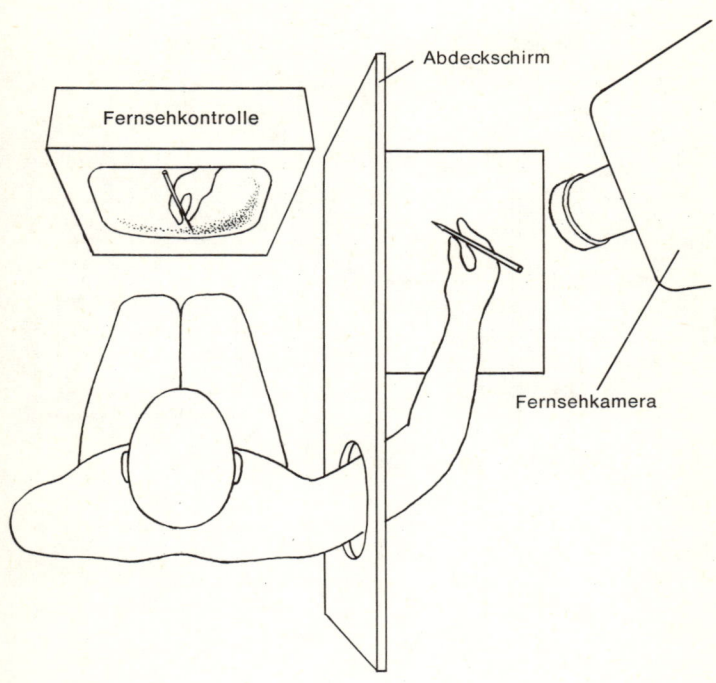

Abdeckschirm

Fernsehkontrolle

Fernsehkamera

mera in beliebige Positionen gebracht und dadurch eine räumliche Verschiebung verursacht werden. Durch den Gebrauch von verschiedenen
Linsen und Kameraentfernungen lassen sich außerdem die Bildgröße va-
riieren und Verzerrungen verursachen (Abb. 106).

Diese Techniken zeigen, daß die Vertauschung von oben und unten gewöhnlich mehr stört als Links-Rechts-Vertauschungen. Kombinierte Umkehrungen um die vertikale und horizontale Achse waren allerdings
manchmal weniger störend als jede von ihnen allein.

Größenveränderungen beeinträchtigen die Fähigkeit, zu schreiben oder
Objekte zu zeichnen, praktisch nicht.

107 SMITHS Experiment, bei dem eine Zeitverzögerung zwischen Handeln und der Wahrnehmung dieses Handelns eingeführt wird. Die Verzögerung wird durch die Schleife des Fernsehbandapparats erreicht.

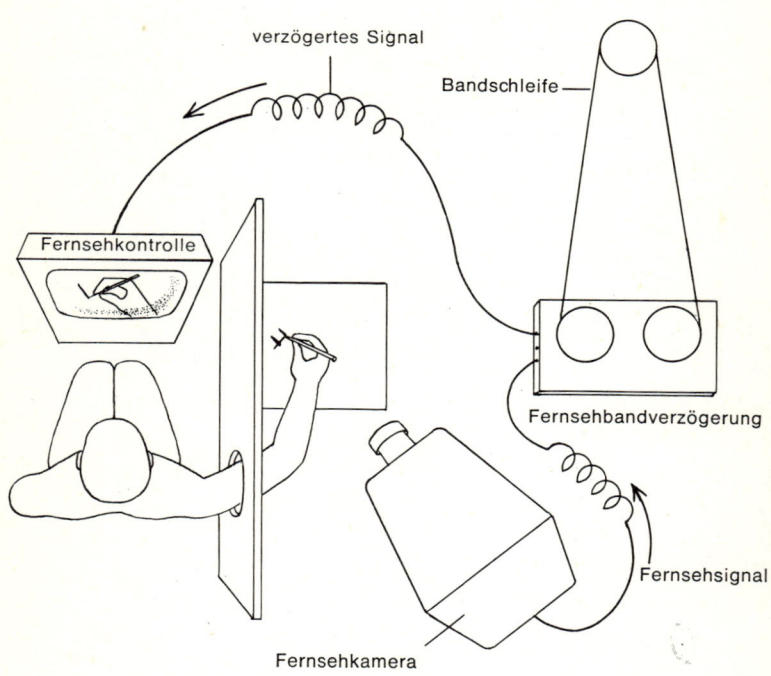

verzögertes Signal

Bandschleife

Fernsehkontrolle

Fernsehbandverzögerung

Fernsehsignal

Fernsehkamera

Zeitliche Bildverschiebungen

Eine Verfeinerung der Fernsehtechnik erlaubt es, retinale Bilder nicht nur räumlich, sondern auch zeitlich zu versetzen. Die zeitliche Verzögerung von Bildern ist eine neue Art von »Bildverschiebung« und verspricht von größter Bedeutung zu werden. Dabei werden wieder eine Fernsehkamera und ein Bildschirm benutzt. Zwischen Kamera und Bildschirm wird aber ein Fernsehbandgerät mit einer endlosen Schleife geschaltet.

108 Zeichnen und Schreiben mit Zeitverzögerung. Von links nach rechts: normal; mit Fernsehübertragung, aber ohne Verzögerung; mit Verzögerung. Die Verzögerung bedeutet ein unüberwindliches Hindernis, aber Verschiebungen im Raum können kompensiert werden. (Das Ergebnis ist von praktischer Bedeutung, da bei vielen Kontrollaufgaben, wie z. B. dem Fliegen, zwischen Handlung und Resultat eine Verzögerung auftritt.)

Zwischen Bildaufnahme und Wiedergabe kommt es so durch das Band zu einer Zeitverzögerung. Die Versuchsperson sieht dadurch ihre Hände (oder jeden anderen Gegenstand) in der Vergangenheit. Die Verzögerung hängt dabei vom Abstand zwischen den Aufnahme- und Wiedergabeköpfen des Bandes ab (Abb. 107).

Diese Situation ist nicht nur von theoretischem Interesse, sondern auch von praktischer Bedeutung. Denn Kontrollvorrichtungen in Flugzeugen und vielen Maschinen sprechen verzögert an. Wenn eine solche Verzögerung die Genauigkeit der Kontrolle stört, wird sie zu einer ernsten Sache. Es wurde festgestellt, daß bei einer kurzen Verzögerung (etwa eine halbe Sekunde) die Bewegungen ruckartig und schlecht koordiniert werden. Zeichnen wird fast unmöglich, Schreiben sehr schwierig (Abb. 108). Übung erbringt wenig oder keine Verbesserung.

Was folgern wir daraus?

Wir haben Versuche über verschiedenartige Netzhautbildverschiebungen dargestellt. In allen Fällen waren sie geordnet, und es wurden viele verschiedenartige Bildverschiebungen untersucht: vertikale und horizontale (teils gemeinsam, teils isoliert); Verzerrungen mit und ohne freie Augenbewegungen sowie zeitlich versetzte Bilder.

Die Ergebnisse sind nicht leicht zu beurteilen. Allgemein scheint es so, daß gegenüber allen Verschiebungen — außer gegenüber den zeitlichen Verzögerungen — beim Menschen eine gewisse Adaptation auftritt. Dagegen gibt es keine Beweise einer Adaptation bei niedrigeren Lebewesen als dem Menschen, außer möglicherweise beim Affen.

Bedeutet dies, daß Kleinkinder das Sehen lernen müssen? Es beweist dies sicherlich nicht; aber wenn es tatsächlich richtig ist, daß Erwachsene fähig sind, ihr Wahrnehmungssystem drastisch zu modifizieren, um systematische Veränderungen zu kompensieren, dann ist es zumindest einleuchtend anzunehmen, daß zunächst einmal das Lernen wichtig ist. Unglücklicherweise wissen wir nicht, wie weit der Adaptation eine Neuorganisation zugrunde liegt und wie weit sie nur eine Überlagerung alter durch neue Wahrnehmungsinterpretationen ist. Aber in beiden Fällen wird ersichtlich, daß das menschliche Wahrnehmungssystem erstaunlich flexibel und anpassungsfähig ist.

Wenn es tatsächlich zur Adaptation kommt, so ist doch nicht ganz klar, wie weit die Welt wirklich normal aussieht. Es scheint eher, daß ihre Eigentümlichkeit nicht weiter bemerkt wird.

Es ist klar, daß die Wahrnehmung beim Menschen durch Lernen modifiziert werden kann (das weiß jeder Medizinstudent aus der Zeit, als er zum erstenmal ein Mikroskop benutzte), aber es ist sehr schwierig, genau nachzuweisen, was angeboren ist und was während der Kindheit gelernt wird.

Zu diesen Schwierigkeiten kommt noch eine besondere und schwer zu beseitigende logische Komplikation. Wir haben zu fragen, und zwar besonders hinsichtlich der Interpretation von Tierversuchen, was wir genau unter »Wahrnehmung« verstehen. Nehmen wir zum Beispiel bei HELDS Versuch mit der aktiven und passiven Katze für einen Augenblick an, daß die passive Katze doch in dem Sinn sehen lernt, daß die Muster auf ihrer Netzhaut zu getrennten Objekten organisiert werden, wenn sie durch ihren aktiven Partner herumbewegt wird. Wie können wir je erfahren, daß die Katze in diesem Sinn zu sehen gelernt hat? Wie kann von ihr erwartet werden, daß sie entsprechend reagiert, wenn ihr Verhalten nie mit ihrer Objektwahrnehmung in Verbindung gebracht wurde?

Dies wirft ein neues Grundproblem auf: Haben wir die Wahrnehmung so aufzufassen, wie wir sie von uns kennen — als *Erfahrung* der Umwelt —, oder haben wir ihr Studium auf das *Verhalten* (unter Kontrolle durch sensorische Informationen) zu beschränken? Für den strengen Behavioristen kann Erfahrung nicht Gegenstand von Wahrnehmungsuntersuchungen sein. Aber wir müssen zwangsläufig annehmen, daß in einer Konzerthalle oder Bildergalerie Menschen etwas erleben, das ihnen wichtig genug ist, um sie dorthin zu ziehen. Was auch immer die Kunstkritiker diskutieren, es ist sicher nicht das äußere Verhalten der Kunstliebhaber, sondern deren Erleben. Können wir dann aber überhaupt über Wahrnehmungserlebnisse von Tieren sprechen? Vielleicht nicht, und darin besteht die Schwierigkeit. Ebenso wie wir die Wahrnehmungswelt des Babys nicht verstehen, verstehen wir auch nicht die der Tiere: aus ihrem Verhalten allein läßt sich darüber nicht genügend erfahren. Die Sprache ist hier besonders wichtig, denn durch die Sprache kann die unmittelbare Reiz-Reaktion-Situation überschritten werden.

Auf die Sinnesorgane wirkt Energie, die in bestimmter Weise »verteilt« oder angeordnet (»gemustert«) ist. Trotzdem sehen wir selten Muster, sondern in der Regel Objekte. Ein Muster besteht aus einer relativ bedeutungslosen Anordnung von Merkmalen. Objekte dagegen besitzen außer ihren sensorischen Merkmalen eine Fülle anderer Charakteristika. Sie besitzen Vergangenheit und Zukunft, sie verändern und beeinflussen sich gegenseitig, und sie haben verborgene Aspekte, welche erst unter anderen Bedingungen in Erscheinung treten.

Ein Ziegelstein und eine Dynamithaftladung können ziemlich gleich aussehen und sich ähnlich anfühlen. Aber sie werden sich sehr verschieden verhalten. Wir bestimmen im allgemeinen Objekte nicht nach ihrem Aussehen, sondern eher nach ihrem Nutzen und ihrem Einfluß auf die Umwelt. Ein Tisch kann viele Formen haben. Er ist ein Gegenstand, auf den andere gelegt werden können. Er kann quadratisch, rund oder nierenförmig sein, er bleibt trotzdem ein Tisch. Wenn die Wahrnehmung mit einem Objekt übereinstimmen soll — d. h., wenn sie richtig sein soll —, müssen gewisse Voraussetzungen erfüllt sein. Würde ein Buch auf einen als Tisch aufgefaßten Gegenstand gelegt, der daraufhin wegschmelzen oder wie ein Eelefant aussehen würde, müßten wir sagen, daß er schließlich doch kein Tisch war. Oder daß es sich dabei um gar keine echte Wahrnehmung gehandelt hat, sondern vielleicht um einen Traum oder eine Halluzination. Die Bedeutung von geregelten, gültigen Beziehungen bei der Wahrnehmung wurde von Prof. MICHOTTE in Löwen untersucht. Er hat viele Jahre über die Kausalität in der Wahrnehmung gearbeitet.

MICHOTTE hat die Geschwindigkeiten und Zeitverzögerungen erforscht, die für die »Seh«-Kausalität notwendig sind. Er benutzte neutral sich bewegende Farbflecken, die meist durch den Apparat auf Abb. 109 angeboten wurden. Er ließ einen Farbfleck sich vorwärts auf einen anderen zu bewegen und diesen berühren, danach diesen sich, meist nach einer kleinen kontrollierten Verzögerung, seinerseits fortbewegen. Bei bestimmten Kombinationen von Geschwindigkeit und Verzögerung besteht der ganz definitive Eindruck, daß der erste Fleck den zweiten Fleck getroffen und weggestoßen hat, so, als ob es sich um Billardkugeln handelte. Tatsächlich macht man die gleiche Erfahrung in Trickfilmen. Die Objekte in den dazu verwandten Trickzeichnungen können ganz abstrakt sein. Sie vermitteln trotzdem Kausalbeziehungen wie wirkliche Objekte. MICHOTTE neigt zu der Auffassung, daß »Seh«-Kausalität angeboren ist. Aber diese Ansicht scheint sich auf die Ähnlichkeit der Berichte seiner verschiedenen Beobachter über ihre visuelle Erfahrung zu stützen. Es bestehen aber naheliegende Schwierigkeiten, wenn man aus derartigen Berichten Folgerungen zieht — was MICHOTTE ohne Zweifel als erster zugeben würde. Da wir alle ziemlich ähnlichen Objektwahrnehmungen ausgesetzt sind, ist zu erwarten, daß ähnliche Geschwindigkeits- und Verzögerungscharakteristika sich in der auf Wahrnehmung beruhenden Schätzung der Ursache reflektieren. Diese Übereinstimmung beweist deshalb kaum, daß die Wahrnehmung der Ursache eher angeboren als durch Erfahrung gewonnen ist. Versuche mit Beobachtern, die lange Zeit ungewöhnliche Objekterfahrungen gemacht haben, könnten deshalb Hinweise für die Wichtigkeit von Lernvorgängen erbringen.

Obgleich sich die sensorischen Welten des Sehens, der Berührung und des Geruchs sehr voneinander unterscheiden, nehmen wir unvermittelt an, daß sie einen alternativen Ausdruck der gleichen Gegenstandswelt darstellen. Trotzdem ist unser Wissen über die Welt der Objekte mit Sicherheit nicht auf die sensorische Erfahrung beschränkt: wir wissen etwas über Magnetismus, obgleich wir ihn nicht spüren, und über Atome, obgleich sie unsichtbar sind.

Es scheint, daß die Netzhaut des Frosches fähig ist, nur wenige Merkmale zu signalisieren: vor allem Bewegung und die Gegenwart von Ecken. Er reagiert gut auf bestimmte Objekte, besonders Fliegen, die er als Nahrung benötigt, aber seine visuelle Welt muß sehr viel ärmer als unsere sein. Wird unsere visuelle Welt ebenso durch die Grenzen unserer Augen und Gehirne beschränkt?

Es gibt Fische, die schwache elektrische Felder entdecken und Objekte lokalisieren können, welche die von ihnen selbst verursachten Felder verändern. Diese Fische besitzen einen für uns völlig fremden Sinn. Und doch wissen wir sehr viel mehr über elektrische Felder als sie. Wir haben auch gelernt, Instrumente zu bauen, mit denen Objekte in derselben Weise, aber besser zu lokalisieren sind. Unser Gehirn hat diese Begrenzung unseres sensorischen Apparates weitgehend überwunden. Aus den dürftigsten sensorischen Hinweisen haben wir ebenso viel über die Sterne und deren Zusammensetzung gelernt, einfach indem wir schlußfolgerten

109 MICHOTTES Vorrichtung, um die Wahrnehmung der Kausalität zu
untersuchen. Auf der rotierenden Scheibe sind Linien; von jeder Linie wird
ein kleiner Abschnitt durch einen feststehenden Schlitz beobachtet. Die
sichtbaren Abschnitte bewegen sich entsprechend ihrer Anlage auf der Scheibe
im Schlitz entlang. (Ein normal zentrierter Kreisabschnitt würde

Sehschlitz in der Abdeckplatte   rotierende Scheibe

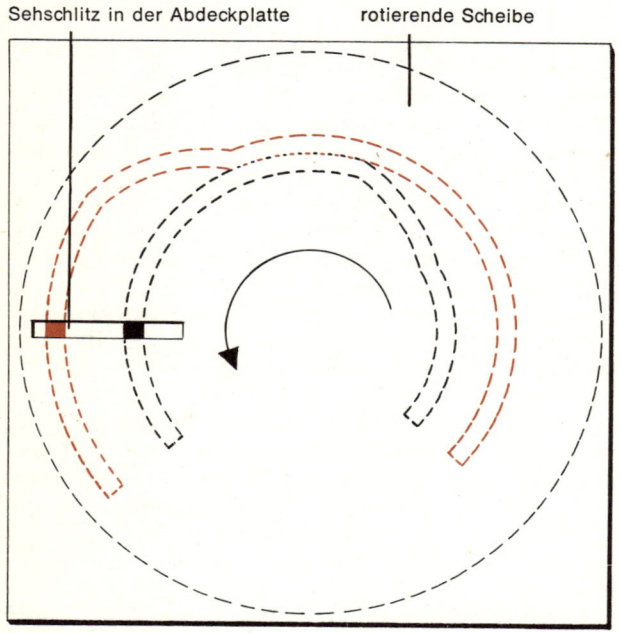

und Vermutungen und Hypothesen wieder an dem wenigen verfügbaren Beweismaterial testeten. Unsere Augen sind Mehrzweckinstrumente,
die das Gehirn mit einer verhältnismäßig ungeordneten Information ver-
sorgen, während die Augen von Tieren mit einfacheren Gehirnen viel
differenzierter sind, denn sie filtern schon Informationen aus, die für
ihren Kampf ums Dasein nicht wesentlich oder von ihren einfachen Gehirnen nicht auswertbar sind. Die Freiheit, neue Schlüsse aus sensorischen
Daten zu ziehen, ist es, welche uns erlaubt, so viel mehr zu entdecken und
zu sehen als andere Wesen. Die großen Gehirne der Säugetiere und besonders der Menschen erlauben, daß die Erfahrungen aus der Vergangenheit
und die Vorwegnahme der Zukunft eine große Rolle spielen, indem sie
unser Informationspotential vergrößern. Wir nehmen die Welt nicht nur
durch die zur Zeit gerade gegebene sensorische Information wahr, son-

unbeweglich erscheinen, während sich jede andere Linie bewegen wird.)
MICHOTTE fand, daß, wenn ein Linienabschnitt im Schlitz sich auf einen
anderen zubewegt und sich dieser nach Berührung fortbewegt, die
Bewegung des »gestoßenen« Abschnitts vom ersten *verursacht* zu sein
scheint.

dern wir benutzen diese Information vielmehr dazu, um Hypothesen
über das, was vor uns liegt, zu prüfen. Wahrnehmung wird so zu einer
Angelegenheit der Hypothesenbildung und -prüfung. Man sieht den Vorgang der Hypothesenprüfung am deutlichsten bei der doppeldeutigen
Figur, wie beim NECKER-Würfel (Abb. 4). Hier ist die sensorische Information konstant (die Figur kann sogar auf der Netzhaut stabilisiert
sein), und doch wechselt die Wahrnehmung von einem Augenblick zum
anderen, sowie eine der möglichen Hypothesen vorgelegt wird, um über-
prüft zu werden. Jede wird abwechselnd aufrechterhalten, aber keine
vermag sich durchzusetzen, da die eine so gut wie die andere ist.
Das beständige Suchen nach der besten Interpretation ist ein guter Beweis für die allgemeine Bedeutung, die Grenzen der Sinne durch Einführung anderer Kenntnisse auszudehnen. Aber die doppeldeutigen Figuren
zeigen auch einen seltsamen Nachteil dieses Systems, denn sie geben
keinen Hinweis, welche Wetthypothese günstig ist, und so wird die Wette
nie geschlossen. Der große Vorteil eines aktiven Systems dieser Art ist,
daß es oft bei fehlender verläßlicher Information noch funktionieren
kann — wie ein guter Offizier in einer Schlacht. Aber es muß manchmal
eine falsche Entscheidung treffen. Es ist möglich, Figuren zu zeichnen, die
offensichtlich Gegenstände darstellen, denen aber trotzdem keine wirklichen Objekte zugeordnet werden können. Verschiedene Beispiele wurden
von PENROSE entworfen, zwei von ihnen zeigt die Abb. 110 (s. auch
Abb. 113). Auf den ersten Blick sehen sie ganz vertraut aus. Aber als Gegenstände sind sie undenkbar. Die Augen wandern umher und versuchen,
ihren Sinn zu entdecken. Sie finden aber nie eine Lösung, denn es gibt
keine.
Starke Gemütserregungen können das System ebenso stören, wie sie das
Urteilsvermögen trüben können, und es kann dann zu erschreckenden
illusionären Verkennungen kommen. Eine hochdramatische Schilderung
davon gibt MACBETH:

> »Ist das ein Dolch, was ich vor mir erblicke,
> Der Griff mir zugekehrt? Komm, laß dich packen —
> Ich faß' dich nicht, und doch seh' ich dich immer.
> Bist du, Unglücksgebild, so fühlbar nicht
> Der Hand, gleich wie dem Aug? Oder bist du nur

Ein Dolch der Einbildung, ein nichtig Blendwerk,
Das aus dem heißgequälten Hirn erwächst?
Mein Auge ward der Narr der andern Sinne,
Oder mehr als alle wert. — Ich seh' dich stets,
Und dir an Griff und Klinge Tropfen Bluts,
Was erst nicht war. — Es ist nicht wirklich da:
Es ist die blut'ge Arbeit, die mein Auge
So in die Lehre nimmt.«

Warum sollte das Wahrnehmungssystem so aktiv beim Suchen alternativer Lösungen sein, wie sich dies bei doppeldeutigen Situationen zeigt? Es scheint tatsächlich aktiver und aufrichtiger mit seiner Weigerung, bei nur einer der vielen möglichen Lösungen zu verharren, als etwa die Gehirnrinde als Ganzes — sofern wir nach der Zähigkeit urteilen, mit denen unvernünftige Meinungen in Politik und Religion vertreten werden. Das Wahrnehmungssystem war weit länger von biologischer Bedeutung als der rechnende Verstand. Die Gebiete der Hirnrinde, die mit dem Denken zu tun haben, sind vergleichsweise jung. Und sie scheinen im Vergleich zu der alten *area striata*, die für das Sehen verantwortlich ist, ausgesprochen doktrinär.

Das Wahrnehmungssystem stimmt nicht immer mit der rational denkenden Hirnrinde überein. Für die Hirnrinde beträgt die Entfernung zum Mond etwa 384 400 km, für den visuellen Apparat des Gehirns dagegen nur wenige hundert Meter. Obgleich in diesem Falle die Ansicht der Hirnrinde stimmt, wird die *area striata* nie darüber informiert, und wir sehen weiter den Mond so, als ob er fast zum Greifen nahe wäre.

Das visuelle Gehirn hat seine eigene Logik und Vorlieben, welche für die übergeordnete Rinde nicht verständlich sind. Manche Gegenstände sind schön, andere häßlich; aber wir haben trotz aller Theorien, die darüber aufgestellt wurden, keine Ahnung, warum sie schön oder häßlich sind. Die Antwort liegt weit zurück in der Geschichte der visuellen Gehirnteile und ist den neuen Mechanismen, die eine intellektuelle Weltauffassung verursachen, verlorengegangen.

Wir stellen uns die Wahrnehmung als einen aktiven Prozeß vor, der Information verwendet, um Hypothesen zu bilden und zu prüfen. Dies erfordert verständlicherweise Lernen. Und wie auch die endgültige Antwort über die Bedeutung des Lernens für die Wahrnehmung bei Säuglingen sein mag, es scheint klar zu sein, daß die Kenntnis nicht-visueller Merkmale Einfluß darauf hat, wie Objekte gesehen werden. Dies gilt sogar für Menschengesichter: ein Freund oder ein Geliebter sieht ganz anders aus als andere Menschen; ein Lächeln ist nicht nur ein Zähneblekken, sondern die Aufforderung, einen Spaß zu teilen. Der blinde S. B. (Kapitel 11) lernte nie den Ausdruck eines Gesichts verstehen. Er bedeutete ihm nichts, obgleich er beim Hören einer Stimme sofort über die Stimmung des Sprechers orientiert war. Jäger können fliegende Vögel auf sehr große Entfernung an der Art ihres Fluges erkennen. Sie haben gelernt, geringe Unterschiede zu benutzen, um Objekte zu unterscheiden, die für andere Menschen gleich aussehen. Dasselbe gilt für Ärzte, die auf Röntgenbildern oder in mikroskopischen Präparaten pathologische Veränderungen diagnostizieren. Es besteht kein Zweifel, daß diese Art Wahrnehmung gelernt werden muß. Aber trotz aller Hinweise wissen wir noch nicht mit Sicherheit, wie weit ganz grundsätzlich Lernvorgänge für die Wahrnehmung erforderlich sind.

Es ist nicht schwierig zu vermuten, warum das visuelle System die Fähigkeit entwickelt hat, nicht-visuelle Information zu verwenden und über die unmittelbar gegebenen Sinneseindrücke hinauszugehen. Beim Bilden und Prüfen von Hypothesen wird die Gehirntätigkeit nicht nur darauf gerichtet, was empfunden, sondern auch darauf, was wahrscheinlich geschehen wird, und hierauf kommt es an. Das Gehirn ist zu einem großen Teil ein Wahrscheinlichkeits-Computer, und unsere Aktionen innerhalb einer gegebenen Situation stützen sich auf die Wahrscheinlichkeit einer bestimmten Entscheidung. Das menschliche Gehirn benützt die ziemlich begrenzten sensorischen Informationen in ähnlicher Weise und genauso wirksam wie die Astronomen, die die Entfernung und Zusammensetzung von Sternen durch vernünftige Schlußfolgerungen aufdecken. Wissenschaft kann tatsächlich als kooperative Wahrnehmung gedacht werden.

Wenn das Gehirn unfähig wäre, Lücken auszufüllen und aufgrund dürftiger Hinweise Schlüsse zu ziehen, würde seine gesamte Aktivität bei fehlender sensorischer Anregung zur Ruhe kommen. Wir werden tatsächlich im Dunkeln oder in unvertrauten Umgebungen etwas verlangsamt und mit Vorsicht handeln. Aber das Leben geht weiter, und wir verlieren dabei nicht die Fähigkeit zur Aktion. Unsere Fehlerquote wird zwar wahrscheinlich zunehmen (und wir erliegen leichter Halluzinationen und Illusionen). Aber das ist ein geringer Preis, mit dem wir die Freiheit erkaufen, in unserem Verhalten nicht unmittelbar reizabhängig zu sein wie Insekten, die einer unvertrauten Umgebung hilflos ausgesetzt sind. Selbst ein Frosch würde inmitten toter Fliegen verhungern.

Die meisten Maschinen werden von außen kontrolliert. Ein Auto, das nicht richtig auf das Lenkrad, das Gaspedal und die Bremsen anspricht, ist gefährlich. Die meisten Maschinen reagieren voraussagbar. Sie werden so entworfen, daß ihre Reaktionen unseren Erwartungen entsprechen, denn dann sind sie im allgemeinen brauchbarer und sicherer. Aber wenn wir Maschinen betrachten, die von sich aus Entscheidungen fällen, trifft das nicht mehr zu. Eine automatische Flugzeugsteuerung erhält eine Reihe von Informationen, und sie wählt aufgrund bestimmter Kriterien einen Flugkurs aus. Es ist möglich, Maschinen zu bauen, die Schach spielen und dabei ihre Konstrukteure schlagen können. Wenn Maschinen fähig sind, mit Problemen umzugehen, ist es also nicht immer das Beste, ihre Reaktionsweise streng festzulegen oder exakt von außen kontrollierbar zu machen.

Ist es möglich, eine Maschine zu bauen, die Gegenstände wahrnimmt? Es wurden bereits Maschinen gebaut, die auf Buchstaben oder andere Formen ansprechen. Dies ist nicht allzu schwierig. Interessanter ist, daß einige von ihnen ziemlich sicher angeben können, welcher Buchstabe oder welche Form es ist, wenn diese in ungewöhnlichen Anordnungen oder unvollständig angeboten werden. Es ist sogar möglich, Maschinen zu bauen, die einzelne Formmerkmale entdecken.

»Sehende« Maschinen stecken noch in den Kinderschuhen: sie sind noch nicht ausgereift und außerordentlich teuer. Es mag sein, daß das eingehende Studium der Augen und Gehirne die Entwicklung derartiger Maschinen positiv beeinflußt. Das wäre von großer Bedeutung. Mechanisierte Büros und Banken verwenden Zeichenerkennungsmaschinen. Aber im allgemeinen sind noch *besondere* Zeichen erforderlich, um die Erkennung einfacher und für die Maschine eindeutiger zu machen.

Will man eine Maschine bauen, die Objekte wahrnimmt, dann besteht eine Schwierigkeit: wenn sie Schlüsse ziehen und Testhypothesen bilden soll, muß sie mit sehr viel Wissen über die Objektwelt und deren Verhalten ausgerüstet sein. Es reicht nicht aus, ein »Auge« und ein elektroni-

110 »Unmögliche Figuren«. Man kann sie zwar zeichnen, aber existieren können sie nicht und können auch nicht als eindeutige Gegenstände gesehen werden. Der Grund liegt darin, daß das Wahrnehmungssystem eine dreidimensionale Welt aus einer wesentlichen zweidimensionalen Information aufzubauen hat. Hier werden unvereinbare Informationen aus der dritten Dimension dem Auge übermittelt, und hierfür gibt es keine eindeutige Lösung.

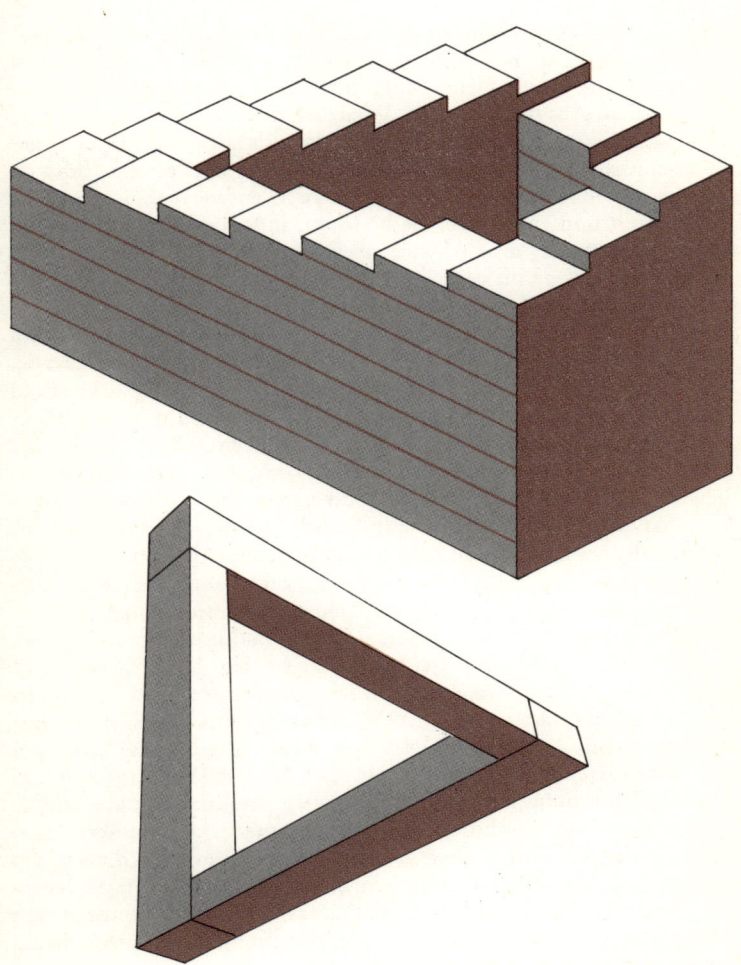

sches »Gehirn« zu entwickeln: in dem »Gehirn« muß sehr viel Information gespeichert sein, damit seine sensorische Information benutzt werden kann, aus der Fülle verschiedener Möglichkeiten die wahrscheinlichste auszuwählen. Diese Auswahl ist dem Wissenschaftler allzu vertraut. Eine neue Beobachtung zu machen ist außerordentlich schwierig. Einmal gemacht, scheint sie aber so augenfällig, daß sie jeder andere ohne Schwierigkeiten nachvollziehen kann. Eine Maschine zu entwerfen, die neue Objekte akzeptiert und genau über sie berichtet, indem sie ihr gespeichertes Wissen benutzt, würde eine schwierige, aber nicht unmögliche Aufgabe sein. Und man muß damit rechnen, daß sie Wirklichkeit wird, wenn die Computer-Technik noch weiter vorangeschritten ist.

Was geschieht schließlich mit dem menschlichen Wahrnehmungssystem in unvertrauten Situationen? Dies ist in der Wissenschaft von Bedeutung, wo Beobachtungen ein einmaliges Ereignis sein können, und es ist auch in der Raumfahrt von einiger Wichtigkeit, wenn Menschen unter ganz unvertrauten Sinneseindrücken Entscheidungen treffen müssen. Es ist das gleiche, wie wenn von einem Computer verlangt wird, ein Problem zu bearbeiten, für dessen Lösung er gar nicht geplant war. Es besteht kein Zweifel, daß der Mensch, wenn er plötzlich in eine unvertraute Umgebung gestellt wird, sich nicht sofort zurechtfindet. Aber er lernt durch Erfahrung, ungewöhnliche Informationen zu verarbeiten. Wir sehen dies bei Piloten in der Ausbildung und bei Medizinstudenten, die mikroskopieren lernen. Zuerst sind sie verwirrt, aber allmählich lernen sie genau und verläßlich, adäquate Entscheidungen zu treffen. Doch hierbei muß es Grenzen geben. Was geschieht, wenn wir ohne Schwerkraft bestimmen wollen, wo »oben« und »unten« ist? Was passiert mit der Entfernungsbeurteilung, wenn es keine abgestuften Schatten gibt, wie auf dem Mond? Zu erwarten, daß Menschen ohne beträchtliche Erfahrung in dieser fremden Umgebung angemessen urteilen, wäre äußerst unbesonnen. Es ist daher wichtig, ähnliche Umweltbedingungen zu simulieren, um den Astronauten Erfahrung über sie zu vermitteln, bevor ihr Leben von Entscheidungen ihrer Augen und Gehirne allein abhängt. In extremen Fällen, die im Laboratorium leicht nachgeahmt werden können, reicht die Information für eine verläßliche Wahrnehmung auch nach beliebig langem Lernen nicht aus. Dann muß das Wahrnehmungssystem, das auf dieser Erde den Lebewesen so lange gedient hat, versagen.

13 | Das Auge im Weltraum

Augen und Gehirne haben sich im Laufe der geologischen Geschichte entwickelt; allmählich und auch auf Irrwegen kam es dazu, daß sie ihren Trägern von Nutzen wurden, indem sie sie über gewisse Dinge der Außenwelt orientierten, die für deren Leben bzw. Überleben von Bedeutung waren. Die sensorischen Systeme der Tiere sind so angepaßt, daß sie im großen und ganzen die Informationen übermitteln, welche für die Lebensweise ihrer Besitzer wichtig sind. Insekten können ungewöhnlich gut schnelle Bewegungen wahrnehmen; der Falke besitzt eine außerordentlich große Sehschärfe, wodurch er sehr kleine Objekte aus der Höhe sehen kann. Das menschliche Auge ist dagegen ein ziemlich unspezifischer Mehrzweck-Rezeptor, welcher das Gehirn mit einer Vielzahl von Informationen versorgt, die dieses nur wegen seiner außergewöhnlichen Größe verarbeiten kann.

Wenn Tiere aus ihrer normalen Umgebung entfernt werden, gehen sie häufig zugrunde, da ihre Rezeptorsysteme zu spezialisiert sind. Wie schon erwähnt wurde, verhungert ein Frosch inmitten toter Fliegen, und eine Raupe kann auf den Blättern eines ihr nicht vertrauten Baumes vor Hunger umkommen. Der Mensch dagegen überlebt unter verschiedenartigsten Bedingungen. Wenn man ihn mit Attributen der Zivilisation wie Häusern, Klimakontrolle, einem Schiff oder Flugzeug versorgt, kann er faktisch auf jedem Platz der Erde oder in der Tiefe des Meeres leben. Wie wir aber gesehen haben, können unsere Sinne uns unter unbekannten Bedingungen irreführen. Das Auge ist weniger leistungsfähig, wenn der Beobachter passiv mit einem Wagen oder Flugzeug befördert wird, als wenn er zusätzlich Bewegungsinformationen durch den Kontakt seiner Beine mit der Erde ausnutzen kann. Die Leistungsfähigkeit kann in manchen Fällen durch Erfahrung verbessert werden — durch Lernen können die Sinne fähig werden, in Situationen zuverlässig zu arbeiten, denen sie niemals zuvor im Laufe ihrer Entwicklung begegnet sind —, aber das ist nicht immer möglich. Wenn ein Mensch unter extremen Ausnahmebedingungen bestehen soll, wie beispielsweise in schnellen Flugzeugen oder Raumfahrzeugen, kann es vorkommen, daß das sensorische System grundsätzlich inadäquat für die von ihm geforderte Aufgabe ist. Es ist dann notwendig, das sensorische System mit technischer Hilfe, meist elektronischen Apparaten wie etwa Radar, zu unterstützen.

Die Situation des Menschen im Weltraum ist besonders interessant. Im

Gegensatz zu manchen anderen Untersuchungen geht es weniger darum, Menschen irgendwohin zu bringen, als von dort auch Berichte zurückzubekommen. Es ist sehr gut möglich, daß auf dem Mond und auf einigen Planeten Niederlassungen errichtet werden. Aber im Augenblick ist das Ziel des Raumfluges, Informationen über Weltraumbedingungen zu erhalten und den Weltraum zu benutzen, um Beobachtungen über entferntere Teile des Universums zu machen. Für diesen Zweck wäre ein Observatorium auf dem Mond unschätzbar. Es wurde gelegentlich vorgeschlagen, da es schwierig ist, Menschen in kleinen Raumfahrzeugen am Leben zu erhalten, daß es vielleicht besser wäre, nur Instrumente hochzutransportieren, die die gleiche Information über die Beschaffenheit des Universums außerhalb der Erde liefern könnten. Für viele Zwecke hat sich das als vernünftig herausgestellt. Zum Beispiel, um Messungen über Strahlungen innerhalb langer Zeitperioden zu ermöglichen und um das Sonnenspektrum außerhalb der Atmosphäre zu entdecken. Am dramatischsten sind jedoch die Nahaufnahmen des Mondes, die von automatischen Kameras zurückgestrahlt wurden (Abb. 111 und 112). Direkte Berichte von einem menschlichen Beobachter, der die Mondoberfläche aus der gleichen Entfernung gesehen hätte, hätten vielleicht dem gar nichts hinzugefügt, was durch das Studium der zur Erde zurückgestrahlten Fotografien bekannt wurde. Was die aktive Erforschung der Mondoberfläche angeht, ist die Situation nicht so eindeutig. Es sollte möglich sein, einen Spezialtraktor auf dem Mond zu landen, der mit »Fernsehaugen« ausgerüstet ist und sich über den Mond bewegt. Aber wenn der Mond wirklich erforscht werden soll, muß der Apparat Fragen stellen und Experimente improvisieren, und das ist von einem Roboter sehr viel verlangt.

Wenn wir dann Einzelheiten über den Mond und die Planeten lernen wollen, scheint es notwendig zu sein, Menschen dorthin zu schicken und uns bis zu einem gewissen Grad auf ihre Augen und Gehirne zu verlassen, obgleich von ihnen dann Aufgaben verlangt werden, für deren Ausführung sie nicht entwickelt waren. Der Astronaut entspricht in diesem Sinne einem hochqualifizierten sensorischen und urteilsfähigen Apparat, von dem wir Aufgaben verlangen, für die er gar nicht entworfen wurde. Wir sollten versuchen festzustellen, wie verläßlich er unter diesen Bedingungen wohl sein wird.

Gefahren des Weltraums

Wir sahen bereits, daß es Täuschungen gibt, die außerordentlich irreführend sein können. Es ist Zeit, sich zu überlegen, wie irreführend oder gefährlich solche Täuschungen bei Weltraumflügen sein können.

Das erste Risiko ist die völlige Isolation des Wahrnehmungssystems. In vielen Experimenten, die hauptsächlich in D. O. HEBBS Laboratorium an der McGill-Universität in Montreal durchgeführt worden sind, wurden bei manchen Versuchspersonen nach stunden- oder tagelanger Isolation Halluzinationen und eine allgemeine Verminderung der Konzentrationsfähigkeit festgestellt. Es scheint, daß das sensorische System ein mehr oder weniger kontinuierliches Informationsangebot benötigt, damit es nicht beginnt unkontrolliert zu arbeiten, wie bei Ermüdung oder unter Einwirkung von bestimmten Medikamenten wie Opium oder Lysergsäure. Sind Störungen dieser Art bei Weltraumflügen wahrscheinlich? Raumfahrten waren bis zur Zeit, als dieses Buch geschrieben wurde, auf Umkreisungen der Erde beschränkt. Die Astronauten wurden dabei so beschäftigt, daß die Isolation kein Problem war. Die Angelegenheit wurde jedoch so ernst genommen, daß ihretwegen Ein-Mann-Raumflüge aufgegeben wurden. Die Reise zum Mond wird nicht von einem Mann allein unternommen werden. Nimmt man an, daß die Mannschaft eines Raumschiffs aus mehreren Personen besteht, dann sollte sich das Problem nicht sehr von einer langen Ozeanreise unterscheiden. Dabei besteht keine große Schwierigkeit mehr, für genügend Abwechslung zu sorgen, um ernstere psychische Komplikationen von den Männern fernzuhalten. Die einfache Langeweile bleibt natürlich ein Problem.

Ein anderer Gegenstand von einigem Interesse ist das Fehlen der Schwerkraft im Raumschiff. Bis jetzt wissen wir nichts Sicheres über den Effekt, den das Fehlen der Gravitation über längere Perioden hervorruft. Es wird vermutet, daß besonders das Gefäßsystem davon betroffen wird. Überraschend wenig, wenn überhaupt etwas, ist über eine Beeinflussung der Wahrnehmung berichtet worden. Wir haben gesehen, daß eine Verdrehung der visuellen Welt mittels Prismen bis zu einem gewissen Grad kompensiert werden kann. Aber was würde geschehen, wenn es nicht eindeutig wäre, was »oben« und »unten« ist? Es scheint, daß im gewichtlosen Zustand der Beobachter dazu tendiert, seine eigenen Füße als »unten«

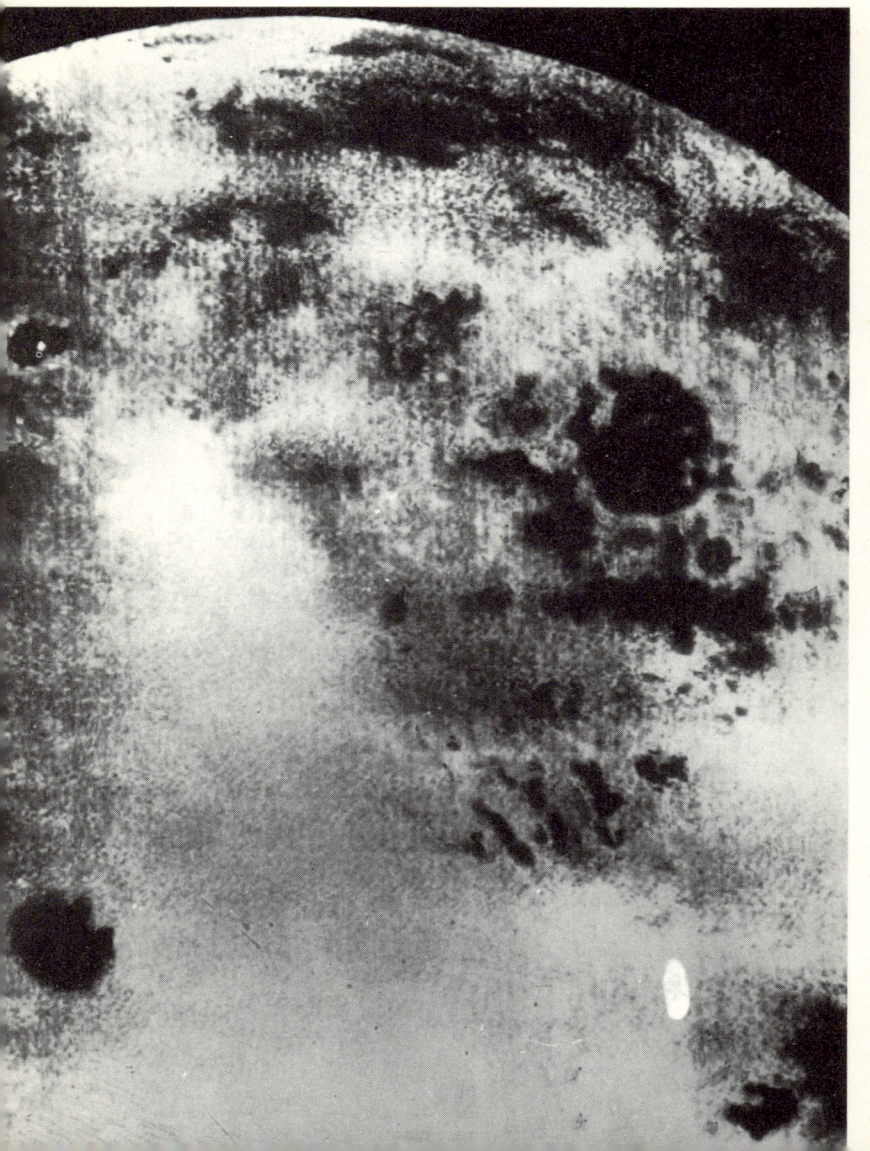

112   Näher, als je ein Auge gewesen ist — ein kleines Gebiet der Vorderseite
des Mondes. Es wurde im Juli 1964 von der amerikanischen Mondsonde
Ranger 7 aufgenommen.

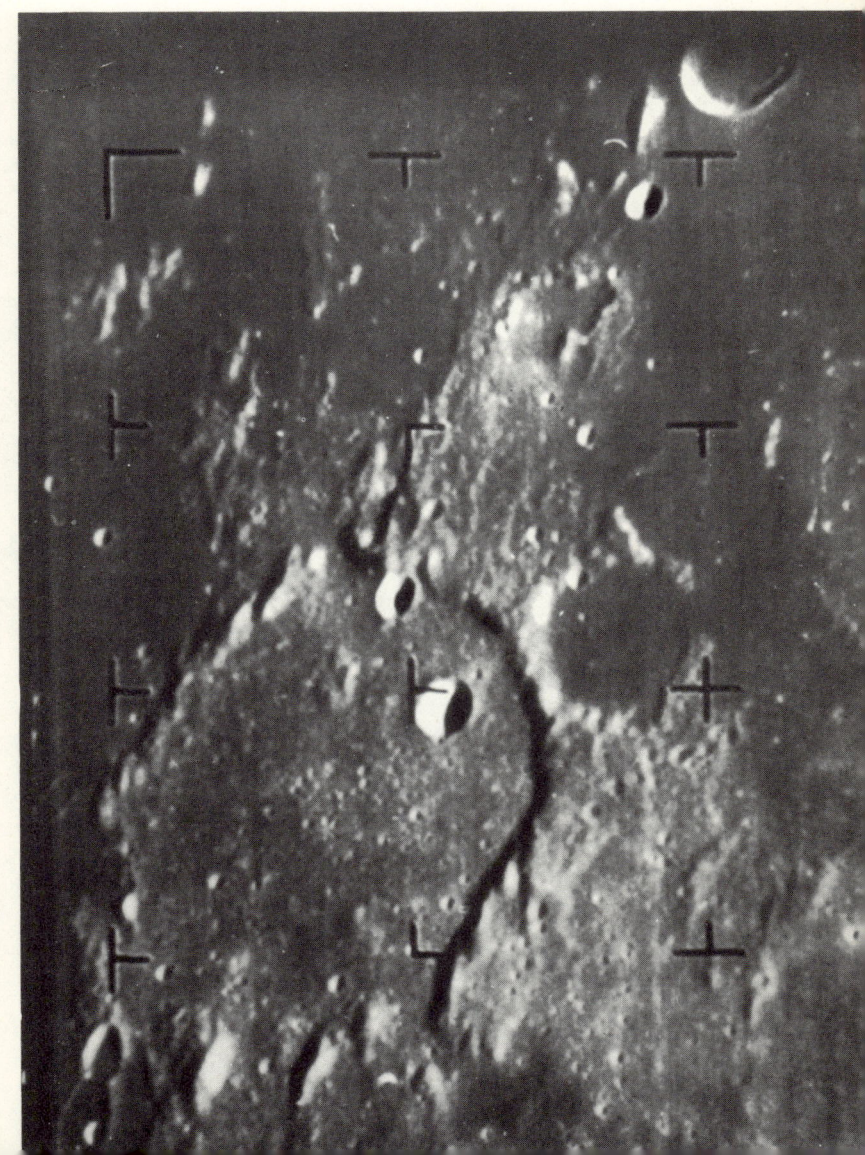

und seinen Kopf als »oben« anzunehmen, aber unter bestimmten Umständen könnte dies leicht zweifelhaft werden, was einer Desorientierung gleichkäme. Das könnte zu merkwürdigen visuellen Effekten führen. Die praktische Bedeutung der Desorientierung oder Täuschung wird natürlich davon abhängen, was von den Astronauten verlangt wird. Wenn sie ihre Schiffe verlassen und im Raum umherschweben, sollten wir recht sonderbare Erlebnisse erwarten. Wenn sie Raumstationen auf Umlaufbahnen einrichten, können wir gewisse störende Effekte mit einiger Sicherheit voraussagen.

Wir gingen von der Betrachtung bestimmter Figuren aus, deren Tiefenwahrnehmung nicht eindeutig gesehen wurde, z. B. beim NECKER-Würfel, und wir haben darauf hingewiesen, daß alle Netzhautbilder grundsätzlich mehrdeutig sind, da jedes Bild jeden Gegenstand aus einer unendlichen Reihe von Gegenständen bei verschiedenen Orientierungen darstellen kann. Nun steht, wie wir gesehen haben, im allgemeinen genügend Information zur Verfügung, um mit ausreichender Sicherheit das Netzhautbild korrekt interpretieren zu können. Im Weltraum wird das aber nicht so oft der Fall sein. Der Weltraum ist ein schwarzer Vorhang, der mit glitzernden Sternen besetzt ist. Die Verstrebungen einer Raumstation würden vor dem Raumvorhang glitzernd und leuchtend aussehen. Es würden aber nicht mehr Tiefenmerkmale für die Entfernungsbeurteilung vorhanden sein als bei den leuchtenden, glühenden Figuren, die wir für die oben beschriebenen Experimente verwandt haben. Wir versuchten damit, die wesentlichen Tatsachen der Tiefenwahrnehmung zu isolieren und den Ursprung der täuschenden Bildverzerrungen zu entdecken (Kapitel 9).

Wir wissen von diesen Experimenten, daß Größenkonstanz auf der scheinbaren Entfernung beruht — die scheinbar weiter entfernte Fläche des leuchtenden NECKER-Würfels erscheint immer größer als die Vorderfläche. Wir müssen dasselbe von den Teilen einer kreisenden Raumstation erwarten. Die Streben und Träger werden keine eindeutige Tiefenanordnung zeigen; und wenn die in Wirklichkeit weiter entfernten Teile näher gesehen werden, wird die ganze Konstruktion verzerrt erscheinen. Sie wird sich bei Bewegung des Beobachters mitbewegen, anstatt sich entgegengesetzt zu seinen Bewegungen zu verschieben, wie es aufgrund der Bewegungsparallaxe sein sollte. Dies gilt für den Fall, daß er über-

113   Eine äußerst eigenartige Figur: Werden Astronauten ähnliche
Täuschungen im Weltraum erleben? Die Störung kommt von der Doppeldeutigkeit
der Tiefenwahrnehmung. Das Auge erhält nicht die erforderliche
Information, um die Teile der Figur in ihrer Tiefendimension zu lokalisieren;
deshalb kann sich das Gehirn zu keiner Entscheidung aufraffen.

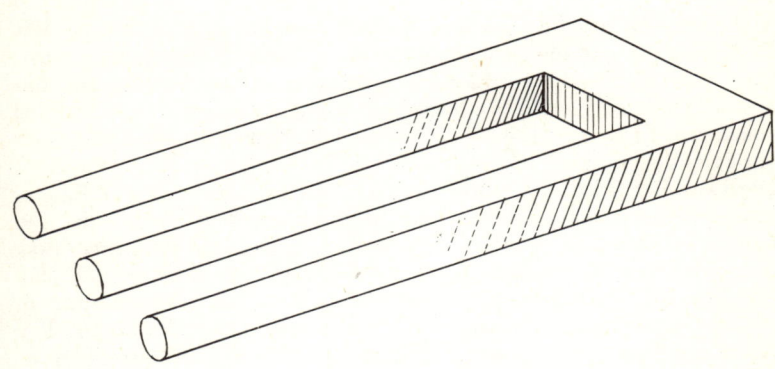

haupt weiß, wann er sich bewegt. Und das wirft eine interessante Frage
auf: Wird er überhaupt wissen, daß er sich bewegt, wenn er nicht gerade
von Menschenhand gemachte nahe Objekte betrachtet und dadurch Bewegungsparallaxe zur Verfügung hat? Die Antwort scheint zu sein, soweit man sie in einem erdgebundenen Laboratorium finden kann, daß er
dazu neigen wird, geringe Beschleunigungswirkungen als Bewegungsan-
zeige zu verwerten. Seine visuelle Wahrnehmung wird durch diese Kräfte
beeinflußt werden. Bewegt er sich in bester *Science-Fiction*-Tradition wie
ein *Jet* durch einen Preßluft-Rückstoß fort, so wird ein entfernter, aber
als nah wahrgenommener Gegenstand zusammenschrumpfen, sobald er
sich auf ihn zubewegt. Das konnten wir aus den Versuchen mit Nachbildern im Dunkeln ableiten. Sie werden kleiner und größer, wenn wir uns
bewegen, vorausgesetzt, daß sie als im Raum stationär aufgefaßt werden,
und wir sollten dasselbe von wirklich leuchtenden Objekten erwarten,
deren Entfernung größer gesehen wird, als sie wirklich ist, wenn das Bild
im Auge sich tatsächlich nicht ändert. Wir haben diese Wirkung in meinem
Laboratorium mittels elektronisch erzeugter Schirmbilder gemessen, die
bei Bewegungen des Beobachters größer oder kleiner wurden. Verkleinert
man sie bei Annäherung so lange, bis schließlich keine Änderung
mehr wahrgenommen werden kann, dann läßt sich das Ausmaß dieser
Täuschung berechnen, die durch die Größenkonstanz bedingt ist, welche

wiederum von der Information über die Eigenbewegung abhängt. Wir fanden heraus, daß die Größenkonstanz bei Vorwärtsbewegungen intensiver wirksam ist als bei Rückwärtsbewegungen. Diese Asymmetrie können wir daher auch unter Weltraumbedingungen erwarten. Sie wächst bei zunehmender Information über die Eigenbewegungen, gleichgültig, ob vorwärts oder rückwärts.

Die Tatsache, daß die Interpretation der Tiefenwahrnehmung völlig umgekehrt werden kann, ist in einigen Fällen außerordentlich kritisch. Man braucht hierfür nicht einmal den Raumflug, sondern nur das altmodische Fliegen zu betrachten. Beim Landen eines Flugzeugs ist es möglich, daß der Pilot die Landebahn umgekehrt wahrnimmt, wie bei dem leuchtenden NECKER-Würfel. In diesem Falle würde sich die Landebahn mit ihm und nicht gegen ihn zu bewegen scheinen. Ihre Größe und Form würden falsch gesehen werden, und der Pilot würde wahrscheinlich umgekehrte Korrekturbewegungen an den Steuergeräten des Flugzeugs vornehmen. Dabei ist nichts anderes passiert, als daß sich seine visuelle Information effektiv verkehrt hat, so daß, was auch immer korrigiert werden muß, genau, aber falsch korrigiert wird. Wenn der Pilot normalerweise seinen Steuerknüppel zurückziehen würde, um die Nase des Flugzeugs zu heben, wird er ihn in diesem Fall vordrücken. Die Konsequenzen sind einleuchtend. Diese Wahrnehmungsumkehrungen sind nachts oder bei Nebel am wahrscheinlichsten, wenn es keine einzelnen Strukturen gibt, die zur Entfernungsbeurteilung herangezogen werden können. Sie sind am wahrscheinlichsten, wenn die entfernten Lichter die helleren sind. Helligkeit ist ein Anhaltspunkt für Entfernung, helle Lichter erscheinen näher als schwache, wenn keine andere Information zur Verfügung steht, und so ist es bei einer unglücklichen Anordnung von Lichtern möglich, daß sie in verkehrter Tiefenanordnung gesehen werden. Es ist wichtig, diese Tatsache beim Entwurf einer Flugplatzbeleuchtung zu berücksichtigen. Beunruhigend ist in diesem Zusammenhang die überraschende Tatsache, daß andere Informationen diese visuellen Umkehrungen nicht verhindern, obgleich zusätzliche Informationen die Wahrscheinlichkeit ihres Auftretens verringern können. Wenn der leuchtende Würfel in der Hand gehalten wird, wird er sich immer noch umkehren, obgleich die Situation unmöglich ist, denn die Hand nimmt in diesem Fall ein anderes Objekt als das Auge wahr, obgleich es sich eindeutig um das gleiche handelt. Wenn der Würfel in der Hand gedreht wird, ist der Effekt ganz außergewöhnlich. Mittels des Tastsinns nimmt man eine Drehung in der einen Richtung wahr, während gleichzeitig eine Rotation in der entgegengesetzten Richtung gesehen wird. Man hat das Gefühl, als ob das Handgelenk verrenkt wäre, und trotz dieser bizarren Erfahrung läßt sich das visuelle System nicht bekehren. Es fährt vielmehr fort, eine invertierte Umwelt zu melden; und das kann unter Umständen verhängnisvoll sein.

Der Mensch auf fremden Planeten

Wir wissen durch unsere eigene Erfahrung, daß fremdartige Dinge uns leicht verwirren. Zum Beispiel besuchte der Verfasser kürzlich die Wüste in New Mexico und stand auf einem Berg, von dem über die Wüste die Berge auf der anderen Seite gesehen werden konnten. Sie erschienen ungefähr 20 bis 30 km entfernt. Tatsächlich beträgt die Distanz über 100 km. Es wäre also für einen Menschen unmöglich, genügend Proviant und Wasser mitzunehmen, um das Gebirge zu Fuß zu erreichen. Nach dem nebligen englischen Klima vermittelte die trockene Wüstenluft eine völlig irreführende Schätzung hinsichtlich der Entfernung des Gebirges. Wir dürfen ähnliches (nur dramatischer) auf dem Mond und auf Planeten erwarten, wo die Atmosphäre und die Beleuchtungsbedingungen sich von der Erde erheblich unterscheiden und wo auch die Staffelung der Objekte sehr verschieden ist. Wir haben gesehen (Kapitel 10), daß Schatten für das Tiefensehen sehr wichtig sind und die Sonne dabei als »drittes Auge« dient — Gott weiß, was mit der menschlichen Wahrnehmung in einer Welt mit zwei Sonnen geschieht!

Es kann gut sein, daß wir bei der Entdeckung des Weltraums auch über uns selbst etwas lernen. Wir können Umkehrbrillen tragen, aber wir können auf der Erde nicht die Gravitation ausschalten. Die Auswirkungen derartig fremder Bedingungen, die auf der Erde nicht nachgeahmt werden können, könnten von großer Bedeutung sein. Es ist wichtig, die Raumflugsituation zu benutzen, um mehr über die Wahrnehmung und ihre Grenzen zu lernen, nicht nur zum Wohl der Astronauten, sondern auch für ein umfassenderes Verständnis der Wahrnehmung überhaupt.

Es bleibt die Möglichkeit, künstliche Augen und Gehirne zu bauen. Die Kamera ist passiv und stellt nur das erste und einfachste Stadium der

Wahrnehmung dar. Können wir eine vollständige Sehmaschine entwerfen und bauen? Sie würde für den Weltraumflug sehr nützlich sein, wenn sie extreme Bedingungen überstehen könnte, wenig Betriebsenergie erforderte und längere Zeit überleben würde — vielleicht viele Jahrhunderte, um unseren Nachfahren über entfernte Weltraumregionen zu berichten. Aber wir sind noch weit von der Entwicklung einer Maschine entfernt, die auch nur annähernd die Welt so wahrnimmt, wie wir sie sehen. Wir stellen uns das Gehirn als eine Art Computer vor. Und wir glauben, daß der Wahrnehmungsvorgang eine Reihe von Kniffen ähnlich den Schaltungen eines Elektronengehirns benutzt, deren Imitation uns gelingen sollte. Aber einige dieser Kniffe müssen erst noch entdeckt werden. Bis dahin werden wir weder eine Maschine bauen, welche sieht, noch unsere Augen und Gehirne völlig begreifen können.

Nachwort

Mein besonderer Dank gilt Dr. Stuart Anstis sowie meinen Kollegen und Studenten, die die Probleme dieses Buches mit mir diskutiert, auf Irrtümer hingewiesen und bei Versuchen mitgearbeitet haben. Das Entgegenkommen vieler Wissenschaftler in den Vereinigten Staaten, besonders der Professoren J. J. Gibson, H. L. Teuber, Warren McCulloch und F. Nowell Jones, war für mich ein großer Gewinn. Der größte Teil dieses Buches wurde während eines Aufenthaltes im Institut von Professor Jones (UCLA) geschrieben.

Es ist nicht möglich, allen Autoren von Abhandlungen und Büchern zu danken, die man im Laufe von zehn oder mehr Jahren mit Gewinn gelesen hat; doch fühle ich mich neben vielen anderen besonders den Doktoren M. H. Pirenne, J. J. Gibson und E. H. Gombrich zu Dank verpflichtet. Meine verschiedenen unleserlichen Manuskripte wurden mit unerschöpflicher Heiterkeit und Intelligenz von meiner Sekretärin, Frau Olive Faircloth, in die Maschine geschrieben. Ohne sie wäre mein Leben kaum denkbar. Frau Monica Beck half mir freundlicherweise bei der Anfertigung des englischen Registers.

Mein Interesse an diesem Thema wurde durch den Unterricht von Professor Sir Frederic Bartlett, FRS, geweckt und von Professor O. L. Zangwill weiter gefördert und geleitet.

Ich möchte ferner Frau Audrey Bestermann und Fräulein Mary Waldron für das Zeichnen der Diagramme und dem *Illustration Research Service* in London für das Besorgen der Farbtafeln danken.

Mein Dank geht auch an alle folgenden für die Überlassung von Bildmaterial: C. E. Osgood und Oxford University Press für Abb. 2; das Britische Museum für Abb. 5 u. 80; die *Royal Society*, Abb. 6 u. 57; die *Bodleian Library*, Abb. 8; G. L. Walls und das *Cranbrook Institute of Science Bulletin*, Abb. 12; M. Rudwick, Abb. 13; V. B. Wigglesworth, Methuen & Co., Ltd., und John Wiley & Sons, Inc., Abb. 14; R. L. Gregory, H. E. Ross, N. Moray und *Nature*, Abb. 15 u. 16; T. C. Ruch, J. F. Fulton und W. B. Saunders Co., Abb. 18; *Medical Illustrations Department*, Institut für Ophthalmologie, London, Abb. 21; R. M. Pritchard und das *Quarterly Journal of Experimental Psychology*, Abb. 24; Bela Julesz und *Science* (Bd. 145, 24, Juli 1964, S. 356—362), © 1964 *by the American Association for the Advancement of Science*, Abb. 32; W. Penfield, T. Rasmussen und die Macmillan Co. New York, Abb. 34; die *British Broadcasting Corporation*, Abb. 36; D. H. Hubel, T. H. Wiesel und das *Journal of Physiology*, Abb. 38 u. 39; H. K. Hartline und die Academic Press, Inc., Abb. 45, 46, 47; die *Mansell Collection*, Abb. 50 u. 62; R. L. Gregory, O. L. Zangwill und das *Quarterly Journal of Experimental Psychology*, Abb. 53; W. D. Wright und Henry Kimpton, Abb. 59; S. Hecht Murchisson und die Clark University Press, Abb. 60; Rania Massourides, Abb. 70; Derrick Witty, Abb. 73 u. 94; J. Allen Cash, Abb. 78; die *Drawings Collection, Royal Institute of British Architects*,

Abb. 79; die *Bibliothèque de l'Institut de France,* Abb. 81; John Freeman, Abb. 82; für das Entgegenkommen der *National Gallery,* London, Abb. 83; an *Punch,* Abb. 86, 87, 88; die *Eastern Daily Press,* Norwich, Abb. 89; J. J. Gibson, Allen & Unwin, Ltd., und Houghton Mifflin, Abb. 91; William Vandivert und den *Scientific American,* Abb. 97; R. L. Gregory, J. G. Wallace und die *Experimental Psychology Society,* Abb. 98 u. 99; R. L. Fantz und den *Scientific American,* Foto von David Linton, Abb. 100; an I. Kohler und den *Scientific American,* Abb. 105; K. U. u. W. M. Smith und W. B. Saunders Co., Abb. 106, 107, 108; A. Michotte, Methuen & Co., Ltd., und Basic Books, Inc., Publishers, Abb. 109; L. S. u. R. Penrose und das *British Journal of Psychology,* Abb. 110; an *London and Wide World Photos,* Abb. 111 u. 112; und an die Ed. Morrett and Whifin Machine Co. für Abb. 113.

R. L. G.

Literaturhinweise

Die Bibliographie des Autors ist für den Benutzer der deutschen Ausgabe stellenweise bearbeitet und ergänzt worden.

Allgemeine Literatur über die Wahrnehmung

H. VON HELMHOLTZ: *Handbuch der Physiologischen Optik*. Hamburg/Leipzig 1866. — H. L. TEUBER: »Perception«, *Handbook of Physiology, Sect. I: Neurophysiology*. Hrg. FEILD u. a., Washington 1960. — R. L. GREGORY: »Human Perception«, *Brit. med. Bull.* Bd. 20, 21 (1964). — D. C. BEARDSLEE und M. WERTHEIMER (Hrg.): *Readings in Perception*. Princeton (Van Nostrand) 1958. — D. E. BROADBENT: *Perception and Communication*. Oxford (Pergamon) 1958. — J. S. BRUNER u. a.: *Contemporary Approaches to Cognition*. Harvard 1957. — J. J. GIBSON: *The Perception of the Visual World*. Lond./N. Y. 1950. — E. G. BORING: *Sensations and Perception in the History of Experimental Psychology*. N. Y. 1942. Ders.: *A History of Experimental Psychology*. N. Y. ² 1950. — M. H. PIRENNE: *Vision and the Eye*. Lond. 1948. — M. D. VERNON: *A Further Study of Visual Perception*. Cambridge Univ. Pr. 1952. — R. S. WOODWORTH und H. SCHLOSBERG: *Experimental Psychology*. Lond. 1954. — D. O. HEBB: *The Organisation of Behaviour*. Lond. 1949.

E. HERING: *Grundzüge der Lehre vom Lichtsinn*. In A. GRÄFE u. Th. SÄMISCH: *Handbuch der gesamten Augenheilkunde*. Leipzig ³ 1910. — R. JUNG u. H. KORNHUBER: *Neurophysiologie und Psychophysik des visuellen Systems*. Berlin 1961. — W. METZGER: *Gesetze des Sehens*. Frankfurt/M. 1953. — H. SCHOBER: *Das Sehen*. 2 Bde. Leipzig 1957/58. — W. TRENDELENBURG: *Der Gesichtssinn*. Berlin ² 1961. — I. KOHLER: *Über Aufbau und Wandlungen der Wahrnehmungswelt*. Wien 1951. — K. KOFFKA: *Die Wahrnehmung von Bewegung*. In A. BETHE: *Handbuch der normalen und pathologischen Physiologie*. Bd. 12, 2. Berlin 1931.

Kapitel 1 Sehen

S. H. BARTLEY: *Principles of Perception*. N. Y. 1958. — K. KOFFKA: *Principles of Gestalt Psychology*. Lond. 1936.

Kapitel 2 Licht

F. A. JENKINS und H. E. WHITE: *Fundamentals of Optics*. N. Y. (McGraw-Hill) ³ 1957. — W. BRAGG: *Universe of Light*. Lond. 1962.

Kapitel 3 Am Anfang...

Es gibt kein Buch, in dem primitive Augen detailliert beschrieben werden. Die schon etwas komplizierteren Augen sind hervorragend von G. L. WALLS in

»The vertebrate eye and its adaptive radiation«, *Cranbrook Institute of Science Bulletin*, 19, 1942 (Neudruck N. Y./Lond. 1963), dargestellt. Die Insektenaugen werden von V. B. WIGGLESWORTH, in *The Principles of Insect Physiology*, Lond. ⁵ 1953, beschrieben. Neue Untersuchungen des Auges der *Copilia* finden sich bei R. L. GREGORY, H. E. ROSS und N. MORAY: »The curious eye of Copilia«, *Nature*. Bd. 201, 1166 (Lond. 1964).

Kapitel 4 Das Auge

Über den allgemeinen Aufbau siehe T. C. RUCH und J. F. FULTON: *Medical Physiology and Biophysics*. Lond. (Saunders) ¹⁸ 1960. Eine genauere Beschreibung findet sich in H. DAVSON (Hrg.): *The Eye*. N. Y. (Academic Press) 1962. Dieses Werk ist eine ausgezeichnete Quelle für Fragen der physiologischen Optik.

Das Problem, wie das Auge sich auf verschiedene Entfernungen einstellt, ist besonders interessant, weil das Netzhautbild bei ungenauer Akkommodation unverändert bleibt. Dabei ist gleichgültig, ob die Akkommodation zu stark oder zu gering ist. Es gibt daher kein Signal, welches eine falsche Einstellung anzeigt. Dieses Problem wurde mit einer genialen Technik von Campbell und Robson untersucht. F. W. CAMPBELL und J. G. ROBSON: »High-speed infra-red optometer«, *J. opt. Soc. Amer.* Bd. 49, 268 (1959).

Die vollständige Beschreibung der Kontrolle der Pupillengröße durch die Lichtintensität ist kompliziert. Siehe F. W. CAMPBELL und T. C. D. WHITESIDE: »Induced pupiliary oscillations«, *Brit. J. Ophthal.* Bd. 34, 180 (1950). Eine sehr klare, ausführliche Darstellung findet man bei L. STARK: »Servo analysis of pupil reflex«, *Medical Physics*. Bd. 3, Hrg. O. GLASSER, Chicago 1960.

Die Netzhaut ist am ausführlichsten beschrieben in *The Retina* von S. L. POLYAK, Cambridge Univ. Pr./Chicago 1941.

Augenbewegungen wurden zuerst von R. DODGE: »An experimental study of visual fixation«, *Psychol. Monogr.* Bd. 8, Nr. 4 (1907), untersucht. Über die Kontrolle der Augenbewegungen siehe »Central control of eye movement« von E. WHITTERIDGE, *Handbook of Physiology-Neurophysiology*. Bd. 2, Kapitel XLII. Die optische Stabilisierung von Netzhautbildern wird von L. A. RIGGS, F. RATLIFF, J. C. und T. N. CORNSWEET in »The disappearance of steadily fixated visual test objects«, *J. opt. Soc. Amer.* Bd. 43, 495 (1953), beschrieben. Eine neue und sehr einfache Technik findet sich bei R. M. PRITCHARD: »A collimator stabilizing system for the retinal image«, *Quart. J. exp. Psychol.* Bd. 13, 181 (1961). Der Effekt der Stabilisierung wird von R. W. DITCHBURN und G. L. GINSBORG: »Vision with a stabilized retinal image«, *Nature*. Bd. 170, 36 (Lond. 1950), dargestellt; ferner siehe hierzu R. M. PRITCHARD, W. HERON und D. O. HEBB: *Canad. J. Psychol.* Bd. 14, 67 (1960).

Die vollständigste Darstellung binokularen Sehens ist die von K. N. OGLE: *Researches in Binocular Vision*, Lond. (Saunders) 1950. Die Versuche, die die Fähigkeit des Gehirns demonstrieren, Korrelationsberechnungen durchführen zu können, um aus einem Paar jeweils zufälliger, aber wechselseitig in Beziehung

stehender Reizmuster Tiefe zu vermitteln, werden von JULESZ dargestellt.
B. JULESZ: »Binocular depth perception of computer-generated patterns«,
J. Bell Telephone Co. Bd. 39, 1125 (1960). Die verschiedenen Methoden, mit
denen man Stereopaare anbieten kann, beschreibt L. P. DUDLEY: *Stereoptics.*
Lond. (MacDonald) 1951.

Kapitel 5   Das Gehirn

Der Aufbau des Gehirns wird in jedem Physiologielehrbuch beschrieben, z. B.
in dem von FULTON (s. o. zu Kap. 4). Eine interessante Diskussion findet sich bei
D. A. SCHOLL, *The Organization of the Cerebral Cortex.* Lond./N. Y. 1956.
Eine nützliche Darstellung, die ganz knapp eine ungewöhnliche Reihe von The-
men behandelt, ist die von D. E. WOOLDRIDGE: *The Machinery of the Brain.* N.Y.
(MacGraw-Hill) 1963. Die Entwicklung der Vorstellungen über das Gehirn und
die Empfindung wird von K. D. KEELE verfolgt: *Anatomies of Pain,* Oxford
1957. Die neue und jetzt akzeptierte Theorie der Aktionspotentiale in Nerven
ist bei B. KATZ dargestellt: »How cells communicate«, *Sci. Amer.* Bd. 305, 3
(1961); etwas eingehender von F. CRESCITELLI: »Production and transmission in
the central nervous system«, *Annu. Rev. Physiol.* Bd. 17, 243 (1955). Eine Diskussion der Erörterungen zum Verständnis der Gehirnfunktion unter technischen
Gesichtspunkten gibt R. L. GREGORY in »The brain as an Engineering problem«,
Current Problems in Animal Behaviour. Hrg. W. H. THORPE und O. L. ZANG-
WILL, Cambridge Univ. Pr. 1961.
Die wichtigste Arbeit über die neuronalen Mechanismen des Katzengehirns, die
auf verschieden geneigte Linien, auf Formen und Bewegungen reagieren, ist die
von D. H. HUBEL und T. N. WIESEL: »Receptive fields, binocular interaction
and functional architecture in the cat's visual cortex«, *J. Physiol.* Bd. 160, 106
(1962). Siehe auch andere Arbeiten in derselben Zeitschrift. Über ähnliche Arbeiten
über die Froschnetzhaut berichten J. Y. LETTVIN, H. R. MATURANA, W. S.
MCCULLOCH und W. H. PITTS: »What the frog's eye tells the frog's brain«,
Proc. Inst. Radio Engrs. Bd. 47, 1940 (N. Y. 1959). Die Vorstellungen der Gestaltpsychologie über die isomorphen Repräsentationen von visuellen Formen
im Gehirn werden von W. KOHLER ausgeführt: *Dynamics of Psychology.* Lond./
N. Y. 1940. Siehe auch »Physical Gestalten« in *Source Book of Gestalt Psychology.* Hrg. W. H. ELLIS, Lond./N. Y. 1938.

Kapitel 6   Helligkeitssehen

Bis kürzlich war die akzeptierte Theorie der Dunkel- bzw. Hell-Adaptation die
von Selig HECHT: »The nature of the photo receptor process« in *Handbook of
General Experimental Psychology.* Hrg. C. MURCHISON, Oxford/Edinburgh
1934. Durch viele Versuche, einschließlich jener von K. J. W. CRAIK: »The effect of
adaptation on differential brightness discrimination«, *J. Physiol.* Bd. 92, 406
(1938), entstanden Zweifel an der Vollständigkeit dieser Theorie; siehe auch

K. J. W. CRAIK und M. D. VERNON: »The nature of dark adaptation«, *Brit. J. Psychol.* Bd. 32, 62 (1941). HECHTS Theorie wurde kürzlich durch wichtige Arbeiten von Rushton entscheidend modifiziert; siehe W. A. H. RUSHTON und F. CAMPBELL: »Measurement of rhodopsin in the living human eye«, *Nature.* Bd. 174, 1096 (Lond. 1954), und zahlreiche spätere Abhandlungen.

Der Helligkeitskontrast wird erörtert in S. H. BARTLEY: *Vision: a Study of its Bases,* Lond./Princeton 1941. Die laterale Hemmung in der Netzhaut wird von S. W. KUFFLER besprochen: »Discharge patterns and functional organization of mammalian retina«, *J. Neurophysiol.* Bd. 16, 37 (1953); zur Netzhaut des Frosches siehe H. B. BARLOW: »Summation and inhibition in the frog's retinae«, *J. Physiol.* Bd. 119, 69 (1953). Sie wird von H. B. Barlow in Beziehung zu anderen visuellen Funktionen gebracht: »Temporal and spatial summation in human vision at different background intensities«, *J. Physiol.* Bd. 141, 337 (1958).

Der Pulfrich-Effekt wurde zuerst von Carl PULFRICH beschrieben in *Naturwissenschaften,* Bd. 10, 569 (1922). Er wird von G. B. ARDEN und R. A. WEALE erörtert: »Variations in the latent period of vision«, *Proc. Roy. Soc. B.* Bd. 142, 258 (1954). Über die absolute Empfindlichkeit der Augen existiert eine sehr ausgedehnte Literatur. Die klassische Abhandlung über die Quantenempfindlichkeit des Auges ist die von S. HECHT, S. SHLAER und M. H. PIRENNE: »Energy quanta and vision«, *J. Gen. Physiol.* Bd. 25, 819 (1942). Die wichtige Methode zur Schätzung der Quantenzahl, die für eine Lichtwahrnehmung gerade ausreicht, wird am besten von M. H. PIRENNE beschrieben: *Vision and the Eye* (Kapitel 6, 7 und 8), Lond. 1948. Ein äußerst nützliches, kurzes Buch.

Die wesentlichen Arbeiten über die neuronale Aktivität im Sehnerven des Pfeilschwanzkrebses sind von H. K. HARTLINE: »The neuronal mechanisms for vision«, *The Harvey Lectures,* Bd. 37, 39 (1942); »The nerve messages in the fibres of the visual pathway«, *J. opt. Soc. Amer.* Bd. 30, 239 (1940).

Die Hypothese, daß die visuelle Wahrnehmung durch einen neuronalen Störpegel begrenzt sein könnte, wurde zuerst von einem Fernsehingenieur, A. ROSE, aufgestellt: *Proc. Inst. Radio Engrs.* Bd. 30, 293 (N. Y. 1942). Dieser Gedanke ist von verschiedenen Forschern weiter verfolgt worden, besonders von H. B. BARLOW: »Retinal noise and the absolute threshold«, *J. opt. Soc. Amer.* Bd. 46, 634 (1956); »Incremental thresholds at low intensities considered as signal noise discriminations«, *J. Physiol.* Bd. 136, 469 (1957). Eine Methode zur Messung des internen Störpegels und seiner Beziehung zum Reizgebiet wird von R. L. GREGORY erörtert: »An experimental treatment of vision as an information source and noisy channel« in *Information Theory: Third London Symposium.* Hrg. C. CHERRY, Lond./N. Y. (Butterworth/Academic Press) 1956.

Kapitel 7   Bewegungssehen

Für Schwellenangaben bei der Bewegungswahrnehmung siehe J. F. BROWN: *Psychol. Bull.* Bd. 58, 89 (1961). Differenziertere Messungen werden von H. W.

LEIBOWITZ beschrieben: »The relation between the rate threshold for perception of movement for various durations and exposures«, *J. exp. Psychol.* Bd. 49, 209 (1955).

Die Stabilität der visuellen Welt während der Augenbewegungen wird von H. von HELMHOLTZ erörtert (s. o. unter Allgemeine Literatur). Zur »Efferenz«-Theorie siehe E. VON HOLST: »Relations between the central nervous system and the peripheral organ«, *Brit. J. Anim. Beh.* Bd. 2, 89 (1954); R. L. GREGORY: »Eye movements and the stability of the visual world«, *Nature.* Bd. 182, 1214 (Lond. 1958).

Eine Literaturübersicht über den autokinetischen Effekt geben R. L. GREGORY und O. L. ZANGWILL: »The origin of the autokinetic effect«, *Quart. J. exp. Psychol.* Bd. 15, 4 (1963). In dieser Arbeit wird die Augenermüdungstheorie vertreten.

Die Wasserfalltäuschung wird ausführlich dargestellt von A. WOHLMGEMUTH: »On the after-effect of seen movement«, *Brit. J. Psychol. Monogr.* Bd. 1 (1911). Der Effekt tritt nur auf, wenn die Netzhaut Bewegungsreizen ausgesetzt ist. S. M. ANSTIS und R. L. GREGORY zeigen, daß er auf die Adaptation des Netzhautsystems beschränkt ist: »The after-effect of seen motion: the role of retinal stimulation and eye movements«, *Quart. J. exp. Psychol.* 1964. Die Scheinbewegung (Phi-Phänomen) wurde hauptsächlich von Gestaltpsychologen erörtert, siehe M. WERTHEIMER: *Z. Psychol.* Bd. 61, 161 (1912), der das Phänomen auch benannt hat. Die Zeit-Intervall-Entfernungsbeziehungen zwischen zwei Lichtern, die zur Scheinbewegung eines Lichtes führen, das von der Position des ersten sich in die Position des zweiten bewegt, finden sich bei A. KORTE in *Beiträge zur Psychologie der Gestalt*, Hrg. K. KOFFKA, Leipzig 1919. Diese Wirkung ist in Wirklichkeit äußerst variabel. Eine gute Darstellung gibt M. D. VERNON (s. o. unter Allgem. Lit.; s. dort noch einen Beitrag von KOFFKA).

Die induzierten Bewegungen wurden zuerst von K. DUNCKER untersucht. »Induced motion« in *Source Book of Gestalt Psychology*. Hrg. W. H. Ellis, Lond./N. Y. 1938.

Kapitel 8   Farbensehen

Es gibt keine grundlegende Monographie über das Farbensehen. Aber eine gute Sammlung von klassischen Arbeiten findet sich in R. C. TEEVAN und R. C. BIRNEY (Hrg.): *Colour vision*, Princeton (Van Nostrand) 1961. Das Buch enthält sowohl Thomas YOUNGS klassische Abhandlung »On the theory of light and colours« als auch die von HELMHOLTZ. E. H. LAND: »Experiment in Colour Vision«, *Sci. Amer.* Bd. 5, 84 (1959) ist ebenso enthalten. Siehe auch M. H. WILSON und R. W. BROCKLEBANK: »Two-colour projection phenomena«, *J. phot. Sci.* Bd. 8, 141 (1960); D. B. JUDD: »Appraisal of Land's work on two-primary colour projections«, *J. opt. Soc. Amer.* Bd. 50, 254 (1960).

Für Untersuchungen über die Adaptationswirkung bei Farbvergleichen siehe G. S. BRINDLEY: *Physiology of the Retina and the Visual Pathway*. Lond. 1960.

Kapitel 9   Wahrnehmungstäuschungen

Eine gute Abhandlung über Träume ist I. OSWALD: *Sleeping and Waking, Physiology and Psychology.* Amsterdam (Elsevier) 1962; desgleichen I. Oswald: »The experimental study of sleep«, *Brit. med. Bull.* Bd. 20, 70 (1964). Drogenwirkungen werden von A. SUMMERFIELD: »Drugs and human behaviour«, *Brit. med. Bull.* Bd. 20, 70 (1964) und H. STEINBERG: »Drugs and animal behaviour«, *Brit. med. Bull.* Bd. 20, 75 (1964) besprochen. Diese Abhandlungen sind ausgezeichnete Übersichten und enthalten umfangreiche Bibliographien.
Die Arbeit von Wilder Penfield über durch direkte Hirnreizung ausgelöste Erinnerungen und andere Wahrnehmungen finden sich in W. PENFIELD und L. ROBERTS: *Speech and Brain Mechanisms.* Oxford Univ. Pr. 1959. Die Wirkung von monotonen Mustern, die Sehstörungen verursachen, wurde von D. M. McKAY untersucht. MacKay entdeckte einige dramatische Effekte. Sie werden in seiner Abhandlung »Interactive processes in visual perception« in *Sensory communication,* Hrg. W. A. ROSENBLITH, Boston/Lond. 1961, erörtert.
Die erste bedeutende experimentelle Untersuchung über die Größen- und Formkonstanz (eine Wiederaufnahme des Problems, das schon von DESCARTES erkannt worden war) ist von Robert H. THOULESS: »Phenomenal regression to the real object 1«, *Brit. J. Psychol.* Bd. 21, 339 (1931); »Individual differences in ḷhenomenal regression«, *Brit. J. Psychol.* Bd. 22, 216 (1932). Thouless benutzte ċine Technik, bei der zwei Objekte, gewöhnlich Pappscheiben, miteinander verglichen wurden, die in verschiedenen Orientierungswinkeln oder Entfernungen aufgestellt waren. Eine andere Technik, die zur Messung der Konstanz im Verlauf von Objektbewegungen verwendet werden kann, wird von S. M. ANSTIS, C. D. SHOPLAND und R. L. GREGORY beschrieben: »Measuring visual constancy for stationary or moving objects«, *Nature.* Bd. 191, 416 (Lond. 1961). Einige Ergebnisse dieser Technik finden sich bei R. L. GREGORY und H.E. ROSS: »Visual constancy during movement«, *Perceptual and Motor Skills Research Exchange.* Bd. 18, 3 und 23 (1964). Eine allgemeine Diskussion über visuelle Verzerrungen einschließlich der historischen Theorien mit Literaturhinweisen findet man in R. S. WOODWORTH: *Experimental Psychology.* Lond. 1938. Erste Hinweise für die Theorie, die in diesem Buch vertreten wird, gibt R. TAUSCH: *Psychologische Forschung,* Bd. 24, 299 (1954). Die erste Darstellung der hier vorgebrachten Theorie findet sich bei R. L. GREGORY: »Distortion of Visual Space as Inappropriate Constancy Scaling«, *Nature.* Bd. 119, 678 (Lond. 1963). Eine Untersuchung des rätselhaften Problems von ähnlichen Fehlwahrnehmungen bei Berührung wurde von R. G. RUDEL und H.-L. TEUBER: »Decrement of visual and haptic Muller-Lyer illusion on repeated trails: a study of crossmodal transfer«, *Quart. J. exp. Psychol.* Bd. 15, 125 (1963), durchgeführt. Das Auftreten (oder eher das Fehlen) von Täuschungen bei primitiven Menschen wird von M. H. SEGALL, T. D. CAMPBELL und M. J. HERSKOVITZ in *Science,* Bd. 139, 769 (1963), erörtert. Eine interessante Diskussion über die Mondtäuschung mit entsprechenden Versuchen ist die von L. KAUFMAN und J. ROCK: »The moon illusion«, *Sci. Amer.* Bd. 204, 120 (1962).

Kapitel 10   Kunst und Wirklichkeit

AMES' Demonstrationen werden am besten von W. H. ITTLESON: *The Ames Demonstrations in Perception*. Oxford Univ. Pr./Princeton 1952, beschrieben. Gibsons wichtige Erkenntnisse, die hier nur kurz berührt wurden, weil er sie selbst so gut dargestellt hat, findet sich in J. J. GIBSON: *The Perception of the Visual World*. Lond./N. Y. 1950. Der beste Versuch, die Probleme des Künstlers mit dem, was wir von der visuellen Wahrnehmung wissen, in Beziehung zu bringen, ist der von E. H. Gombrich: *Art and Illusion*. Lond./N. Y. (Phaidon/Pantheon) 1960.

Kapitel 11   Muß Sehen gelernt werden?

Eine Beschreibung der Fälle von Blinden bis 1932, die die Sehkraft wiedererlangt haben, findet sich bei M. VON SENDEN: *Raum- und Gestaltauffassung bei operierten Blindgeborenen vor und nach der Operation*. Leipzig 1932. Diese Fälle wurden in der psychologischen Literatur durch D. O. HEBBS wichtiges Buch: *The Organization of Behaviour*, Lond./N. Y. (Chapman & Hall/Wiley) 1949, bekannt. Der jüngste Fall wurde von R. L. GREGORY und J. G. WALLACE: »Recovery from early blindness: a case study«, *Exp. Psychol. Soc. Monogr.* Nr. 2, Cambridge 1963, beschrieben. Dort findet sich die vollständige Darstellung des Falls von S. B., über den kurz in diesem Kapitel berichtet worden ist.
Für die Arbeit über die Aufzeichnung der Augenbewegungen bei Säuglingen siehe R. L. FANTZ: »The Origin of Form Perception«, *Sci. Amer.* Bd. 204, 66 (1961).
Die wichtigsten Untersuchungen an Tieren, die in Dunkelheit aufgezogen wurden, sind von A. H. REISEN: »Space perception in the chick«, *Sci. Amer.* Bd. 195, 71 (1956); »The development of perception in man and chimpanzee«, *Science*. Bd. 106, 107 (1947); »Arrested vision«, *Sci. Amer.* Bd. 183, 16 (1950).
Zu STRATTONS Arbeit siehe seine Abhandlungen: »Some preliminary experiments on vision«, *Psychol. Rev.* Bd. 3, 611 (1896); »Vision without inversion of the retinal image«, *Psychol. Rev.* Bd. 4, 341 und 463 (1897). Die eingehenden Untersuchungen von EWERT wurden von ihm in »A study of the effect of inverted retinal stimulation upon spatially coordinated behaviour«, *Genet. Psychol. Monogr.* Bd. 7, 177 (1930), beschrieben, ferner in zwei Abhandlungen über »Factors in space localization during inverted vision«, *Psychol. Rev.* Bd. 43, 522 (1936); Bd. 44, 105 (1937). Diese Forschungen wurden weiter verfolgt von J. und J. K. PETERSON: »Does practice with inverting lenses make vision normal?«, *Psychol. Monogr.* Bd. 50, 12 (1938). Die letzten Ergebnisse sind von I. KOHLER zusammengefaßt worden: »Experiments with goggles«, *Sci. Amer.* Bd. 206, 62 (1962). Weitere Hinweise und Originalarbeiten, besonders über zeitliche Verschiebungen von Bildern, finden sich bei K. U. und W. M. SMITH: *Perception and Motion: an Analysis of Space-structured Behaviour*. Lond. (Saunders) 1962. Die bedeutende Forschungsarbeit von Richard Held und

seinen Kollegen über die Adaptation an bildverschiebende Prismen beim Menschen wird in verschiedenen Abhandlungen dargestellt. Über Einzelheiten des Versuchs mit dem aktiven und dem passiven Kätzchen, der im Text beschrieben wurde, siehe R. HELD und A. HEIN: »Movement-produced stimulation in the development of visually guided behaviour«, *J. Comp. and Phys. Psychol.* Bd. 56, 872 (1963).

Die erste Abhandlung über die Wirkung von verzerrenden Brillen ist die von J. J. GIBSON: »Adaptation, after-effect and contrast in the perception of curved lines«, *J. exp. Psychol.* Bd. 16, 1 (1933). Die sogenannten figuralen Nacheffekte werden in zwei Abhandlungen beschrieben: W. KÖHLER und H. WALLACH: »Figural after-effects«, *Proc. Amer. phil. Soc.* Bd. 88, 269 (1944); C. E. OSGOOD und A. W. HEYER: »A new interpretation of figural after-effects«, *Psychol. Rev.* Bd. 59, 98 (1951). Zur allgemeinen Diskussion über figurale Nacheffekte siehe P. MCEWEN: *Figural After-Effects.* Cambr. Univ. Pr. 1958.

Kapitel 12   Sehen und Glauben

MICHOTTES Arbeit über die »Seh«-Kausalität wird von ihm in *The Perception of Causality,* Hrg. T. R. und E. MILLS, Lond. (Methuen) 1963, beschrieben.

Die »unmöglichen Figuren« stammen von L. S. und R. PENROSE: »Impossible objects: a special type of illusion«, *Brit. J. Psychol.* Bd. 49, 31 (1958).

Register

Kursiv gesetzte Seitenzahlen verweisen auf für das Stichwort wesentliche und ausführliche Textstellen oder Bildlegenden. Mit Sternchen versehene Ziffern geben die Seiten an, auf denen das Stichwort durch Abbildungen verdeutlicht wird.